Aus dem Programm Huber:
Psychologie Lehrtexte

Von den Autoren dieses Bandes sind beim Verlag Hans Huber außerdem erschienen:

Einführung in die Emotionspsychologie Band I:
Die Emotionstheorien von Watson, James und Schachter
(W.-U. Meyer, R. Reisenzein und A. Schützwohl)
236 Seiten (ISBN 3-456-83648-1)

Einführung in die Emotionspsychologie Band II:
Evolutionspsychologische Emotionstheorien
(W.-U. Meyer, A. Schützwohl und R. Reisenzein)
222 Seiten (ISBN 3-456-83214-1)

Gelernte Hilflosigkeit
Grundlagen und Anwendungen in Schule und Unterricht
(W.-U. Meyer)
Das Buch macht mit zentralen Theorien und Ergebnissen zur gelernten Hilflosigkeit bekannt und gibt eine Übersicht zu Anwendungen in der Klinischen und Pädagogischen Psychologie.
184 Seiten (ISBN 3-456-83491-8)

Das Konzept von der eigenen Begabung
(W.-U. Meyer)
Es werden Wirkungen des Begabungskonzepts auf Erleben und Verhalten in Leistungssituationen analysiert und einige Bedingungen für das Entstehen eines hohen oder niedrigen Begabungskonzepts beschrieben.
235 Seiten (ISBN 3-456-81385-6)

Rainer Reisenzein / Wulf-Uwe Meyer /
Achim Schützwohl

Einführung in die Emotionspsychologie

Band III

Kognitive Emotionstheorien

Verlag Hans Huber
Bern · Göttingen · Toronto · Seattle

Adressen der Autoren:
Prof. Dr. Rainer Reisenzein
EMA Universität Greifswald
Institut für Psychologie
Franz-Mehring-Straße 47
D-17487 Greifswald

Prof. Dr. Wulf-Uwe Meyer und Dr. Achim Schützwohl
Universität Bielefeld
Fakultät für Psychologie und Sportwissenschaft
Abteilung für Psychologie
Postfach 100131
D-33501 Bielefeld

Lektorat: Dr. Peter Stehlin
Herstellung: Daniel Berger
Druck: AZ Druck und Datentechnik, Kempten
Printed in Germany

Bibliografische Information der Deutschen Bibliothek
Die Deutsche Bibliothek verzeichnet diese Publikation in der Deutschen Nationalbibliografie; detaillierte bibliografische Daten sind im Internet über http://dnb.ddb.de abrufbar.

Anregungen und Zuschriften bitte an:
Verlag Hans Huber
Länggass-Straße 76
CH-3000 Bern 9
Tel: 0041 (0)31 300 4500
Fax: 0041 (0)31 300 4593
E-Mail: verlag@hanshuber.com
Internet: http://www.HansHuber.com

1. Auflage 2003

ISBN 3-456-83645-7

Vorwort

Später als geplant legen wir nun den dritten und abschließenden Band der *Einführung in die Emotionspsychologie* vor, der den kognitiven Emotionstheorien gewidmet ist. Die Verzögerung bei der Veröffentlichung war unter anderem durch die inzwischen dringend notwendig gewordene Erstellung der überarbeiteten Neuauflage von Band I bedingt sowie durch den Wechsel des Erstautors des vorliegenden Bandes an eine andere Universität. Wir bedanken uns bei unseren Leserinnen und Lesern für ihre Geduld beim Warten auf Band III.

Für die kritische Lektüre von früheren Fassungen eines oder mehrerer Kapitel des vorliegenden Bandes bedanken wir uns bei Henriette Bohn, Sandra Bördgen, Henning Brand, Katrin David, Denise Matz, Irina Mchitarjan, Ulrich Mees, Wilfried Prantner, Michael Niepel, Thomas Schaer und Matthias Siemer. Dank gebührt auch Lily-Maria Silny für ihre zahlreichen Dienste bei der Vorbereitung des Bandes, Sonja Bockermann für die kritische Durchsicht des Textes auf dessen Übereinstimmung mit der neuen deutschen Rechtschreibung und Herrn Peter Stehlin vom Huber-Verlag für sein geduldiges Warten auf die Fertigstellung des Manuskripts.

Greifswald und Bielefeld im August 2002

Rainer Reisenzein, Wulf-Uwe Meyer und Achim Schützwohl

INHALTSVERZEICHNIS

Zum Inhalt und zur Lektüre dieses Bandes

Der vorliegende dritte Band der *Einführung in die Emotionspsychologie* beschäftigt sich mit einer Gruppe von Emotionstheorien, die in den letzten 15 Jahren zu einem zentralen theoretischen Ansatz in der Emotionspsychologie geworden ist. Es handelt sich um die *kognitiven Emotionstheorien* oder, wie sie in den letzten Jahren zunehmend häufiger bezeichnet werden, die (kognitiven) *Einschätzungstheorien* oder *Bewertungstheorien der Emotion* (engl. *cognitive appraisal theories* oder kurz *appraisal theories*). Kernpostulat dieser Theorien ist folgende Annahme: Ob ein Objekt (z. B. ein Ereignis) bei einer Person eine Emotion hervorruft und falls ja, welche Emotion und mit welcher Intensität, das hängt davon ab, welche *Kognitionen* die Person über das Objekt hat (vom Lat. *cognoscere* = erkennen, wissen, urteilen). Damit ist gemeint: Die Emotionen der Person hängen davon ab, wie sie das auslösende Objekt *einschätzt*, das heißt, wie sie es interpretiert—insbesondere seine Bedeutung für die eigenen Wünsche und Ziele.

Diese Annahme über die Entstehung von Emotionen findet sich bereits in der Alltagspsychologie; sie ist den Leserinnen und Lesern deshalb zumindest *implizit* bereits bekannt. Die Leserinnen und Leser von Band I und II unserer *Einführung* sind dem Grundpostulat der kognitiven Emotionstheorien zudem schon mehrfach in *expliziter* Form begegnet: Man findet es nämlich bereits in der im Band I dargestellten Emotionstheorie von Schachter sowie—zumindest als Beschreibung *eines* wichtigen Weges der Emotionsentstehung—in den im Band II behandelten evolutionspsychologischen Emotionstheorien von Darwin, McDougall, Plutchik und Ekman. Allerdings stellt die Annahme, dass Emotionen durch kognitive Einschätzungen hervorgerufen werden, in diesen Theorien einen Punkt dar, der gegenüber dem Hauptanliegen ihrer Autoren von sekundärer Bedeutung ist. Die genannten Theoretiker tun nämlich wenig mehr als einen kognitiven Einschätzungsprozess zu *postulieren*. Wie dieser Prozess genauer beschaffen ist und welche Kognitionen (Einschätzungen) den einzelnen Emotionen zugrunde liegen, wird dagegen nur angedeutet bzw. illustrativ erläutert. In den im vorliegenden Band besprochenen Emotionstheorien stehen dagegen der Prozess der kognitiven Einschätzung, seine Resultate und deren Beziehung zu spezifischen Emotionen im Zentrum des Interesses.

Allerdings geht es auch in den hier besprochenen kognitiven Einschätzungstheorien der Emotion nicht *nur* um diese Fragen. In der Tat ist es das erklärte Ziel einiger Einschätzungstheoretiker, eine *umfassende* Emotionstheorie zu entwickeln; das heißt eine Theorie, die neben der *Aktualgenese* und *Natur* von Emotionen auch die *Auswirkungen* von Emotionen bzw. ihre *Funktion* im psychischen Gesamtgeschehen beschreibt, ebenso wie die *evolutionären und sozialisatorischen Ursprünge* der emotionalen Mechanismen. Stets ist jedoch der postulierte Einschätzungsprozess der Dreh- und Angelpunkt der Analyse.

Zum Inhalt des vorliegenden Bandes

Die vorangehenden Ausführungen könnten den Eindruck erwecken, die kognitiven Einschätzungstheorien seien eine recht neue Entwicklung. Tatsächlich wird in neueren historischen Abrissen der Emotionspsychologie gelegentlich diese Ansicht vertreten. Demnach seien kognitive Einschätzungstheorien der Emotion erstmals in den 1960er-Jahren entwickelt worden, insbesondere von Arnold (1960) und Lazarus (1966) (s. Kapitel 2). In Wahrheit finden sich jedoch Vorformen der heutigen Einschätzungstheorien bereits bei dem griechischen Philosophen Aristoteles (1980; Original ca. 350 v. Christus) und in der Folge bei einer ganzen Reihe weiterer klassischer Autoren (vgl. Reisenzein, 2000a). Auch in der Anfangszeit der institutionalisierten Psychologie wurden von mehreren Autoren kognitive Einschätzungstheorien entwickelt, unter anderem von Meinong (1894, Kapitel 1). Die Emotionstheorien von Arnold und Lazarus bildeten allerdings in der Tat den historischen Ausgangspunkt der meisten neueren Einschätzungstheorien innerhalb der Psychologie (z. B. Frijda, 1986; Lazarus, 1991a; Ortony, Clore & Collins, 1988; Roseman, 1984; Scherer, 1984; Weiner, 1986).

Eine Darstellung aller existierenden Einschätzungstheorien der Emotion wäre selbst dann, wenn man nur die neueren Theorien berücksichtigen würde, schon aus Platzgründen unmöglich. Eine solche umfassende Darstellung ist aber auch nicht notwendig, da sich diese Theorien in ihren Grundannahmen recht ähnlich sind. Wir haben uns daher—analog zum Vorgehen in den Bänden I und II—entschlossen, nur einige ausgewählte kognitive Emotionstheorien darzustellen, diese dafür aber relativ ausführlich. Die Auswahl der behandelten Theorien war zum einen durch inhaltliche und didaktische Überlegungen motiviert, zum anderen durch die angestrebte Verbindung einer theorieorientierten Darstellungsweise mit einer historischen Perspektive.

Das letztere Ziel motivierte unsere Entscheidung, vor der Erörterung von neueren Theorien (Kapitel 2 bis 4) im Kapitel 1 eine klassische kognitive Emotionstheorie vorzustellen, die von Alexius Meinong (1894) formuliert wurde. Durch die Darstellung dieser Theorie möchten wir den Kontakt zwischen den heutigen kognitiven Emotionstheorien und der oben erwähnten, älteren kognitiven Tradition in der Emotionspsychologie wiederherstellen. Wie sich zeigen wird, ist Meinongs Theorie der Emotionen zwar alt, aber keineswegs veraltet; denn sie nimmt zentrale Annahmen der neueren kognitiven Einschätzungstheorien vorweg.

Meinong befasste sich im Übrigen nicht nur mit der *Entstehung und Natur* von Emotionen (bei Meinong: Gefühlen), sondern auch mit der Frage, welche *Funktionen* Gefühle im psychischen Geschehen haben. Meinongs Ansicht nach dienen Gefühle hauptsächlich dazu, die erlebende Person über den Wert oder Unwert von Objekten zu informieren; Gefühle bilden deshalb eine Grundlage von Werturteilen. Mit dieser Hypothese nahm Meinong die zentrale Annahme einer prominenten neueren Theorie zur Funktion von Gefühlen vorweg, der so genannten *Gefühl-als-Information*-Theorie (z. B. Schwarz & Clore, 1996). Es schien uns daher passend, im Anschluss an die Darstellung der Theorie Meinongs über die Gefühl-als-Information-Theorie sowie damit zusammenhängende empirische Forschungsarbeiten zu berichten.

Im Kapitel 2 behandeln wir die kognitiven Emotionstheorien von Magda Arnold und Richard Lazarus sowie im letzteren Fall auch dazugehörige empirische Forschungsarbeiten. Diese Emotionstheorien waren entscheidend mitverantwortlich dafür, dass die so genannte "kognitive Wende", die in der Psychologie nach dem Niedergang des Behaviorismus zu Beginn der 1960er-Jahre stattfand, rasch auch die Emotionspsychologie erfasste. (Auf die kognitive Wende sind wir im Band I, Kapitel 2 eingegangen). Die Theorien von Arnold und Lazarus haben die Grundkonzeption der neueren Einschätzungstheorien geprägt und auch viele ihrer Detailannahmen beeinflusst. Gleichzeitig sind die Theorien von Arnold und Lazarus aber deutlich einfacher strukturiert als die später entwickelten kognitiven Einschätzungstheorien (s. Kapitel 3 und 4). Deshalb sind diese beiden Theorien besonders gut dazu geeignet, die Grundannahmen der neueren Einschätzungstheorien darzustellen.

Im Rahmen der Diskussion der Emotionstheorien von Arnold und Lazarus gehen wir auch auf eine zwar selten explizit gemachte, aber dennoch wichtige Unterscheidung zwischen *zwei Typen* kognitiver Emotionstheorien ein: Die *kognitiv-motivationalen* Theorien einerseits und die *kognitiv-evaluativen* Theorien andererseits. Die Theorie von Meinong ist eine kognitiv-motivationale Emotionstheorie; die Theorien von Arnold und Lazarus sind dagegen kognitiv-evaluative Emotionstheorien. Letzteres gilt auch für die meisten nachfolgenden Einschätzungstheorien in der Psychologie. Tatsächlich können die meisten dieser neueren Theorien als Versuche betrachtet werden, den von Arnold und Lazarus beschriebenen Prozess der Situationseinschätzung für spezifische Emotionen auszuarbeiten. In den Kapiteln 3 und 4 stellen wir zwei dieser neueren kognitiven Emotionstheorien ausführlicher vor. (Auf die neueste Version der Emotionstheorie von Lazarus [1991a] gehen wir zudem kurz im Kapitel 2 ein).

Im Kapitel 3 beschreiben wir die neueste Fassung der Emotionstheorie von Bernard Weiner (1995) und zugehörige empirische Forschungsarbeiten. Eine frühere Fassung dieser Theorie wurde bereits in der Erstauflage von Band I dargestellt (Meyer, Schützwohl & Reisenzein, 1993). Anlässlich der Neuauflage von Band I (Meyer, Schützwohl & Reisenzein, 2001) haben wir uns entschlossen, die aktualisierte Fassung der Emotionstheorie Weiners in den vorliegenden dritten Band zu verschieben, wo sie ihrer Natur nach eigentlich von vornherein hingehörte.

Im Kapitel 4 stellen wir schließlich eine der umfassendsten und systematischsten neueren Einschätzungstheorien vor, nämlich die Theorie von Ortony, Clore und Collins (1988). Diese Theorie kann unter inhaltlichen Gesichtspunkten als eine Integration und Elaboration der vorauslaufend besprochenen Emotionstheorien aufgefasst werden, insbesondere der Theorien von Meinong und Weiner (vgl. dazu Kapitel 4).

Im Anschluss an die Darstellung der Theorie von Ortony et al. kommen wir auf neuere Forschungen zu den Einschätzungstheorien zu sprechen ebenso wie auf kritische Einwände, die gegen diese Forschung sowie gegen die kognitiven Emotionstheorien generell vorgebracht worden sind. Dazu gehört insbesondere der Einwand, dass Emotionen auch auf nichtkognitivem Weg entstehen können.

Zur Lektüre des vorliegenden Bandes

Wie schon in den Bänden I und II haben wir uns auch diesmal bemüht, den Text so zu gestalten, dass er einerseits ohne besondere Vorkenntnisse lesbar ist, andererseits aber doch präzise genug ist, um die Leserinnen und Leser auf das selbstständige Studium der Originalliteratur sowie der (am Ende eines jeden Kapitels angegebenen) vertiefenden Spezialliteratur vorzubereiten. Wenn die Anforderungen an den Leser bzw. die Leserin gelegentlich dennoch etwas höher ausgefallen sein sollten als in den Bänden I und II, so liegt das an der größeren Komplexität und Differenziertheit der hier besprochenen Emotionstheorien. Diese größere Komplexität wird allerdings teilweise dadurch kompensiert, dass die hier dargestellten Theorien—wie bereits einleitend angedeutet—in zentralen Punkten Systematisierungen von Annahmen der impliziten Alltagspsychologie darstellen. Es sollte den Leserinnen und Lesern deshalb leichter fallen, die hier vorgestellten Theorien nachzuvollziehen und an den eigenen Intuitionen zu überprüfen als dies bei den in den Bänden I und II erörterten Emotionstheorien der Fall war.

Um den unterschiedlichen Vorkenntnissen und Interessenslagen auf Seiten der potentiellen Leserinnen und Leser entgegenzukommen, haben wir uns bemüht, die vier Kapitel des vorliegenden Bandes so zu verfassen, dass sie weitgehend unabhängig voneinander lesbar sind und deshalb auch einzeln oder in verschiedenen Kombinationen in Lehrveranstaltungen oder als Prüfungsliteratur verwendet werden können. Um dieses Ziel zu erreichen, haben wir etwas mehr inhaltliche Überlappung zwischen den Kapiteln in Kauf genommen als andernfalls unbedingt notwendig gewesen wäre. In Bezug auf den ersten Teil von Kapitel 4 (über die Emotionstheorie von Ortony et al.) empfehlen wir Leserinnen und Lesern ohne Vorkenntnisse dennoch, zuvor eines der Kapitel 1 oder 2 zu studieren.

KAPITEL 1

DIE EMOTIONSTHEORIE VON MEINONG

Wie in der Einleitung zu diesem Band erwähnt wurde, haben bereits in der Anfangszeit der institutionalisierten Psychologie mehrere Autoren kognitive Emotionstheorien entwickelt. In diesem Kapitel behandeln wir eine der differenziertesten dieser Theorien. Sie stammt von dem österreichischen Philosophen und Psychologen Alexius Meinong (1853-1920; s. Kasten 1.1). Durch die Darstellung dieser Emotionstheorie möchten wir—im Einklang mit der historischen Perspektive unserer *Einführung in die Emotionspsychologie*—den Kontakt zwischen den heutigen kognitiven Emotionstheorien und dieser älteren kognitiven Tradition wiederherstellen. Wie wir zeigen werden, nimmt Meinongs Emotionstheorie zentrale Annahmen der modernen kognitiven Emotionstheorien vorweg. Seine Theorie ist deshalb zwar alt, aber keineswegs veraltet.

Im Anschluss an die Darstellung der Emotionstheorie Meinongs gehen wir auf ein neueres empirisches Forschungsprogramm ein, das sich mit einer bereits von Meinong formulierten Hypothese zur *Funktion* von Emotionen beschäftigt: nämlich der Hypothese, dass Emotionen (Gefühle) die Grundlage von Werturteilen sind.

1.1 Ausgangspunkt und Ziele der Emotionstheorie Meinongs

Meinong präsentierte seine Emotionstheorie erstmals 1894 in einem Buch mit dem Titel *Psychologisch-ethische Untersuchungen zur Wert-*

Kasten 1.1

Alexius Meinong (1853-1920), Ritter von Handschuchsheim

Alexius Meinong wurde am 17. Juli 1853 in Lemberg (dem heutigen ukrainischen L'viv) als jüngstes von sechs Kindern eines Generalmajors der österreichisch-ungarischen Armee geboren. Sein Vater wurde kurz vor Meinongs Geburt in den Adelsstand erhoben; Meinong selbst verwendete jedoch sein Leben lang weder das "von" noch sein Adelsprädikat "Ritter von Handschuchsheim". 1870 begann Meinong das Studium an der Universität Wien. Nach seiner Promotion in Geschichte entschloss er sich, bei dem damals in Wien neu ernannten Philosophieprofessor Franz Brentano (1838-1917) Philosophie zu studieren und habilitierte sich 1878 mit einer Arbeit über den britischen Philosophen Hume. Bereits 1882, also im Alter von 29 Jahren, wurde Meinong zum außerordentlichen, 1889 dann zum ordentlichen Professor für Philosophie in Graz berufen, wo er bis zu seinem Lebensende verblieb. Sein Leben verlief in äußerlich ruhigen Bahnen und war der Forschung und Lehre gewidmet. Er hinterließ ein umfangreiches wissenschaftliches Werk, das von Kundinger und Haller als Gesamtausgabe herausgegeben wurde.

Als guter Cellist dachte Meinong in jungen Jahren zeitweise daran, Musiker zu werden. Diese Absicht musste er unter anderem deshalb aufgeben, weil er durch eine Sehschwäche (offenbar eine erblich bedingte Halbblindheit), die sich im Laufe seines Lebens zunehmend verschlimmerte, äußerst stark sehbehindert war. Im späteren Alter wurde er sogar fast vollständig blind. Meinongs Sehkraft war derart gering, dass er in Vorlesungen nicht von seinen Notizen ablesen konnte, sich seine Briefe und wissenschaftlichen Manuskripte vorlesen ließ, und Musikpartituren mühsam Note für Note mittels einer Lupe entziffern und auswendig lernen musste, um sie spielen zu können. Meinong versuchte seine Sehbehinderung jedoch sein Leben lang vor seinen Kollegen und Freunden und sogar vor seiner Frau zu verbergen, offenbar weil er befürchtete, dass man ihn für lehruntauglich befinden könnte, wenn sie bekannt würde. Dabei zeigte er, wie Dölling (1996) schreibt, einen "überaus großen Einfallsreichtum, der einer gewissen Tragik nicht entbehrt" (S. 3). Angesichts der schweren Sehbehinderung Meinongs ist seine umfangreiche wissenschaftliche Publikationstätigkeit (er tippte seine Manuskripte mühsam selbst mittels eines der ersten Schreibmaschinenmodelle) wirklich erstaunlich.

Meinong nimmt heute in der Philosophie einen bedeutenden Platz ein, vor allem wegen seiner Arbeiten zur so genannten Gegenstandstheorie, einer frühen Form einer logischen Semantik. Diese Theorie zeichnet sich unter anderem durch die paradox klingende Annahme aus, dass neben realen Gegenständen und Sachverhalten auch nicht real vorhandene bzw. bloß mögliche Gegenstände (z. B. ein goldener Berg) und sogar unmögliche Gegenstände (z. B. ein rundes Dreieck) in einem gewissen Sinn doch in der Welt existieren. Diese Arbeiten erlangten schon kurz nach ihrem Erscheinen internationale Aufmerksamkeit aufgrund ihrer kritischen Rezension durch den englischen Philosophen Bertrand Russell (1904, 1905). Obwohl Russells Stellungnahme zu Meinongs Gegenstandstheorie letztlich negativ ausfiel, hatte er eine sehr hohe Meinung von Meinong (vgl. Russell, 1904). Da jedoch Russells Kritik damals weitgehend akzeptiert wurde, wurde Meinongs Gegenstandstheorie bis in die 1970er-Jahre kaum weiter verfolgt. Im letzten Viertel des 20. Jahrhunderts kam es jedoch, vor allem in der angelsächsischen Philosophie, zu einer regelrechten Meinong-Renaissance (vgl. Haller, 1996; Simons, 1986). Diese neueren Arbeiten haben gezeigt, dass die Kritik Russells vorschnell war; Meinongs Theorie der Gegenstände ist einer konsistenten und präzisen Explikation zugänglich.

In der Psychologie tat sich Meinong unter anderem als Begründer einer eigenständigen Schule der Gestaltpsychologie hervor sowie durch die Gründung des ersten experimentalpsychologischen Instituts von Österreich-Ungarn (1895). Obwohl Meinong die charismatische Ausstrahlung seines Lehrers Brentano fehlte, gelang es ihm, eine Gruppe von begabten Schülern um sich zu scharen, auf die er sehr stolz war. Diese so genannte Grazer Schule von Philosophen und Psychologen, die unter anderem Vittorio Benussi, Christian von Ehrenfels, Alois Höfler, Ernst Mally und Stephan Witasek umfasste, erreichte schon zu Meinongs Lebzeiten internationale Bekanntheit. Auch der Begründer der Attributionstheorie, Fritz Heider, war ein Schüler Meinongs (Heider, 1984; s. dazu Kapitel 3). Meinong starb 1920 im Alter von 67 Jahren in Graz an einem Nierenleiden.

theorie. In späteren Arbeiten präzisierte Meinong seine Theorie und baute sie in verschiedene Richtungen aus (z. B. Meinong, 1906; 1910; 1917). Aus Platzgründen haben wir diese späteren Weiterentwicklungen jedoch nur teilweise berücksichtigt und stellen Meinongs Theorie der Übersichtlichkeit halber auch nur in Ausschnitten dar.

Ausgangspunkt und Grundlage der Emotionstheorie Meinongs ist eine spezielle Form der *Bewusstseinspsychologie*, die von seinem Lehrer Franz Brentano (1838-1917) begründet und von Meinong und anderen Schülern Brentanos weiterentwickelt wurde. (Zur Bewusstseinspsychologie vgl. Band I, Kapitel 2 und 3).

In Übereinstimmung mit den übrigen Bewusstseinspsychologen definierte Brentano (1874/1973) die Psychologie als die *Wissenschaft von den bewussten psychischen Zuständen* und betrachtete die Introspektion—die Beobachtung eigener bewusster Erlebnisse—als ihre primäre Forschungsmethode (vgl. dazu Band I, Kapitel 2). Von anderen Strömungen der Bewusstseinspsychologie unterscheidet sich die Psychologie Brentanos vor allem durch eine These über die *Natur* der psychischen Zustände. Durch welches Merkmal, so fragte sich Brentano, unterscheiden sich psychische Zustände von nicht-psychischen Zuständen, und wie lässt sich somit der Gegenstand der Psychologie scharf von dem anderer Wissenschaften abgrenzen? Nach Brentano besteht das kritische Unterscheidungsmerkmal darin, dass psychische Zustände im Unterschied zu nichtpsychischen *objektgerichtet* sind. Der technische Ausdruck dafür ist *intentional* (was nicht zu verwechseln ist mit "intentional" im Sinne von "absichtlich"). Wenn man zum Beispiel wahrnimmt, dann nimmt man immer *etwas* wahr (z. B., dass Albert aus dem Haus geht); wenn man glaubt, dann glaubt man immer *etwas* (z. B., dass Albert zu Peter auf Besuch fährt); wenn man wünscht, dann wünscht man immer *etwas* (z. B., dass Albert bald zurückkommt) usw. Dieses *Etwas* ist das *Objekt* oder der *Gegenstand* des jeweiligen psychischen Zustands. Objektgerichtete bzw. intentionale psychische Zustände sind also solche, die sich mit einem Gegenstand beschäftigen oder einen Gegenstand erfassen (Searle, 1983). Moderner ausgedrückt: Intentionale Zustände sind solche, die Objekte *repräsentieren*; sie sind ihrem Wesen nach *repräsentationale Zustände*.

Brentano zufolge ist die Psychologie deshalb die *Wissenschaft von den intentionalen* bzw. den *repräsentationalen Zuständen*. Ihr Ziel ist es, die Natur und Funktion dieser Zustände im Detail aufzuklären. Damit ist Brentanos Psychologie ein Vorläufer der modernen kognitiven Psychologie (vgl. z. B. Barsalou, 1992; Fodor, 1987). Denn auch in der modernen kognitiven Psychologie geht es zentral um die Natur und Funktion psychischer Repräsentationen.

Meinongs Theorie der Emotionen ist das Resultat des Versuchs, Brentanos Sichtweise der psychischen Zustände systematisch auf das Gebiet der Emotionspsychologie anzuwenden. Meinongs Hauptanliegen war dabei die Klärung der *Natur* und *Aktualgenese* von Emotionen, verstanden als Gefühle. Darüber hinaus beschäftigte sich Meinong aber auch mit der Frage, welche *Funktionen* Gefühle haben, das heißt, wozu sie dienen bzw. welche nützlichen Auswirkungen sie haben. Seiner Ansicht nach besteht die zentrale Funktion von Gefühlen darin, der erlebenden Person Erkenntnisse oder Informationen über den Wert oder Unwert zu verschaffen, den Objekte für sie haben (s. Abschnitt 1. 5).

1.2 Grundannahmen der Emotionstheorie Meinongs

Allgemeine Merkmale von Emotionen

Auf der Grundlage der introspektiven Analyse eigener Emotionen sowie von Gedankenexperimenten zu den Gefühlen, die in hypothetischen (vorgestellten) Situationen auftreten, kam Meinong zum Schluss, dass Emotionen (Gefühle) folgende *allgemeine Merkmale* aufweisen.

1. **Objektgerichtetheit**. Zunächst bestätigt die introspektive Analyse der Gefühle Brentanos These von der Objektgerichtetheit psychischer Zustände: Wie alle anderen psychischen Zustände, so sind auch die Gefühle auf intentionale Gegenstände bezogen. Dies gilt nach Meinong wohlgemerkt *ohne Ausnahme*: Wenn man sich ärgert, dann ärgert man sich *immer* über etwas (z. B., dass Albert sich nicht telefonisch gemeldet hat); wenn man sich freut, dann freut man sich *immer* über etwas (z. B., dass Peter zu Besuch gekommen ist), usw. Die von anderen Emotionstheoretikern, wie zum Beispiel William James (1890/1950; s. Band I) behauptete Existenz objektloser Gefühle wurde von Meinong dementsprechend kategorisch bestritten (Meinong, 1917).

2. **Spezifische Erlebnisqualität**. Gefühle sind ferner durch eine ihnen eigentümliche Erlebnisqualität gekennzeichnet. Diese besteht fundamental darin, dass Gefühle hedonisch positiv oder negativ sind (vom Griechischen *hedoné* = Lust, Vergnügen, Freude). Das heißt, Gefühle sind Erlebnisse von *Lust* oder *Unlust* im weitesten Sinne des Wortes.

3. **Gefühle setzen Kognitionen voraus**. Das Auftreten von Gefühlen setzt notwendig das Vorhandensein anderer psychischer Zustände voraus. Insbesondere erfordern Gefühle nach Meinong bestimmte *Kognitionen*, nämlich kognitive Repräsentationen ihrer Objekte: Meinong glaubte, dass es "kein Gefühl gibt, noch geben kann, das in seinem Auftreten nicht an...[kognitive] Voraussetzung[en] gebunden wäre" (Meinong, 1894, S. 34). Diese Annahme ergibt sich übrigens fast zwangsläufig, wenn man mit Meinong davon ausgeht, dass Gefühle stets Objekte haben, auf die sie sich beziehen. Denn um sich zum Beispiel *über ein Ereignis* freuen zu können, muss man von diesem Ereignis zunächst in irgendeiner Form *Kenntnis haben*; man muss es *kognitiv repräsentieren* oder, wie Meinong sagt, *intellektuell erfassen*.

4. **Kognitionen differenzieren zwischen unterschiedlichen Gefühlen**. Unterschiede zwischen Gefühlen (z. B. Freude, Leid, Furcht, oder Hoffnung) beruhen überwiegend—das heißt, jenseits des Unterschieds zwischen Lust und Unlust—auf Unterschieden in den Kognitionen über ihre Objekte.

Aus diesen Ergebnissen seiner Analysen zu den allgemeinen Merkmalen von Gefühlen folgerte Meinong, dass es zum Verständnis der Natur und Entstehung von Gefühlen vor allem notwendig ist, ihre *kognitiven Grundlagen* aufzuklären (Meinong, 1894, 1906). Dieses Postulat ist auch für die modernen kognitiven Emotionstheorien charakteristisch.

Die Hauptgruppen der Emotionen

Ernstgefühle versus Phantasiegefühle. Nach Meinong zerfallen die Emotionen—nach ihren jeweiligen kognitiven Grundlagen—zunächst in zwei große Klassen, die Ernstgefühle und die Phantasiegefühle. Diese beiden Gruppen von Gefühlen sind zueinander völlig parallel. Das heißt, alle Arten von Ernstgefühlen (wie Freude, Mitleid, oder Ärger) können in abgewandelter Form auch als Phantasiegefühle auftreten (als Phantasiefreude, Phantasiemitleid, Phantasieärger usw.). *Ernstgefühle* treten auf, wenn man Objekte auf "ernsthafte" Weise kognitiv repräsentiert, das heißt, wenn man sie für tatsächlich oder zumindest möglicherweise für bestehend hält. Zum Beispiel glaubt Albert, dass er die Mathematikprüfung bestanden hat und freut sich darüber. *Phantasiegefühle* treten dagegen auf, wenn man Objekte sozusagen bloß "spielerisch" kognitiv repräsentiert, das heißt, sie bloß als bestehend "fingiert". Zum Beispiel stellt sich Peter lebhaft vor, dass die am folgenden Tag stattfindende Prüfung erfolgreich verläuft und empfindet bei diesem Gedanken Phantasiefreude.

Sachverhaltsbezogene versus einzeldingbezogene Gefühle. Sowohl die Ernst- als auch die Phantasiegefühle zerfallen nach Meinong wiederum in zwei große Klassen, je nach den *Objekten*, auf die sich die ihnen zugrunde liegenden Kognitionen—und damit auch die Gefühle selbst—beziehen. Nach Meinong können Kognitionen und Emotionen nämlich grundsätzlich zwei Arten von Objekten haben: erstens *Sachverhalte*, und zweitens *Einzeldinge* oder deren *Eigenschaften*. Zum Beispiel glaubt Albert, *dass er die Mathematikprüfung bestanden hat* (ein Sachverhalt) und freut sich darüber; oder er sieht *eine Spinne* vor sich (ein Einzelding) und ekelt sich davor. Allgemein gesagt ist ein *Sachverhalt* einfach ein Aspekt einer tatsächlichen oder möglichen Situation, zum Beispiel ein Zustand (z. B., dass Albert klug ist), ein Ereignis (dass Albert ein Geschenk erhält) oder eine Handlung (dass Albert Kaffee kocht). *Einzeldinge* und *Eigenschaften* sind dagegen die möglichen Bestandteile von Sachverhalten. Denn ein Sachverhalt besteht darin, dass ein oder auch mehrere Einzeldinge (z. B. die Person Albert) bestimmte Eigenschaften aufweisen (z. B. klug zu sein, ein Geschenk zu erhalten, oder Kaffee zu kochen).

Somit lassen sich nach Meinong vier Hauptgruppen von Emotionen unterscheiden: (1) Ernstgefühle, die sich auf Sachverhalte beziehen (wie z. B. Freude); diese bezeichnet Meinong als *Urteilsgefühle*. (2) Ernstgefühle, die sich auf Einzeldinge beziehen (z. B. Ekel); diese nennt Meinong *Vorstellungsgefühle*. (3) Phantasiegefühle, die sich auf Sachverhalte beziehen (z. B. Phantasiefreude); diese bezeichnet Meinong als *Phantasie-Urteilsgefühle* oder *Annahmegefühle*. (4) Phantasiegefühle, die sich auf Einzeldinge beziehen (z. B. Phantasieekel); diese nennt Meinong *Phantasie-Vorstellungsgefühle*.

Die Theorie der Urteilsgefühle bildet den am weitesten ausgearbeiteten Teil der Emotionstheorie Meinongs. Deshalb konzentrieren wir uns in diesem Kapitel auf die Urteilsgefühle. Auf die Phantasiegefühle gehen wir kurz im Abschnitt 1.4 ein.

1.3 Die Urteilsgefühle

Die Urteilsgefühle sind diejenigen Emotionen, die in der Sprache am differenziertesten unterschieden werden. Freude und Leid (Kummer), Mitfreude und Mitleid, Hoffnung und Furcht, Ärger, Schuld und Scham—alle diese und auch die meisten anderen im Alltag namentlich unterschiedenen Emotionen erweisen sich bei näherer Analyse als Urteilsgefühle (Meinong, 1894; s. auch Witasek, 1907). Vor anderen Gefühlen zeichnen sich die Urteilsgefühle nach Meinong durch folgende, bereits oben genannte Merkmale aus: (1) Ihre Objekte sind *Sachverhalte* und nicht Einzeldinge oder Eigenschaften (die Bestandteile von Sachverhalten). (2) Sie beruhen auf "ernsthaften" kognitiven Repräsentationen ihrer Objekte; nämlich auf dem Glauben der Person, dass das Objekt der

Emotion (der Sachverhalt) tatsächlich besteht oder wenigstens möglicherweise besteht. Statt *Glaube* verwendet Meinong synonym den Begriff *Urteil* (Meinong, 1910). Das ist der Grund, weshalb er diese Emotionen als *Urteilsgefühle* bezeichnet.

Die kognitiven und motivationalen Voraussetzungen der Urteilsgefühle (am Beispiel von Freude und Leid)

Meinongs Paradebeispiel für ein Urteilsgefühl ist *Freude* (Meinong, 1894, 1906). Daher erläutern wir Meinongs Ansichten zur Entstehung und Natur der Urteilsgefühle zunächst am Beispiel von Freude (sowie dem hedonisch gegenteiligen Gefühl des Leids). Im nachfolgenden Unterabschnitt gehen wir dann auf weitere Urteilsgefühle ein.

Als konkretes Beispiel für ein Freudegefühl nennt Meinong (1906) den Fall eines Jungen—nennen wir ihn Albert—der sich schon lange sehnlichst eine Spielzeugdampfmaschine gewünscht hat, nun eine solche geschenkt bekommt und sich über ihren Besitz freut. Von der *Erlebensqualität* her ist die Freude Alberts ein Lustgefühl; als *Objekt* hat dieses Gefühl den Sachverhalt, *dass Albert die Dampfmaschine besitzt*.

Kognitive Voraussetzung. Nach Meinong setzt die Freude Alberts folgende *Kognition* voraus: Albert urteilt bzw. glaubt, dass er die Dampfmaschine besitzt. Das heißt, dieses Urteil ist eine notwendige Teilursache der Freude. Glaubensannahmen können sowohl die Form fester Überzeugungen haben als auch die Form mehr oder weniger unsicherer Vermutungen. Für Freude ist nun von entscheidender Bedeutung, dass das Urteil eine feste Überzeugung ist: Um Freude zu erleben, muss Albert mit *Sicherheit* bzw. *Gewissheit* glauben, dass er die Dampfmaschine besitzt; er darf es nicht bloß vermuten. Freude ist deshalb—wie auch die meisten anderen Urteilsgefühle—ein *Gewissheitsgefühl* (Meinong, 1894; wir kommen darauf noch zurück).

Motivationale Voraussetzung. Urteile sind jedoch nicht die einzigen Voraussetzungen (Teilursachen) von Gefühlen wie Freude. Dies erkennt man daran, dass ein und dasselbe Urteil bei verschiedenen Personen unterschiedliche Gefühle auslösen kann. Zum Beispiel glauben sowohl Albert als auch Peter, dass die Fussballmannschaft von Arminia Bielefeld diejenige von Bayern München geschlagen hat. Aber während sich Albert über diesen Sachverhalt freut, ist Peter darüber traurig. Was ist dafür verantwortlich, dass dieselbe Überzeugung bei Albert ein Freudegefühl verursacht, bei Peter dagegen ein Leidgefühl?

Zu dieser Frage hat sich Meinong zwar nur kurz geäußert. Aus seinen Ausführungen geht jedoch hervor, dass dafür zumindest in vielen Fällen unterschiedliche *Wünsche* (Meinong sagt *Begehrungen*) verantwortlich sind (z. B. Meinong, 1906; 1917; s. auch Höfler, 1897). Ein *Freudegefühl* tritt auf, wenn man zur Überzeugung gelangt, dass ein Sachverhalt vorliegt, den man sich wünscht—oder genauer gesagt, den man sich bis zum Erwerb dieser Überzeugung *gewünscht hat*. Denn sobald man zu der Überzeugung gelangt, dass etwas Gewünschtes besteht, "wird die Begehrung...vernichtet" (Meinong, 1917, S. 96). Albert erlebt also deshalb Freude, weil der von ihm gewünschte Sieg von Arminia Bielefeld eingetreten ist.

Ein *Leidgefühl* (z. B. Kummer) tritt dagegen auf, wenn man zur Überzeugung kommt, dass ein Sachverhalt vorliegt, dessen *Nichtbestehen* man sich wünscht; oder wie Meinong (1894) sagt, dessen Bestehen einem *widerstrebt*. Peter erlebt also deshalb ein Leidgefühl, weil er sich wünschte, dass Arminia Bielefeld das Spiel nicht gewinnt bzw. weil ihm der Sieg dieser Mannschaft widerstrebt.

Meinongs Analyse der kognitiven und motivationalen Voraussetzungen der Urteilsgefühle Freude und Leid kann *für beliebige Sachverhalte S* wie folgt zusammengefasst werden (vgl. Kasten 1.2):

Kasten 1.2
Meinongs Analyse von Freude und Leid über einen Sachverhalt

Freude über einen Sachverhalt S erlebt man, wenn man (1) fest glaubt, dass S besteht und (2) sich wünscht (genauer: sich bis zum Erwerb der Überzeugung gewünscht hat), dass S besteht.

Leid über einen Sachverhalt S erlebt man, wenn man (1) fest glaubt, dass S besteht und (2) sich wünscht, dass S *nicht* besteht (bzw. wenn es einem widerstrebt, dass S besteht).

Beachten Sie schließlich, dass dasjenige, worüber man sich freut oder unter dem man leidet, nach Meinong (1894) genau genommen nicht nur das *Bestehen* eines Sachverhaltes sein kann (z. B. das Vorliegen eines Zustandes oder das Eintreten eines Ereignisses); es kann vielmehr auch das *Nichtbestehen* eines Sachverhaltes sein. So kann man sich zum Beispiel auch darüber freuen, dass man im Unterschied zu vielen anderen im Winter *nicht* krank geworden ist; und man kann Leid darüber empfinden, dass ein Freund *nicht* zu Besuch gekommen ist.

Die Natur der Urteilsgefühle. Nach Meinong sind Freude und Leid somit (1) auf einen Sachverhalt gerichtete Lust- bzw. Unlustgefühle, welche (2) durch Kognitionen (Glaubensannahmen) und Motive (Wünsche) verursacht werden, die sich auf diesen Sachverhalt beziehen. Diese Analyse gilt nach Meinong im Prinzip auch für alle anderen Urteilsgefühle. Meinongs Theorie der Urteilsgefühle kann deshalb als *kognitiv-motivationale* oder (genauer) als *Glauben-Wunsch*-Theorie der Emotion bezeichnet werden (mehr dazu im Kapitel 2).

Die Aktualgenese der Urteilsgefühle (am Beispiel Freude)

Nach Meinong entstehen Urteilsgefühle wie zum Beispiel Freude im typischen Fall wie folgt (vgl. Abbildung 1.1).

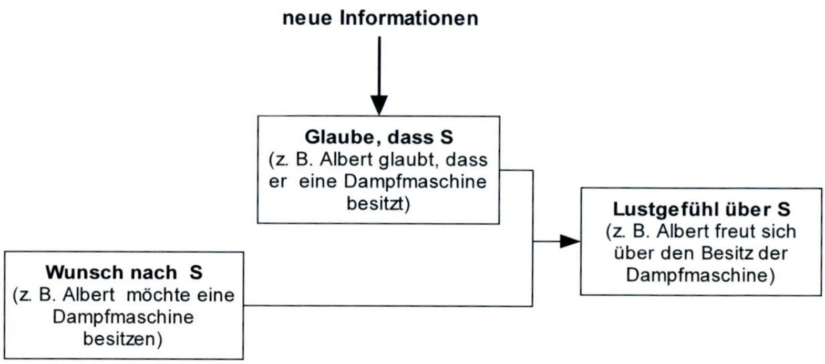

Abbildung 1.1
Die Entstehung von Freude nach Meinong

1. Die Person hat zunächst einen Wunsch nach einem bestimmten Sachverhalt S. Zum Beispiel hat Albert den Wunsch, eine Dampfmaschine zu besitzen.

2. Nun kommt die Person aufgrund neuer Informationen oder darauf beruhender Schlussfolgerungen zum Glauben, dass der gewünschte Sachverhalt S besteht (Abbildung 1.1). Zum Beispiel sieht Albert beim Öffnen seines Geschenkpakets, dass dieses eine Dampfmaschine enthält,

und er schließt daraus, dass die Dampfmaschine sein Eigen ist. Oder vielleicht überreichen ihm seine Eltern die Dampfmaschine mit den Worten "Albert, die gehört dir!".

3. Dies führt zum Auftreten eines auf den Sachverhalt S bezogenen Lustgefühls (Abbildung 1.1). Im Beispiel erlebt Albert Lust über den Besitz der Dampfmaschine. Wir sagen dann im Alltag: "Albert freut sich darüber, dass er die Dampfmaschine besitzt".

Die kognitiven Grundlagen weiterer Urteilsgefühle

Wie bereits erwähnt, ist Meinong der Ansicht, dass seine Analyse von Freude und Leid im Prinzip auch für alle weiteren Urteilsgefühle gilt (z. B. Mitfreude, Mitleid, Hoffnung, Furcht, Stolz oder Scham). Das heißt, allen Urteilsgefühlen ist *gemeinsam*, dass sie (1) auf einen Sachverhalt gerichtete Lust- oder Unlustgefühle sind, welche (2) von Glaubensannahmen und Wünschen verursacht werden, die sich auf denselben Sachverhalt beziehen. Die Urteilsgefühle *unterscheiden* sich voneinander einerseits in ihrer Lust- bzw. Unlustqualität, welche auf unterschiedliche *Wünsche* zurückgeht. Alle weiteren Unterschiede zwischen positiven und negativen Urteilsgefühlen beruhen nach Meinong dagegen auf Besonderheiten der den Gefühlen zugrunde liegenden *Kognitionen* (Urteile). Systematisch lassen sich die Urteilsgefühle anhand dieser kognitiven Voraussetzungen nach Meinong wie folgt klassifizieren (vgl. Abbildung 1.2):

1. Nach der *Sicherheit bzw. Gewissheit* der ihnen zugrunde liegenden Urteile kann man *Gewissheitsgefühle* (wie Freude und Leid) von *Ungewissheitsgefühlen* (Hoffnung und Furcht) unterscheiden. Gewissheitsgefühle beruhen auf festen Überzeugungen, Ungewissheitsgefühle dagegen auf unsicheren Glaubensannahmen.

2. Die Gewissheitsgefühle kann man nach dem *Gegenstand* des ihnen zugrunde liegenden Urteils (und Wunsches) weiter unterteilen. Eine zentrale Unterscheidung ist dabei die zwischen Gefühlen, deren Gegenstand (der Sachverhalt) *das Wohlergehen der erlebenden Person* betrifft und solchen, die sich auf *das Wohlergehen einer anderen Person* beziehen (vgl. Abbildung 1.2; für weitere Unterscheidungen von Urteilsgefühlen nach dem Gegenstand s. Meinong, 1894). Emotionale Reaktionen auf gewünschte oder ungewünschte Sachverhalte, die in erster Linie das Wohlergehen der erlebenden Person selbst betreffen, sind die bereits besprochenen Gefühle von Freude und Leid (Abbildung 1.2). Handelt es

sich bei dem gewünschten oder ungewünschten Sachverhalt dagegen um das Wohlergehen einer anderen Person, dann treten Sympathie- bzw. Antipathiegefühle auf (Abbildung 1.2).

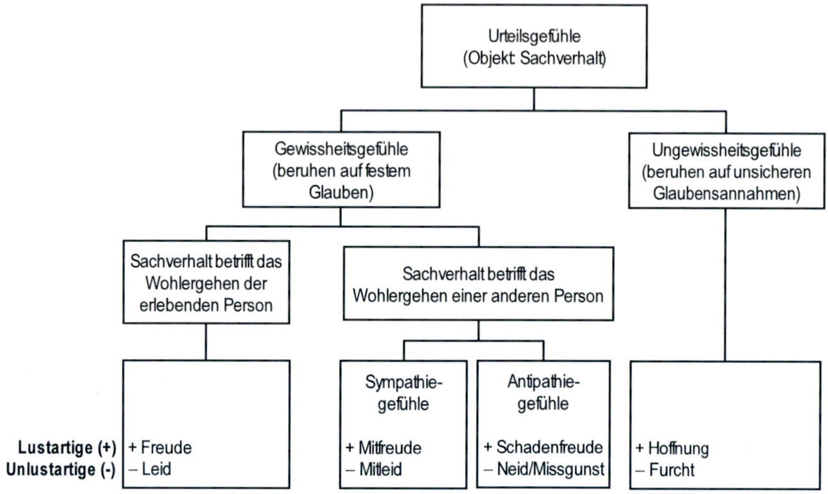

Abbildung 1.2
Meinongs Klassifikation der Urteilsgefühle nach ihren kognitiven Voraussetzungen

Im Folgenden erörtern wir zuerst die Sympathie- und Antipathiegefühle. Danach kommen wir auf die Ungewissheitsgefühle zu sprechen.

Die Sympathie- und Antipathiegefühle. Die *Sympathiegefühle* umfassen Mitfreude und Mitleid, die *Antipathiegefühle* umfassen Schadenfreude und Neid bzw. Missgunst (Abbildung 1.2). Nach Meinong beziehen sich diese Emotionen genau genommen stets auf die *Gefühle* anderer Personen und setzen deshalb Überzeugungen über deren Gefühle voraus: Bei den Sympathiegefühlen reagiert man auf ein als vorhanden geglaubtes Lust- oder Unlustgefühl einer anderen Person mit einem *gleichartigen* Gefühl; bei den Antipathiegefühlen dagegen mit einem *gegenteiligen* Gefühl (also auf Lust mit Unlust oder auf Unlust mit Lust).

Genauer gesagt: *Mitfreude* ist nach Meinong Freude darüber, dass (wie man glaubt) eine andere Person ein positives Gefühl erlebt. Zum Beispiel empfindet Peter Freude darüber, dass Albert sich über die bestandene Mathematikprüfung freut. *Mitleid* ist dagegen Leid darüber, dass (wie man glaubt) eine andere Person ein negatives Gefühl erlebt. Zum Beispiel empfindet Albert Leid darüber, dass Peter sich vor seiner Prüfung fürchtet.

Schadenfreude ist Freude darüber, dass eine andere Person ein negatives Gefühl erlebt. Zum Beispiel freut sich Albert darüber, dass Peter (der Alberts fachmännischen Rat missachtet hat), verärgert über einen schlechten Kauf ist. *Neid* bzw. *Missgunst* schließlich ist Leid darüber, dass eine andere Person ein positives Gefühl erlebt. Zum Beispiel empfindet Peter Leid darüber, dass Albert sich über seine gute Prüfungsnote freut.

Die *kognitive* Voraussetzung der Sympathie- und Antipathiegefühle ist also nach Meinong die Überzeugung, dass eine andere Person ein positives oder ein negatives Gefühl erlebt. Daneben haben die Sympathie- und Antipathiegefühle—wie alle Urteilsgefühle—aber auch eine *motivationale* Voraussetzung: Im Fall von Freude und Schadenfreude *wünscht man sich*, dass der andere das positive bzw. negative Gefühl erlebt; im Fall von Mitleid und Neid dagegen *wünscht man sich nicht* bzw. *es widerstrebt einem*, dass der andere das positive bzw. negative Gefühl erlebt. Kasten 1.3 fasst Meinongs Analyse der kognitiven und motivationalen Voraussetzungen (Teilursachen) der Sympathie- und Antipathiegefühle zusammen.

Kasten 1.3

Meinongs Analyse der Sympathie- und Antipathiegefühle

Sympathiegefühle

Mitfreude erlebt man, wenn man (1) glaubt, dass ein anderer ein positives Gefühl erlebt und (2) sich wünscht, dass er dieses Gefühl erlebt.

Mitleid erlebt man, wenn man (1) glaubt, dass ein anderer ein negatives Gefühl erlebt und (2) sich wünscht, dass er dieses Gefühl *nicht* erlebt.

Antipathiegefühle

Schadenfreude erlebt man, wenn man (1) glaubt, dass ein anderer ein negatives Gefühl erlebt und (2) sich wünscht, dass er dieses Gefühl erlebt.

Neid bzw. *Missgunst* erlebt man, wenn man (1) glaubt, dass ein anderer ein positives Gefühl erlebt und (2) sich wünscht, dass er dieses Gefühl *nicht* erlebt.

Sofern diese Analyse zutrifft, haben die Sympathie- und Antipathiegefühle tatsächlich—wie Meinong postuliert—dieselbe Grundstruktur wie Freude und Leid (vgl. Kasten 1.2). Sie unterscheiden sich von Freude und Leid nämlich nur im Urteils- und Wunsch*gegenstand* und damit auch im Gegenstand der Gefühle: Bei den Sympathie- und Antipathiegefühlen ist dieser Gegenstand von einer ganz besonderen Art: es ist der Sachverhalt, dass *eine andere Person ein Lust- bzw. Unlustgefühl erlebt*.

Bei genauerer Betrachtung ist Meinongs Analyse der Sympathie- und Antipathiegefühle allerdings zu eng. Das heißt, sie erfasst nur einen Teil der im Alltag vorkommenden Fälle dieser Emotionen. Bereits Groethuysen (1904) wies in einer Weiterführung von Meinongs Analyse des Mitleids darauf hin, dass sich Mitleid nicht unbedingt auf ein *gegenwärtiges* Gefühl des anderen beziehen muss (wie Meinongs Analyse zumindest nahe legt). Vielmehr kann sich Mitleid auch auf ein zukünftiges oder vergangenes Gefühl des anderen richten. Zum Beispiel kann man jemanden dafür bemitleiden, dass er (wie man glaubt) bald traurig sein wird (wenn er von einem für ihn negativen Ereignis erfahren wird), obwohl er es jetzt noch nicht ist. Aber auch das ist noch nicht allgemein genug. Der Zustand des anderen, für den man ihn zum Beispiel bemitleidet, braucht nämlich nicht unbedingt ein *Gefühl* zu sein. Er braucht sogar überhaupt kein *psychischer Zustand* zu sein (Sober & Wilson, 1998; Weiner, 1995). So kann man zum Beispiel jemanden auch dafür bemitleiden, dass er krank oder arm ist. Krankheit und Armut sind aber keine psychischen Zustände.

Die Ungewissheitsgefühle. Die Ungewissheitsgefühle sind, wie bereits erwähnt, *Hoffnung* und *Furcht*. Ihre kognitiven und motivationalen Voraussetzungen sind nach Meinong wie folgt beschaffen (Kasten 1.4):

Kasten 1.4

Meinongs Analyse der Ungewissheitsgefühle

Hoffnung in Bezug auf einen Sachverhalt S erlebt man, wenn man (1) den unsicheren Glauben (die Vermutung) hat, dass S besteht und (2) sich wünscht, dass S besteht.

Furcht vor einem Sachverhalt S erlebt man, wenn man (1) den unsicheren Glauben (die Vermutung) hat, dass S besteht und (2) sich wünscht, dass S *nicht* besteht.

Gewissheitsgefühle (wie Freude oder Leid) erlebt man also dann, wenn man einen gewünschten bzw. nicht gewünschten Sachverhalt für *sicher* hält. Die Ungewissheitsgefühle Hoffnung oder Furcht treten dagegen dann auf, wenn man einen solchen Sachverhalt als *unsicher* oder *ungewiss* betrachtet (d.h., bloß als möglich oder mehr oder weniger wahrscheinlich). Sofern man gewillt ist, über diese Unterschiede im *Stärkegrad* des Glaubens (unsicher versus sicher) hinwegzusehen, können damit auch Hoffnung und Furcht als spezielle Formen von Freude- bzw. Leidgefühlen verstanden werden (Kasten 1.2; Meinong, 1894).

1.4 Die Phantasie-Urteilsgefühle

Die kognitive Ursache der Urteilsgefühle ist der Glaube der Person, dass der Sachverhalt, auf den sich diese Gefühle beziehen, tatsächlich besteht (z. B. Freude) oder zumindest möglicherweise besteht (z. B. Furcht). Eines der interessantesten Phänomene des menschlichen Gefühlslebens ist aber, dass ähnliche Gefühle auch gegenüber solchen Sachverhalten auftreten können, die man für *nicht* bestehend hält. Paradefälle dafür sind vielleicht die Gefühle, die beim Lesen oder Hören von Erzählungen sowie beim Betrachten von Bühnenstücken oder von Filmen auftreten, von deren fiktivem Charakter man überzeugt ist. Meinongs Schüler Witasek (1907) erläutert:

> "Was uns in einem Roman erzählt wird, was uns die Bühne des Theaters vorführt, das nehmen wir bekanntlich nicht für Wirklichkeit, es ist uns bloßer Schein...[Das heißt], dass wir die Ereignisse und Gestalten, aus denen der Inhalt der Dichtung besteht, nicht für wahr halten...Trotzdem werden unsere Gefühle sehr oft in sehr hohem Grade eben von diesen Ereignissen und Gestalten in Anspruch genommen; wir fühlen Sympathie mit dem erdichteten Helden, Mitleid, wenn er in Unglück und Jammer gerät, Freude, wenn er obsiegt, Entrüstung über die Niedertracht seiner Widersacher, Furcht und Beklemmung vor dem drohenden Unheil, und ein Stein fällt uns vom Herzen, wenn schließlich doch noch alles glücklich ausgeht—alles, obwohl wir sehr gut wissen, dass dieser Held nur in unserer und des Dichters Phantasie lebt und also in Wirklichkeit nichts vorliegt, worüber wir uns aufzuregen brauchten" (Witasek, 1907, S. 329).

Weil diese Gefühle sich auf Objekte beziehen, die *unserer eigenen Überzeugung nach* nicht wirklich, sondern sozusagen nur in unserer Phantasie existieren, werden sie von Meinong (1910) als *Phantasiegefühle* bezeichnet und den bisher besprochenen *Ernstgefühlen* gegenübergestellt. Phantasiegefühle treten jedoch keineswegs nur als Reaktionen auf dichterische Werke auf, sondern auch in ganz normalen Alltagssituationen. Zum Beispiel könnte sich Albert am Vortag einer Prüfung *prospektiv* vorstellen, dass die Prüfung erfolgreich verläuft; er erlebt dann etwa Phantasiefreude oder Phantasiestolz. Und nachdem er die Prüfung mit viel Mühe bestanden hat, könnte er sich *retrospektiv* vorstellen, wie es gewesen wäre, wenn er nicht bestanden hätte; dann erlebt er etwa Phantasieleid oder Phantasiescham.

Ebenso wie die Ernstgefühle können sich die Phantasiegefühle nach Meinong entweder auf Sachverhalte richten (z. B. Phantasiefreude darüber, dass ein Romanheld seine Widersacher besiegt) oder auf Einzeldinge wie zum Beispiel eine Person (z. B. Phantasiebewunderung für den Helden; vgl. Abschnitt 1.2). Wir beschränken uns jedoch im Folgenden auf Phantasiegefühle, die sich auf *Sachverhalte* beziehen. Diese Gefühle—welche das Phantasie-Äquivalent der Urteilsgefühle darstellen—bezeichnet Meinong als *Phantasie-Urteilsgefühle* oder als *Annahmegefühle*.

Nach Meinong beruhen die Phantasie-Urteilsgefühle auf einer besonderen, für sie eigentümlichen Art der Repräsentation ihrer Objekte, nämlich auf *Annahmen*. Annahmen (oder "Phantasieurteile") sind Urteilen nach Meinong insofern verwandt, als beide kognitive Repräsentationen von *Sachverhalten* sind. Sie unterscheiden sich von den Urteilen jedoch dadurch, dass sie diese Sachverhalte *auf eine andere Weise* repräsentieren als die Urteile. Meinong (1910, 1917) beschreibt diese Annahme-Form der kognitiven Repräsentation von Sachverhalten etwas paradox als "Urteil ohne Glauben". Gemeint ist Folgendes: die Person *fingiert, gibt vor* oder *setzt hypothetisch den Fall*, dass ein Sachverhalt besteht (vgl. auch Nichols & Stich, 2000). Meinongs Analyse der Annahmegefühle ist für die einfachsten Fälle (Annahmefreude und Annahmeleid) im Kasten 1.5 zusammengefasst.

Zum Beispiel erlebt Albert am Vortag der Prüfung *Phantasiefreude* über das Bestehen der Prüfung, wenn er sich wünscht, sie zu bestehen, und hypothetisch annimmt bzw. fingiert, er hätte sie bestanden. Und er erlebt *Phantasieleid* über ein Versagen bei der Prüfung, wenn ihm das Versagen unerwünscht ist und er hypothetisch annimmt bzw. fingiert, er hätte versagt.

Kasten 1.5
Meinongs Analyse der Annahmegefühle

Phantasiefreude über einen Sachverhalt S erlebt man, wenn man (1) annimmt (fingiert), dass S besteht und (2) sich wünscht, dass S besteht.

Phantasieleid über einen Sachverhalt S erlebt man, wenn man (1) annimmt (fingiert), dass S besteht und (2) sich wünscht, dass S *nicht* besteht.

Die kognitiven und motivationalen Voraussetzungen weiterer Annahmegefühle (wie Phantasiemitleid oder Phantasieneid) brauchen wir nicht im Einzelnen anzugeben. Denn diese erhält man aus den früher beschriebenen Analysen der entsprechenden Urteilsgefühle (Abschnitt 1.3) einfach dadurch, dass man die dort postulierten *Urteile* durch *Annahmen* ersetzt. Die Wunschkomponente bleibt dagegen erhalten. So erlebt zum Beispiel Albert Phantasiemitleid mit Peter, wenn er sich lebhaft vorstellt, dieser sei traurig, und wenn ihm dies unerwünscht ist.

1.5 Gefühle als Grundlage von Werturteilen

In den vorangegangenen Abschnitten haben wir Meinongs Ansichten zur Entstehung und Natur von Gefühlen besprochen. Welche primären *Auswirkungen* haben nun die Gefühle und welche *Funktion* erfüllen sie demnach vermutlich im psychischen Geschehen? Von zentraler Bedeutung ist nach Meinong die *Erkenntnis- oder Informations-Funktion* von Gefühlen: Gefühle informieren die Person über den Wert oder Unwert von Objekten. Gefühle bilden deshalb eine *Grundlage von Werturteilen*.

Tatsächlich sind Gefühle nach Meinong (1894, 1923) zusammen mit Wunscherlebnissen (z. B. dem erlebten Verlangen nach einem Objekt) die letztendliche Grundlage *aller* Werturteile: Alle Bewertungen von Objekten als gut oder schlecht, wertvoll oder wertlos, nützlich oder schädlich usw. beruhen letztlich auf Gefühls- und Wunscherlebnissen in Bezug auf diese Objekte. Die Betonung liegt dabei auf *letztlich*: Meinong behauptete nicht, dass Werturteile immer *direkt* auf der Basis von Gefühlen und Wünschen gebildet werden. Dies ist nach Meinong zwar tatsächlich oft der Fall. Zum Beispiel erlebt Albert beim Erhalt der Dampfmaschine große Freude; daraus schließt er, dass dieser Sachverhalt sehr positiv für ihn ist (= Werturteil). Jedoch können Werturteile auch dadurch zustande kommen, dass man sie (a) von anderen Personen übernimmt oder indem man sie (b) aus bereits früher gebildeten, im Gedächtnis gespeicherten Werturteilen "ableitet". Zum Beispiel kann man ein Werturteil über eine Person bilden, indem man sich deren positive und negative Eigenschaften in Erinnerung ruft und zu einem Gesamturteil kombiniert. Oder man kann ein Ereignis bewerten, indem man sich überlegt, welche positiven oder negativen Konsequenzen es nach sich zieht. Diese "Ableitung" von Wertüberzeugungen aus schon vorhandenen führt nach Meinong aber früher oder später stets auf Gefühls- und Wunscherlebnisse zurück. *Letztlich*—das heißt direkt oder vermittelt durch andere Wertüberzeugungen—beruhen deshalb alle Werturteile auf Gefühls- oder Wunscherlebnissen.

Gefühls- und Wunscherlebnisse sind somit nach Meinong die *primären Werterlebnisse*: Sie sind die grundlegenden Formen des Erlebens, in denen wir den Wert oder Unwert von Dingen erfahren bzw. die uns "mitteilen", dass ein Objekt gut oder schlecht für uns ist.

1.6 Neuere Arbeiten zur Hypothese von Gefühlen als Grundlage von Werturteilen

Unter anderem angeregt durch Meinongs (1894) Buch über Werttheorie kam es um die Wende des 19. Jahrhunderts zu einer internationalen Diskussion über wertphilosophische und wertpsychologische Fragen (vgl. dazu z. B. Kraft, 1951; Urban, 1907). Zentrales Thema dieser Diskussion waren die psychischen Grundlagen von Werturteilen. Meinongs Ansicht, diese Grundlagen seien letztlich nichtkognitiver Natur, fand dabei weitgehend Zustimmung (s. auch Meinong, 1923). Kontrovers diskutiert wurde jedoch unter anderem, (a) ob Gefühle, Wünsche oder beides die letztendliche Grundlage von Werturteilen sind; (b) ob alle Arten von Gefühlen oder nur bestimmte als Grundlage von Werturteilen in Frage kommen; und (c) ob bzw. zu welchem Grad Werturteile auch auf rein "intellektueller" Basis zustande kommen können.

Auch erste empirische Untersuchungen zur Entstehung von Werturteilen wurden durchgeführt. Aus heutiger Sicht waren diese Untersuchungen allerdings wenig stringent (vgl. Kraft, 1951). Es handelte sich mit wenigen Ausnahmen nämlich um einfache Befragungen von Versuchspersonen zu den bei Werturteilen auftretenden bewussten Erlebnissen. Auf deren Basis wollte man dann zum Beispiel die Anteile affektiver versus kognitiver Prozesse bei der Urteilsbildung bestimmen.

In neuerer Zeit sind diese Untersuchungen mit verbesserter Methodik—allerdings ohne Bezugnahme auf Meinong und die ältere Werturteilsforschung—wieder aufgenommen worden, unter anderem von Byrne und Clore (1970) sowie in der Folge von Schwarz und Clore (z. B. 1983, 1996). Den Forschungsarbeiten dieser Autoren liegt eine Theorie der Entstehung von Werturteilen zugrunde, die starke Ähnlichkeit zu derjenigen Meinongs aufweist. In Anlehnung an Schwarz und Clore (1996) bezeichnen wir diese Theorie als die *Gefühl-als-Information*-Theorie. In den folgenden zwei Unterabschnitten stellen wir zunächst die Grundannahmen dieser Theorie vor und berichten dann über empirische Untersuchungen, in denen sie überprüft wurde.

Die Gefühl-als-Information-Theorie

Ähnlichkeiten zu Meinong. Die Gefühl-als-Information-Theorie teilt mit Meinongs Theorie der Werturteile folgende Annahmen.

1. Die zentrale Funktion von Gefühlen besteht darin, der erlebenden Person *Informationen* darüber zu liefern, ob Sachverhalte oder Objekte gut oder schlecht für sie sind. Hedonisch positive Gefühle sind eine "Mitteilung" an die Person, dass eine Situation oder ein Objekt für sie *gut* ist, das heißt ihrem Wohlergehen zuträglich ist bzw. ihre Wünsche erfüllt oder deren Erfüllung verspricht. Hedonisch negative Gefühle teilen der Person dagegen mit, dass eine Situation oder ein Objekt für sie *schlecht* ist, das heißt ihre Wünsche frustriert oder deren Erfüllung gefährdet.

2. Diese Information wird im Alltag häufig zur Bildung von Werturteilen über die gefühlsauslösenden Objekte genutzt. Das heißt: Personen, die ein Werturteil über ein Objekt bilden, verwenden dazu oft folgende *Gefühlsheuristik* (Schwarz, 1990): Sie fragen sich (meist implizit): "Welche Gefühle empfinde ich gegenüber diesem Objekt?" und bewerten das Objekt dann je nach der Antwort auf diese Frage. Zum Beispiel beurteilt man eine Person, die man eben kennengelernt hat, als sympathisch, wenn man bei der Interaktion mit ihr angenehme Gefühle erlebt. Und man bewertet seine derzeitige Lebenssituation als unbefriedigend, wenn man sich beim Gedanken daran unwohl fühlt.

3. Werturteile werden jedoch nicht *immer* aus Gefühlen erschlossen. Sie können vielmehr auch durch den Abruf und die Integration von

bereits vorhandenen Bewertungen aus dem Gedächtnis gebildet werden. Nach Schwarz (1990; s. auch Schwarz & Clore, 1996) hat die Gefühlsheuristik gegenüber dieser letzteren Methode der Bildung von Werturteilen aber zwei Vorzüge: Erstens kann die Gefühlsheuristik auch zur Bewertung von völlig neuartigen Objekten verwendet werden, für die noch gar keine relevanten Werturteile im Gedächtnis gespeichert sind. Zweitens ist die Gefühlsheuristik relativ unaufwendig: Es bedarf nur eines geringen Aufwands, die Gefühle, die man zum Beispiel bei der Interaktion mit einer Person oder beim Gedanken an sie erlebt, introspektiv zu beobachten und in einer Bewertung der Person "abzubilden". Dagegen kostet es sicher einige Zeit und Anstrengung, sich an die verschiedenen positiven und negativen Eigenschaften einer Person zu erinnern und diese in eine Gesamtbewertung der Person zu integrieren. Die Gefühlsheuristik kann deshalb zur *Vereinfachung* von Bewertungsprozessen dienen (Schwarz, 1990).

Unterschiede zu Meinong. Es gibt jedoch auch Unterschiede zwischen der Gefühl-als-Information-Theorie und der Werturteilstheorie Meinongs. Der wichtigste Unterschied ist im gegenwärtigen Zusammenhang der folgende: Nach Meinong ist es ein Wesensmerkmal von Gefühlen, dass sie auf Objekte gerichtet sind; und zwar stets auf dieselben Objekte wie die sie verursachenden Kognitionen. Objektlose Gefühle gibt es nach Meinong also nicht. Im Gegensatz dazu geht die Gefühl-als-Information-Theorie davon aus, dass Gefühle (der Lust und Unlust) *für sich genommen* objektlos sind. Der Objektbezug von Gefühlen kommt erst dadurch zustande, dass die erlebende Person einen *kausalen Bezug* zwischen den Gefühlen und den sie verursachenden Kognitionen oder deren Gegenständen herstellt (vgl. Schwarz & Clore, 1996; s. auch Clore et al., 2001). Das heißt, der Objektbezug von Gefühlen kommt dadurch zustande, dass die Person eine Überzeugung darüber bildet, was ihr Lust- oder Unlustgefühl verursacht hat. Derartige Ursachenüberzeugungen werden in der neueren Psychologie als *Kausalattributionen* oder kurz als *Attributionen* bezeichnet (Näheres dazu im Kapitel 3). Nach der Gefühl-als-Information-Theorie freut sich also zum Beispiel Albert *über den Besitz einer Dampfmaschine*, wenn er (1) zum Glauben kommt, eine Dampfmaschine zu besitzen; (2) ein dadurch verursachtes—für sich genommen objektloses—Lustgefühl erlebt; und (3) zusätzlich (implizit) glaubt, sein Lustgefühl sei durch den Erhalt der Dampfmaschine verursacht worden.

Diese Annahme der Gefühl-als-Information-Theorie hat eine wichtige Konsequenz: Wenn Gefühle nicht für sich genommen auf bestimmte Objekte gerichtet sind, sondern ihre Objekte erst durch die Meinungen der Person über die Ursache des Gefühls erhalten, dann ist leicht vorstellbar, dass Gefühle manchmal auf die *falschen* Objekte bezogen werden (denn Kausalüberzeugungen können fehlerhaft sein). Wenn dies geschieht, dann führt die Gefühlsheuristik zu *Bewertungsfehlern*. Solche fehlerhaften Ursachenzuschreibungen (Fehlattributionen) von Gefühlen und darauf beruhende Bewertungsfehler sind nach Schwarz und Clore (1983, 1996) insbesondere dann möglich, wenn man außer dem vom Urteilsobjekt ausgelösten Gefühl gleichzeitig noch andere Gefühle erlebt. Dann kann man unter Umständen nämlich nicht mehr genau sagen, welches dieser Gefühle vom Urteilsobjekt herstammt. Und gelegentlich mag man eine Gefühlsursache sogar gänzlich übersehen; zum Beispiel dann, wenn die gefühlsverursachenden Kognitionen nicht im Zentrum der Aufmerksamkeit stehen oder wenn sie unbewusst sind. Als Folge davon kann man die vom Urteilsobjekt ausgelösten Gefühle irrtümlich einer anderen Ursache zuschreiben oder die aus anderen Quellen stammenden Gefühle irrtümlich dem Urteilsobjekt. Solche Fehlattributionen von Gefühlen resultieren dann wiederum in Bewertungsfehlern. Zum Beispiel glaubt Peter irrtümlich, seine durch einen traurigen Film verursachten Unlustgefühle seien durch eine Bemerkung Alberts hervorgerufen worden. Als Folge davon bewertet er Albert negativ.

Nach Meinong (1894) dagegen sollten Irrtümer über die Objekte von Gefühlen und damit auch darauf beruhende Bewertungsfehler sehr unwahrscheinlich sein. Denn nach Meinong sind Gefühle *für sich genommen* objektgerichtet; und zwar stets auf dieselben Objekte wie die Kognitionen, durch die sie verursacht werden. Wenn dem so ist, dann sollte man aber erwarten, dass Personen gleichzeitig erlebte Gefühle aus unterschiedlichen Quellen nicht miteinander verwechseln. Denn solche Gefühle haben notwendigerweise verschiedene Objekte (z. B. Traurigkeit über das Schicksal eines Filmhelden versus Traurigkeit über die Bemerkung eines Freundes).

Empirische Untersuchungen zur Gefühl-als-Information-Theorie

Aus der Gefühl-als-Information-Theorie lassen sich unter anderem folgende prüfbare Vorhersagen ableiten:

1. Die von einem Objekt ausgelösten positiven oder negativen Gefühle beeinflussen typischerweise das Werturteil über dieses Objekt in gleichsinniger Richtung. Denn nach Ansicht der Gefühl-als-Information-Theoretiker verwenden Personen zur Bildung von Werturteilen regelmäßig die Gefühlsheuristik; und sie schreiben normalerweise die vom Urteilsobjekt ausgelösten Gefühle auch korrekt diesem Objekt zu.

2. Aber auch Gefühle, die *nicht* vom Urteilsobjekt herstammen und daher für dessen Bewertung eigentlich irrelevant sind, können das Werturteil über das Objekt beeinflussen. Dies ist dann der Fall, wenn die Person diese "irrelevanten" Gefühle irrtümlich ebenfalls dem Urteilsobjekt zuschreibt.

3. Irrelevante Gefühle wirken sich auf die Bewertung eines Objekts dann *nicht* aus, wenn die Person die Ursache dieser Gefühle korrekt identifiziert.

Im Folgenden berichten wir exemplarisch über die Ergebnisse empirischer Untersuchungen, in denen diese Vorhersagen überprüft wurden.

Effekte von bewertungsrelevanten Gefühlen auf Werturteile. Die erste beschriebene Vorhersage der Gefühl-als-Information-Theorie besagt, dass die von einem Objekt ausgelösten Gefühle typischerweise die Bewertung dieses Objekts beeinflussen. Empirische Belege für diese Vorhersage wurden bereits von Griffitt und Guay (1969) berichtet. In dieser Untersuchung sollten die Versuchsteilnehmer Geschichten zu Bildern erfinden. Diese Geschichten wurden dann von einem angeblichen zweiten Versuchsteilnehmer (in Wirklichkeit einem Mitarbeiter des Versuchsleiters) nach Kreativität beurteilt. Für die Hälfte der Versuchsteilnehmer fiel die Beurteilung der Geschichten positiv aus, für die andere Hälfte negativ. Es wurde angenommen, dass das Lob bzw. die Kritik bei den Versuchsteilnehmern angenehme bzw. unangenehme Gefühle auslösen würde. Anschließend sollten die Versuchsteilnehmer ihren Partner auf Skalen unter anderem hinsichtlich "Nettigkeit" und "Erwünschtheit als Arbeitskollege" bewerten. Wie von der Gefühl-als-Information-Theorie vorhergesagt, wurde der Versuchspartner positiver bewertet, wenn er die Geschichten der Versuchsperson gelobt hatte, als wenn er sie kritisiert hatte.

In der Untersuchung von Griffitt und Guay (1969) wurden allerdings die Gefühle der Versuchsteilnehmer nicht gemessen und zur Bewertung des Versuchspartners in Beziehung gesetzt; deshalb ist nicht gesichert, dass diese Bewertung wirklich auf *Gefühlen* beruhte. Dieses Versäumnis wurde jedoch in späteren Untersuchungen nachgeholt (z. B. Clore & Gormly, 1974; Gouaux, 1971). So fanden zum Beispiel Clore und Gormly (1974), dass ein Versuchspartner, der den Ansichten der Versuchsperson überwiegend zustimmte, positiver bewertet wurde als einer, der ihre Ansichten überwiegend ablehnte. In Übereinstimmung mit der Gefühl-als-Information-Theorie trat dieser Effekt jedoch nur für solche Versuchsteilnehmer auf, die während der Interaktion mit dem Versuchspartner physiologische Anzeichen von Gefühlen (eine Zunahme der elektrischen Hautleitfähigkeit) gezeigt hatten.

Effekte von bewertungsirrelevanten Gefühlen auf Werturteile. Die zweite beschriebene Vorhersage der Gefühl-als-Information-Theorie lautet: Auch solche Gefühle, die nicht vom Urteilsobjekt herstammen (und somit über dessen Wert nichts aussagen), können die Bewertung des Objekts beeinflussen. Dies ist dann der Fall, wenn die Person irrtümlich glaubt, diese "irrelevanten" Gefühle seien teilweise oder gänzlich ebenfalls vom Urteilsobjekt verursacht worden. Eine der ersten empirischen Untersuchungen, die diese Vorhersage stützt, wurde von Gouaux (1971) berichtet.

Gouaux (1971) zeigte zunächst der Hälfte seiner Versuchsteilnehmer einen fröhlichen und der anderen Hälfte einen traurigen Film. Anschließend erhielten alle Teilnehmer einen Einstellungsfragebogen vorgelegt, der angeblich von einer fremden Person ausgefüllt worden war. Sie sollten dann angeben, wie sympathisch ihnen diese Person sei. Der Fremde wurde in diesem Fragebogen als jemand dargestellt, der entweder stark von der Versuchsperson abweichende Einstellungen hatte (Einstellungsähnlichkeit = niedrig), mittelmäßig damit übereinstimmende, oder weitgehend damit übereinstimmende (Einstellungsähnlichkeit = hoch). Die Ergebnisse dieses Experiments zeigt Abbildung 1.3.

Wie aus Abbildung 1.3 ersichtlich ist, wurde zunächst gefunden, dass die Versuchspersonen den im Fragebogen beschriebenen Fremden um so positiver bewerteten, je ähnlicher dessen Einstellungen den eigenen waren. Wichtiger ist im gegenwärtigen Zusammenhang jedoch, dass auch der Film bzw. die dadurch hervorgerufenen Gefühle einen deutlichen Einfluss auf die Bewertung hatten (Abbildung 1.3): Versuchsteilnehmer, die einen fröhlichen Film gesehen hatten, bewerteten den Fremden durchweg positiver als solche, die einen traurigen Film gesehen hatten. Zusätzliche Analysen ergaben ferner, dass die Bewertungen um so positiver ausfielen, je intensiver die von den Versuchsteilnehmern berichteten positiven Gefühle (wie Freude oder Hochstimmung) und je schwächer ihre negativen Gefühle (wie Traurigkeit oder Angst) waren.

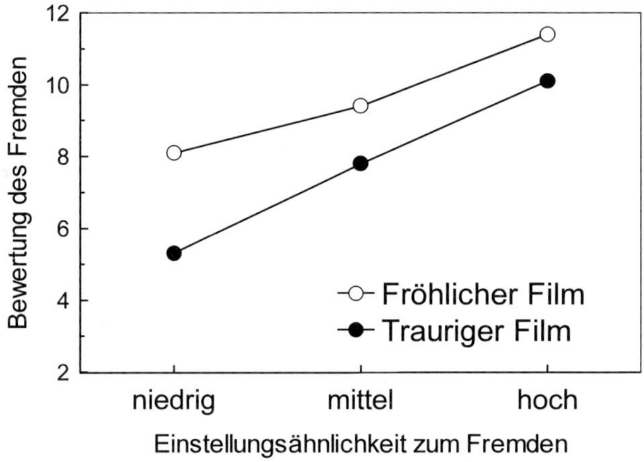

Abbildung 1.3
Effekte von irrelevanten positiven und negativen Gefühlen auf die Bewertung eines Fremden (nach Gouaux, 1971)

Nach der Gefühl-als-Information-Theorie kamen diese Resultate zum Beispiel im Fall des *traurigen Films* und des *Fremden mit niedriger Einstellungsähnlichkeit* (Abbildung 1.3) wie folgt zustande: (1) Das vom traurigen Film verursachte Gefühl dauerte noch eine Weile an, nachdem die Versuchsteilnehmer ihre Aufmerksamkeit bereits dem Fragebogen zugewendet hatten, der den Fremden beschrieb. (2) Durch das Lesen dieser Beschreibung wurden ebenfalls unangenehme Gefühle ausgelöst, die sich mit den durch den Film verursachten Gefühlen summierten. (3) Als sich die Versuchsteilnehmer bei der Urteilsbildung dann (implizit) fragten "Welche Gefühle empfinde ich für die andere Person?", glaubten sie irrtümlich, ihr gegenwärtiger negativer Gefühlszustand sei zur Gänze durch den Fremden verursacht worden. (4) Deshalb bewerteten sie den Fremden negativer als sie es getan hätten, wenn sie keinen oder einen fröhlichen Film gesehen hätten.

Vergleichbare Effekte von irrelevanten Gefühlen auf Person-Bewertungen wurden auch in weiteren Untersuchungen erhalten, in denen irrelevante Gefühle zum Beispiel durch das Mithören von guten versus schlechten Nachrichten im Radio erzeugt wurden (Veitch & Griffitt, 1976) oder durch den Aufenthalt in einem unangenehm heißen Raum (Griffitt, 1970).

In zahlreichen Folgeuntersuchungen zeigte sich darüber hinaus, dass irrelevante Gefühle neben Person-Bewertungen noch eine Vielzahl anderer Bewertungen beeinflussen können. Dazu gehören zum Beispiel die Beurteilung der eigenen Lebenszufriedenheit, die Bewertung von vergangenen Lebensereignissen, von Aktivitäten und sogar die von Konsumgegenständen (vgl. die Zusammenfassungen in Clore et al., 2001; Forgas, 1995; Schwarz & Clore, 1996; Siemer, 1999).

Effekte von Attributionsmanipulationen. Die dritte beschriebene Vorhersage der Gefühl-als-Information-Theorie lautet: Bewertungsirrelevante Gefühle wirken sich auf die Objektbewertung dann *nicht* aus, wenn die Person die Ursachen dieser Gefühle korrekt identifiziert. Diese Vorhersage wurde zuerst von Schwarz und Clore (1983) überprüft.

In einem ihrer Experimente wurden Studierende in einem Telefoninterview zu ihrer Lebenszufriedenheit befragt, unter anderem mittels der Frage: "Wie zufrieden sind Sie derzeit insgesamt mit Ihrem Leben (1 = überhaupt nicht zufrieden bis 10 = völlig zufrieden)?". Eine Gruppe von Versuchsteilnehmern wurde bei *gutem Wetter* angerufen, die andere Gruppe bei *schlechtem Wetter*. Frühere Untersuchungen hatten nämlich im Einklang mit einer weit verbreiteten Alltagsmeinung gezeigt, dass Personen im Allgemeinen bei gutem Wetter in besserer Stimmung sind als bei schlechtem Wetter.

Im Unterschied zu den oben berichteten Untersuchungen zu den Effekten irrelevanter Gefühle auf Werturteile versuchten Schwarz und Clore (1983) jedoch, die Überzeugungen der Versuchsteilnehmer über die Ursachen ihrer Stimmung (ihre Kausalattributionen) gezielt zu beeinflussen. Zu diesem Zweck wurde die Aufmerksamkeit der Versuchsteilnehmer vor der Frage nach der Lebenszufriedenheit in unterschiedlichem Grad auf das Wetter als mögliche Stimmungsursache gelenkt.

Ein Drittel der Versuchsteilnehmer in jeder der zwei Stimmungsgruppen (gutes Wetter bzw. schlechtes Wetter) wurde *direkt* zu ihrer Lebenszufriedenheit befragt, das heißt *ohne* dass die Teilnehmer in irgendeiner Weise auf das Wetter als mögliche Stimmungsursache aufmerksam gemacht wurden. Es wurde erwartet, dass diesen Versuchsteilnehmern nicht bewusst sein würde, dass ihre momentanen Gefühle zum Teil wetterbedingt waren. Wenn sie sich daher zum Zweck der Beurteilung ihrer Lebenszufriedenheit (implizit) fragten, "Wie fühle ich mich in Bezug auf meine derzeitige Lebenssituation?", dann sollten sie irrtümlich auch die wetterbedingten Gefühle als durch ihre Lebenssituation oder den Gedanken daran verursacht ansehen. Deshalb sollten diejenigen Versuchsteilnehmer, die an einem sonnigen Tag angerufen wurden, ihre Lebenszufriedenheit höher einstufen als diejenigen, die an einem regnerischen Tag angerufen wurden. Für diese Versuchsteilnehmer wurden also analoge Befunde erwartet wie jene, die in früheren Untersuchungen zu den Effekten irrelevanter Gefühle auf Werturteile erhalten worden waren (z. B. Gouaux, 1971).

Ein zweites Drittel der Versuchsteilnehmer wurde vor der Frage nach ihrer Lebenszufriedenheit *indirekt* auf das Wetter als mögliche Stimmungsursache hingewiesen, indem der Interviewer sich nach dem Wetter an ihrem Wohnort erkundigte. Das letzte Drittel der Versuchsteilnehmer schließlich wurde auf das Wetter als mögliche Stimmungsursache *direkt* hingewiesen: Der Interviewer teilte zu Beginn der Befragung mit, seine Forschungsgruppe interessiere sich dafür, wie das Wetter die Stimmung beeinflusse. Es wurde erwartet, dass den Versuchsteilnehmern der letzten beiden Gruppen, zumindest aber den Teilnehmern der dritten Gruppe (*direkter* Hinweis) die Rolle des Wetters als Ursache ihrer momentanen Stimmung zu Bewusstsein kommen würde. Das heißt, diese Versuchsteilnehmer sollten ihre momentanen Gefühle in korrekter Weise zum Teil auf das Wetter zurückführen. Sofern sie dies taten, sollten sie ihre momentan erlebten Gefühle aber nicht länger als völlig "diagnostisch" für die Qualität ihrer Lebenssituation betrachten und sie aus diesem Grund bei der Bildung des Lebenszufriedenheitsurteils nicht oder nur mit Vorbehalt berücksichtigen. Als Folge davon sollten sich die wetterbedingten Gefühle in diesen Versuchsgruppen nicht auf das Lebenszufriedenheitsurteil auswirken.

Die Ergebnisse des Experiments zeigten zunächst wie erwartet, dass Personen bei gutem Wetter in deutlich besserer Stimmung waren als Personen bei schlechtem Wetter, und dass die Stimmung durch die Attributionsmanipulation nicht beeinflusst wurde. Die Ergebnisse für das Lebenszufriedenheitsurteil zeigt die Abbildung 1.4.

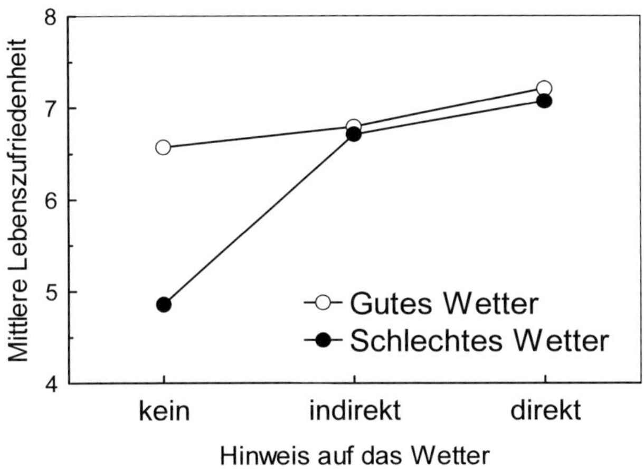

Abbildung 1.4
Der Effekt des Wetters auf die Beurteilung der Lebenszufriedenheit in Abhängigkeit von der Attribution der Stimmung (nach Schwarz & Clore, 1983)

Wie man sieht, ergab sich Folgendes: (1) Wenn *kein Hinweis* auf das Wetter als Ursache der Stimmung erfolgte, beurteilten die Versuchspersonen ihre Lebenszufriedenheit bei schlechtem Wetter deutlich niedriger als bei gutem Wetter. Dieses Ergebnis repliziert die früher berichteten Befunde von Gouaux (1971) und anderen Forschern, dass irrelevante Gefühle die Bewertung von Objekten beeinflussen können. (2) Wurde dagegen ein *direkter* oder *indirekter Hinweis* auf das Wetter als Ursache der Stimmung gegeben, dann waren die Lebenszufriedenheitsurteile bei gutem und schlechtem Wetter etwa gleich hoch. Dieser Befund bestätigt die Vorhersage der Gefühl-als-Information-Theorie, dass irrelevante Gefühle dann keine Effekte auf Werturteile haben, wenn ihre Ursachen korrekt identifiziert werden.

Vergleichbare Ergebnisse wie die von Schwarz und Clore (1983) wurden auch in einer Reihe nachfolgender Untersuchungen gefunden (z. B. Keltner, Locke & Audrain, 1993; Siemer & Reisenzein, 1998).

Allerdings verhinderte der Hinweis auf das Wetter in der Untersuchung von Schwarz und Clore (1983) offenbar nur den Einfluss der *schlechten* Stimmung auf das Lebenszufriedenheitsurteil, nicht dagegen den (vermutlich ebenfalls vorhandenen) Einfluss der *guten* Stimmung (vgl. Abbildung 1.4). Schwarz und Clore erklären dies durch folgende Zusatzannahme: (a) Personen betrachten ihre momentane Stimmung nur dann als erklärungsbedürftig und akzeptieren deshalb ihnen nahe gelegte, alternative Gefühlsursachen nur dann, wenn die momentane Stimmung von der üblichen Stimmung abweicht. (b) Die meisten Personen sind normalerweise in positiver Stimmung. Daher wird zwar eine negative Stimmung als vom Üblichen abweichend und deshalb als erklärungsbedürftig betrachtet, nicht aber eine positive.

Zusammenfassend gibt es also empirische Belege für alle drei beschriebenen Vorhersagen der Gefühl-als-Information-Theorie. Die erste dieser Vorhersagen—die von einem Objekt ausgelösten Gefühle beeinflussen die Werturteile über dieses Objekt—wird auch von Meinongs Theorie der Werturteile gemacht. Die zweite Vorhersage, dass Werturteile auch von bewertungsirrelevanten Gefühlen beeinflusst werden können, ist dagegen aus Meinongs Werturteilstheorie nicht ableitbar (zumindest nicht ohne Zusatzannahmen). Was schließlich den Befund betrifft, dass der Effekt irrelevanter Gefühle auf Werturteile von den Überzeugungen der Person über die Ursachen ihrer Gefühle abhängt, so spricht dieser Befund sogar direkt *gegen* eine zentrale Annahme der Emotionstheorie Meinongs: Nämlich die Annahme, dass Gefühle *für sich genommen* auf bestimmte Objekte gerichtet sind.

Praktische Implikationen. Die geschilderten Befunde zu den verzerrenden Effekten von irrelevanten Gefühlen auf Werturteile sind nicht nur von theoretischem Interesse, sondern haben auch erhebliche praktische Bedeutung. Denn Werturteile können ihrerseits bedeutsame Auswirkungen auf die Handlungsmotivation und die soziale Interaktion haben.

Wer zum Beispiel aufgrund von schlechter Stimmung ein berufliches Angebot ungünstiger bewertet als es gerechtfertigt wäre und das Angebot deshalb ablehnt, kann sich um eine wichtige Berufschance bringen. Wer eine ihm angebotene Investitionsmöglichkeit aufgrund von guter Stimmung günstiger bewertet als es angebracht wäre und deshalb von dieser Möglichkeit Gebrauch macht, kann ein unnötiges finanzielles Risiko eingehen. Und wer eine andere Person oder deren Qualitäten aufgrund schlechter oder guter irrelevanter Gefühle negativer oder positiver bewertet, als es sachlich angemessen wäre (z. B. ein Lehrer, der die Prüfungsleistung eines Schülers beurteilen soll), kann diese Person ungerechtfertigt benachteiligen bzw. begünstigen.

Die Untersuchung von Schwarz und Clore (1983) zeigt darüber hinaus eine Möglichkeit auf, wie sich derartige unerwünschte Effekte von irrelevanten Gefühlen auf Werturteile vermeiden lassen: Nämlich dadurch, (1) dass man sich bei der Bewertung eines Objekts überlegt, ob man gegenwärtig irgendwelche irrelevanten Gefühle erlebt (d.h., solche, die aus anderen Quellen als dem Urteilsobjekt herstammen); (2) und wenn dies der Fall ist, auf die Verwendung der Gefühlsheuristik zur Bildung des Werturteils völlig verzichtet oder wenigstens versucht, bei der Verwendung der Gefühlsheuristik die bewertungs*irrelevanten* Gefühle außen vor zu lassen. Allerdings kann es geschehen, dass man im Bestreben, unerwünschte Gefühlseinflüsse auszuschalten, seine Bewertungen "überkorrigiert" und so erneut einen Urteilsfehler begeht (vgl. Berkowitz, Jaffee, Jo, & Troccoli, 2000).

1.7 Diskussion der Emotionstheorie Meinongs

Meinongs Forschungsmethode

Meinongs Forschungsmethode ist von der empirischen Methodik, die von der Mehrzahl der heutigen Emotionspsychologen verwendet wird, zumindest auf den ersten Blick sehr verschieden. Meinong führte zur Stütze seiner emotionspsychologischen Thesen nämlich keine Experimente oder systematischen Beobachtungen an größeren Personengruppen durch. Die empirische Evidenz, auf die er sich berief, entstammte vielmehr ausschließlich seiner eigenen Introspektion. Letztere bestand einerseits aus Gelegenheitsbeobachtungen von Emotionen und andererseits aus den Resultaten von Gedankenexperimenten zu den Gefühlen, die in hypothetischen Situationen auftreten. Um die Gültigkeit der so gewonnenen Erkenntnisse über den eigenen Einzelfall hinausgehend sicherzustellen, vertraute Meinong darauf, dass es sich bei der von ihm angeführten empirischen Evidenz um jedermann bekannte oder zumindest nachvollziehbare Erfahrungen handelt. Deshalb, so Meinong, könne jeder Leser und jede Leserin die von ihm aufgestellten psychologischen Postulate an der eigenen Erfahrung überprüfen.

Von der Introspektion wird auch in der heutigen Emotionspsychologie häufig Gebrauch gemacht, insbesondere in der kognitiv orientierten Emotionsforschung. Denn auch heutige Emotionsforscherinnen und Emotionsforscher untersuchen häufig die subjektiven Gefühlserlebnisse in realen, erinnerten oder hypothetischen Auslösesituationen (vgl. die Kapitel 2 bis 4). Im Unterschied zu Meinong untersucht man heute jedoch, erstens, in aller Regel nicht die eigenen Gefühle, sondern die anderer Personen. Dies ist unter anderem deshalb wichtig, weil diese Personen nicht durch die Kenntnis der zu überprüfenden Hypothesen voreingenommen sind. Zweitens werden größere Gruppen von Versuchspersonen befragt. Und drittens wendet man das Verfahren der experimentellen Variation systematischer an und standardisiert die Datenerfassung wesentlich stärker als Meinong es tat. Das sind natürlich alles wichtige Aspekte, deren Bedeutung nicht unterschätzt werden darf. Doch man sollte deshalb die grundsätzlichen Ähnlichkeiten dieser Methodik zu derjenigen Meinongs nicht übersehen.

Übereinstimmungen und Unterschiede zwischen Meinongs Theorie und neueren kognitiven Emotionstheorien

Wenn man der Introspektion in der von Meinong verwendeten Form skeptisch gegenübersteht, dann könnte man vermuten, dass Meinongs emotionspsychologische Postulate inzwischen überholt sind. Dies ist zwar in einigen Punkten der Fall. Insgesamt hat sich Meinongs Emotionstheorie gegenüber den neueren Entwicklungen jedoch als recht robust erwiesen:

1. Die modernen kognitiven Emotionstheorien sind überwiegend Theorien der Urteilsgefühle im Sinne Meinongs. Zumindest was die Entstehung dieser Gefühle betrifft, stimmen die modernen Einschätzungstheorien grundsätzlich mit Meinong überein (abgesehen davon, dass sie meist als *kognitiv-evaluative* Theorien formuliert sind; s. dazu Kapitel 2). Auch über die Natur der Emotionen besteht zwischen Meinong und einigen neueren kognitiven Emotionstheoretikern Übereinstimmung: Emotionen sind kognitiv verursachte Lust- oder Unlustgefühle (vgl. die Kapitel 3 und 4).

2. Meinongs Analysen der kognitiven Grundlagen *einzelner* Urteilsgefühle stimmen ebenfalls recht gut mit den Analysen derselben

Emotionen in neueren kognitiven Emotionstheorien überein. Freude und Leid, Furcht und Hoffnung, Mitleid, Mitfreude, Neid und Schadenfreude werden zum Beispiel von Ortony, Clore und Collins (1988; vgl. Kapitel 4) ganz ähnlich analysiert wie von Meinong.

3. Meinongs Annahme, dass Gefühle eine Grundlage von Werturteilen bilden, nimmt die zentrale Annahme der neueren Gefühl-als-Information-Theorie vorweg. Wie berichtet, wird diese Theorie durch empirische Untersuchungen gestützt. Allerdings wird Meinongs Annahme, dass Gefühle *für sich genommen* auf bestimmte Objekte gerichtet sind, durch die neuere Forschung in Frage gestellt.

4. Meinong hat sich zwar ausführlich mit der *informationalen* Funktion von Gefühlen beschäftigt. Ihre ebenso wichtige *motivationale* Funktion—das heißt, die nützlichen Auswirkungen von Gefühlen auf die Motivation und das Handeln—hat er dagegen vernachlässigt (vgl. dazu Kapitel 2 und insbesondere 3). Meinong (1895) wies zwar darauf hin, dass Gefühle motivationale Effekte haben (welche seiner Ansicht nach auf den informationalen Wirkungen von Gefühlen beruhen). Dieser Punkt wurde von Meinong allerdings nicht im Detail ausgeführt.

1.8 Zusammenfassung

In diesem Kapitel stellten wir die kognitive Emotionstheorie des österreichischen Philosophen und Psychologen Alexius Meinong vor. Grundlage dieser Theorie ist eine bestimmte Form der Bewusstseinspsychologie, die von Meinongs Lehrer Franz Brentano begründet wurde. Kern- und Angelpunkt der Psychologie Brentanos ist die These, dass psychische Zustände intentional, das heißt auf Objekte gerichtet sind. Dies gilt nach Brentano und Meinong für alle psychischen Zustände einschließlich der Emotionen bzw. Gefühle. Die Psychologie ist deshalb die Wissenschaft von den intentionalen Zuständen oder moderner ausgedrückt, von den mentalen Repräsentationen.

Meinong postuliert, dass Emotionen (Gefühle) notwendig Kognitionen (kognitive Repräsentationen ihrer Objekte) voraussetzen. Im Fall der auf Sachverhalte bezogenen Gefühle sind diese Kognitionen entweder Urteile (bei den Urteilsgefühlen) oder Annahmen (bei den Phantasie-Urteilsgefühlen). Zusätzlich setzen die Urteils- und Annahmegefühle motivationale Zustände in Form von Wünschen voraus. Meinongs Theorie ist deshalb eine *kognitiv-motivationale* Theorie der Emotion. Die Emotionen selbst sind Gefühle der Lust oder Unlust, die auf dasselbe Objekt gerichtet sind wie die Kognitionen und Wünsche, durch die sie verursacht werden.

Eine genauere Analyse der kognitiven und motivationalen Voraussetzungen einzelner Emotionen hat Meinong insbesondere für eine Teilmenge der Urteilsgefühle vorgenommen. Freude und Leid und die meisten anderen im Alltag unterschiedenen Urteilsgefühle sind Gewissheitsgefühle, weil sie den festen Glauben voraussetzen, dass ein gewünschter bzw. ungewünschter Sachverhalt besteht. Hoffnung und Furcht sind dagegen Ungewissheitsgefühle; sie treten dann auf, wenn man vermutet, sich aber nicht sicher ist, dass ein gewünschter bzw. ungewünschter Sachverhalt vorliegt. Weitere von Meinong analysierte Gewissheitsgefühle (neben Freude und Leid) sind insbesondere die Sympathiegefühle Mitfreude und Mitleid sowie die Antipathiegefühle Schadenfreude und Neid bzw. Missgunst. Während sich Freude und Leid auf Sachverhalte beziehen, die in erster Linie das Wohlergehen der erlebenden Person selbst betreffen, beziehen sich die Sympathie- und Antipathiegefühle nach Meinong auf die wahrgenommenen Gefühle anderer Personen.

Die zentrale Funktion von Gefühlen besteht nach Meinong darin, der erlebenden Person Erkenntnisse oder Informationen über den Wert oder Unwert von Objekten zu verschaffen. Tatsächlich sind Gefühle (zusammen mit Wunscherlebnissen) nach Meinong die letztendliche Grundlage aller Werturteile. Über die Bildung von Werturteilen beeinflussen Gefühle indirekt das Handeln.

Im Anschluss an die Darstellung der Emotionstheorie Meinongs haben wir eine neuere Theorie der Entstehung von Werturteilen beschrieben, die starke Ähnlichkeiten zur Werturteilstheorie Meinongs aufweist, die Gefühl-als-Information-Theorie. Ebenso haben wir damit zusammenhängende empirische Untersuchungen zur Rolle von Gefühlen bei der Entstehung von Werturteilen beschrieben. Die Ergebnisse dieser Untersuchungen haben einerseits Meinongs Hypothese bestätigt, dass Werturteile auf der Grundlage von Gefühlen gebildet werden können. Anderseits stellen sie aber Meinongs Annahme in Frage, dass Gefühle notwendig objektgerichtet sind. Vielmehr scheinen diese Forschungsergebnisse eher für die Annahme zu sprechen, dass Gefühle ihre Objekte den Überzeugungen der Person über die Gefühlsursachen verdanken. Dies eröffnet die Möglichkeit für Irrtümer in Bezug auf die Objekte von Gefühlen und darauf beruhende Bewertungsfehler. Normalerweise informieren uns die zum Urteilszeitpunkt erlebten Gefühle zwar korrekt über den Wert oder Unwert von Objekten; denn normalerweise wissen wir, wodurch unsere Gefühle verursacht sind. Wenn wir jedoch gleichzeitig aus anderen Quellen stammende Gefühle erleben und diese "irrelevanten" Gefühle auf das Urteilsobjekt fehlattribuieren, kommt es zu Bewertungsfehlern.

Obwohl Meinong seine emotionspsychologischen Postulate ausschließlich mittels Introspektion "im eigenen Fall" erhalten hat, hat sich seine Emotionstheorie gegenüber neueren Erkenntnissen als recht robust erwiesen. In manchen Aspekten—insbesondere in Bezug auf die Analyse der Phantasiegefühle—geht Meinongs Theorie sogar über die neueren kognitiven Emotionstheorien hinaus oder stellt zumindest eine interessante Alternative zu diesen Theorien dar.

1.9 Weiterführende Literatur

Eine ausgezeichnete Biographie Meinongs hat Dölling (1999) vorgelegt. Die nach wie vor beste Einführung in Meinongs Gesamtwerk gibt Findlay (1963). Die am leichtesten lesbare Einführung in Meinongs Emotionstheorie aus seiner eigenen Hand sind der erste Teil seines Buches über Werttheorie (Meinong, 1894) sowie sein Artikel *Über Urteilsgefühle* (Meinong, 1906). Empfehlenswert ist als Einführung daneben besonders die Beschreibung der Emotionstheorie Meinongs in Witasek (1907).

Kognitiv-motivationale, speziell Glauben-Wunsch-Theorien der Emotion sind in neuerer Zeit insbesondere innerhalb der philosophischen Psychologie entwickelt worden, zum Beispiel von Davis (1981), Searle (1983) und Green (1992). Diese neueren Theorien stimmen weitgehend mit Meinongs Theorie der Urteilsgefühle überein bzw. können als Weiterführungen der Theorie Meinongs verstanden werden.

Zu den informationalen Funktionen von Gefühlen und allgemeiner, zu den Auswirkungen von Emotionen und Stimmungen auf Werturteile sowie auf andere Arten von Urteilen, auf Entscheidungen und Gedächtnisprozesse hat sich in den letzten 25 Jahren eine umfangreiche Literatur angesammelt. Wir haben hier bewusst nur einen kleinen Ausschnitt aus dieser Literatur berichtet und uns dabei auf die Gefühl-als-Information-

Theorie als mögliche Erklärung der erhaltenen Befunde beschränkt. Die Leserinnen und Leser sollten jedoch wissen, dass auch andere Erklärungen der Effekte von Gefühlen auf Werturteile vorgeschlagen wurden (z. B. Berkowitz et al., 2000; Forgas, 1995). Die Gefühl-als-Information-Theorie beschreibt daher möglicherweise nur einen von mehreren Wegen, auf dem Gefühle und Stimmungen Werturteile beeinflussen können (s. Forgas, 1995).

Als Einführungen in dieses Forschungsgebiet eignen sich unter anderem die Arbeiten von Clore (1992) und Schwarz (2001). Als weiterführende Literatur sei insbesondere auf Clore et al. (2001), Schwarz und Clore (1996) sowie auf Forgas (1995, 2001) verwiesen. Weitere einschlägige Artikel finden sich in drei Sammelbänden, die von Bless und Forgas (2000), Forgas (2000), bzw. von Martin und Clore (2001) herausgegeben wurden. Für deutschsprachige Literatur verweisen wir auf Siemer (1999) sowie auf einschlägige Beiträge in Jerusalem (1999) und in Otto, Euler und Mandel (2000).

KAPITEL 2

DIE EMOTIONSTHEORIEN VON ARNOLD UND LAZARUS

Wie wir im Band I (Kapitel 2) ausgeführt haben, wurde die Psychologie im Zeitraum von etwa 1920-1960 vom so genannten *Behaviorismus* (engl. *behavior* = Verhalten) dominiert. Nach Ansicht der Behavioristen ist der legitime Forschungsgegenstand der wissenschaftlichen Psychologie ausschließlich das intersubjektiv beobachtbare Verhalten und die es verursachenden Umweltreize. Deshalb lehnten die Behavioristen den vorausgehenden bewusstseinspsychologischen Ansatz in der Emotionsforschung radikal ab. Mit dem Niedergang des Behaviorismus und der anschließenden "kognitiven Wende", die um 1960 in der Psychologie stattfand (vgl. Band I), gewann die traditionelle, mentalistische und kognitive Sichtweise von Emotionen jedoch schnell wieder an Einfluss. Verantwortlich dafür waren insbesondere die amerikanische Psychologin Magda B. Arnold und der amerikanische Psychologe Richard S. Lazarus, deren Emotionstheorien wir in diesem Kapitel vorstellen (Arnold, 1960; Lazarus, 1966; 1968).

Die Emotionstheorien von Arnold und Lazarus bildeten den historischen Ausgangspunkt der meisten neueren kognitiven Emotionstheorien innerhalb der Psychologie (vgl. Kapitel 3 und 4). Sie haben die Grundkonzeption dieser neueren Theorien geprägt und auch viele ihrer Detailannahmen beeinflusst. Vor allem aber haben die Arbeiten von Arnold und Lazarus dem kognitiven Ansatz in der neueren Emotionspsychologie zum Durchbruch verholfen, indem sie die Mehrheit der Forscher und Forscherinnen (wieder) von der grundsätzlichen Gültigkeit dieses Ansatzes überzeugten (Lazarus, 1993). Aus längerer historischer Perspektive betrachtet, stellten die nichtkognitiven, behavioristischen Emotionstheorien (Band I, Kapitel 2) somit eigentlich nur ein kurzes Intermezzo in der Geschichte der Emotionspsychologie dar. Wie Lazarus (1998) schreibt:

> "Die *kognitive Revolution* [war] gar keine Revolution, denn alles was sie tat, bestand darin, die seit langem bestehende, auf Plato und Aristoteles zurückgehende Fokussierung der Psychologie auf...*vermittelnde kognitive Prozesse* wiederherzustellen. Dies erleichterte auch die Akzeptanz von Ansätzen, die sich mit dem subjektiven Erleben beschäftigen. Mit *kognitiver Vermittlung* ist gemeint, dass zwischen dem Umweltreiz und der Reaktion *gedankliche* oder, allgemeiner gesprochen, *mentale* Prozesse... stattfinden und diese Reaktion formen" (S. 214; Hervorhebungen teilweise im Original).

Im Folgenden stellen wir zunächst die Emotionstheorie von Arnold vor und anschließend die Theorie der Stressemotionen von Lazarus. Dabei werden wir besonders die Übereinstimmungen zwischen diesen beiden Theorien hervorheben. Anschließend beschreiben wir exemplarisch die Untersuchungen, die von Lazarus zur Überprüfung seiner Stresstheorie durchgeführt wurden. Danach gehen wir kurz auf die Bezüge dieser Theorie zur neueren Emotionstheorie von Lazarus (1991a) ein. Abschließend diskutieren wir zwei potentiell problematische Annahmen der Theorien von Arnold und Lazarus.

2.1 Die Emotionstheorie von Magda Arnold

Magda Arnold wurde 1903 in Österreich geboren und wanderte 1928 nach Kanada aus. Im Anschluss an ihr Doktorat in Psychologie lehrte sie zunächst an der Universität von Toronto und anschließend bis zu ihrer Emeritierung (1971) an verschiedenen Universitäten in den USA. Sie erhielt für ihre Arbeiten zahlreiche Ehrungen; unter anderem wurde sie für ein Verzeichnis von 500 herausragenden Wissenschaftlern und Wissenschaftlerinnen der USA des 20. Jahrhunderts nominiert (Shields, 1999).

In den 1950er-Jahren begann Arnold damit, an ihrem zweibändigen Hauptwerk *Emotion and Personality* zu schreiben, das schließlich 1960 veröffentlicht wurde (s. jedoch bereits Arnold & Gasson, 1954). In diesem Buch entwickelte Arnold eine im Wesentlichen introspektiv begründete Theorie der Emotionen und versuchte, diese Theorie zu den Erkenntnissen der damaligen neurowissenschaftlichen Forschung in Beziehung zu setzen. Wir beschränken uns im Folgenden jedoch auf die Darstellung des "psychologischen Teils" der Emotionstheorie von Arnold.

Arnold (1960) war sich bewusst, dass ihre Emotionstheorie nicht in Übereinstimmung stand "mit der gegenwärtig in Mode befindlichen Art, die Dinge zu betrachten" (S. VI). Damit meinte sie natürlich den Behaviorismus. Insbesondere im Bereich der Emotionspsychologie hielt Arnold den Behaviorismus für einen Irrweg; und zwar hauptsächlich deshalb, weil er den Erlebensaspekt von Emotionen und das Alltagswissen über Emotionen ignorierte. Dadurch, so Arnold, habe er die Theoriebildung in der Emotionspsychologie praktisch zum Erliegen gebracht. Zur Überwindung dieses Zustands schlug Arnold vor, als Ausgangspunkt für die Theoriebildung zur Alltagserfahrung zurückzukehren:

> "Um unsere Orientierung wiederzugewinnen, lasst uns zum gewöhnlichen menschlichen Erleben von Emotionen zurückkehren, das dem Psychologen ebensogut wie dem Laien zugänglich ist und das von beiden in ihrem Alltagsleben mit denselben Begriffen beschrieben wird...Ich werde mich nicht dafür entschuldigen, dass ich dasjenige als Tatsache betrachte, was Sie, die Leser und ich, die Autorin, aus erster Hand erfahren und ohne wissenschaftliches Fachvokabular identifizieren können. Das heißt natürlich nicht, dass wir ohne die von Fachwissenschaftlern gesammelten Befunde auskommen können. Aber es bedeutet, dass wir uns von den Wissenschaftlern nicht ihre jeweilige besondere Definition oder ihre jeweilige besondere Erklärung der Emotionen vorschreiben lassen können, ohne unser Erleben zu berücksichtigen...Das subjektive Erleben muss als primär anerkannt werden" (Arnold, 1960, S. 11-13).

Arnolds Emotionstheorie beruht also—ähnlich wie die im Kapitel 1 besprochene Emotionstheorie Meinongs—auf introspektiven Erkenntnissen und auf der Alltagspsychologie. Dabei knüpfte Arnold, wie sie selbst betonte, wieder an die klassische mentalistische und kognitive Tradition der Emotionspsychologie an. Besonders beeinflusst wurde sie nach ihrer eigenen Auskunft von den emotionspsychologischen Schriften des griechischen Philosophen Aristoteles (ca. 350 v. Chr.) und des mittelalterlichen Kirchengelehrten und Philosophen Thomas von Aquin (1225-1274). Jedoch war sie auch mit neueren kognitiven Analysen der Emotionen vertraut, die innerhalb der auf den Brentano-Schüler Edmund Husserl (1859-1938) zurückgehenden, so genannten phänomenologischen Strömung der europäischen Psychologie entwickelt worden waren (z. B. Sartre, 1948). Zusätzlich griff Arnold auch Anregungen aus den evolutionspsychologischen Emotionstheorien von Shand (1914) und McDougall (1908/1960) auf (vgl. dazu Band II; Meyer, Schützwohl & Reisenzein, 1999). Das hauptsächliche Ziel der Emotionstheorie Arnolds ist es, die Entstehung und Natur sowie die Auswirkungen von Emotionen *im Allgemeinen* zu klären. Jedoch beschäftigt sich die Theorie auch mit den kognitiven Grundlagen einiger *spezieller* Emotionen, die von Arnold als *Basisemotionen* betrachtet werden, das heißt als psychologisch und biologisch grundlegende Emotionen (vgl. dazu Band II).

Die kognitiven Voraussetzungen der Emotionen

In Übereinstimmung mit der Brentano-Meinongschen Tradition der Bewusstseinspsychologie, auf die wir im Kapitel 1 eingegangen sind, beginnt Arnold (1960) ihre Analyse der Emotionen mit der Annahme, dass Emotionen (Gefühle), genauso wie Wahrnehmungen oder Überzeugungen, stets *Objekte* haben, auf die sie sich beziehen. Zur Erläuterung nehmen wir als konkretes Beispiel wieder den schon im Kapitel 1 diskutierten Fall des Jungen Albert, der sich bei seinem Geburtstag über den Sachverhalt (= Objekt der Emotion) freut, *dass er eine Dampfmaschine besitzt*. Arnold (1960) postuliert nun:

1. Damit eine auf einen Sachverhalt gerichtete Emotion auftritt, muss die erlebende Person diesen Sachverhalt auf eine bestimmte Art und Weise *einschätzen* (engl. *appraise*, wörtlich "einschätzen, abschätzen, bewerten"). Damit meint Arnold: Die Person muss bestimmte *Kognitionen* über diesen Sachverhalt bilden, nämlich bestimmte *Glaubensannahmen* oder *Überzeugungen*.

2. Die Qualität und Intensität der erlebten Emotionen hängt von der Art dieser Kognitionen bzw. Einschätzungen ab.

3. Die emotionsrelevanten Kognitionen sind von zweierlei Art: *Faktische Kognitionen* oder Tatsachenüberzeugungen und *evaluative Kognitionen* oder Wertüberzeugungen (dabei ist der Begriff "Überzeugung" so weit zu verstehen, dass er auch bloße Vermutungen umfasst). *Tatsachenüberzeugungen* sind Meinungen über die Existenz und faktische Beschaffenheit von Sachverhalten (Zuständen, Ereignissen, Handlungen). *Wertüberzeugungen* sind dagegen Meinungen über den Wert oder Unwert bzw. die Erwünschtheit oder Unerwünschtheit dieser Sachverhalte. (Bei der Lektüre der englischsprachigen Fachliteratur sollten Sie beachten, dass der Begriff *appraisal* von einigen Autoren für diese

Bewertungen reserviert wird). Im Folgenden wollen wir diese dritte Annahme Arnolds etwas näher betrachten.

Emotionen setzen Tatsachenüberzeugungen voraus. Arnold erläutert dazu:

> "Um eine Emotion zu haben, ist es [zunächst] notwendig, das Objekt auf irgendeine Art wahrzunehmen oder davon Kenntnis zu erlangen, obwohl es nicht erforderlich ist, dass diese Kenntnis präzise oder korrekt ist...Etwas wahrzunehmen oder aufzufassen bedeutet zu erkennen, wie es als Objekt beschaffen ist, *unabhängig von jeder Auswirkung auf mich*" (Arnold, 1960, S. 171; Hervorhebung hinzugefügt).

Damit zum Beispiel Albert Freude über den Besitz der Dampfmaschine erlebt, muss er nach Arnold also zunächst einmal die *Tatsachenüberzeugung* bilden, dass er die Dampfmaschine besitzt; oder wie Arnold (1960) sagt, er muss erkennen, dass dieser Sachverhalt "anwesend" ist. (Auf eine weitere Tatsachenüberzeugung, die nach Arnolds Ansicht für Freude ebenfalls erforderlich ist, kommen wir später zu sprechen).

Emotionen setzen Wertüberzeugungen voraus. Tatsachenüberzeugungen allein reichen—wie die Alltagserfahrung lehrt—für das Auftreten von Emotionen nicht aus. So kann zum Beispiel Alberts Überzeugung, dass er nun eine Dampfmaschine besitzt, ihn unter Umständen ganz gleichgültig lassen; sie braucht ihn in keiner Weise emotional zu berühren. Damit eine Emotion entsteht, muss deshalb nach Arnold noch eine weitere Art von Kognition über das auslösende Objekt vorhanden sein. Diese zusätzliche Kognition ist eine *Bewertung* bzw. *Wertüberzeugung*: Die Person muss glauben oder urteilen, dass das Objekt in der einen oder anderen Hinsicht für sie gut oder schlecht, wertvoll oder wertlos, erwünscht oder unerwünscht ist:

> "Um eine Emotion auszulösen, muss das Objekt [auch] dahingehend eingeschätzt werden, *dass es mich auf irgendeine Art betrifft*, mich persönlich als ein Individuum mit meinen besonderen Erfahrungen und besonderen Zielen...Ich muss nicht nur erkennen, wie es objektiv, unabhängig von mir beschaffen ist...sondern auch seine Beziehung zu mir einschätzen, es als erwünscht oder unerwünscht, wertvoll oder schädlich für mich bewerten" (Arnold, 1960, S. 171; Hervorhebung hinzugefügt).

Damit Albert Freude über den Besitz der Dampfmaschine erlebt, muss er also nicht nur glauben, dass er die Dampfmaschine besitzt; er muss den Besitz der Dampfmaschine auch positiv bewerten.

Dieses Beispiel lässt sich leicht auf Freude über einen beliebigen Sachverhalt S verallgemeinern: Freude über S setzt mindestens voraus: man glaubt (ist überzeugt), dass S der Fall ist und man bewertet S positiv. Leid (oder Kummer) über einen Sachverhalt S setzt dagegen voraus: Man ist überzeugt, dass S der Fall ist und man bewertet S negativ. Kasten 2.1 fasst diese Annahmen zur Verdeutlichung nochmals zusammen.

Kasten 2.1
Arnolds Analyse von Freude und Leid über einen Sachverhalt

Freude über einen Sachverhalt S erlebt man, wenn man (1) überzeugt ist, dass S besteht und (2) S positiv bewertet.

Leid über einen Sachverhalt S erlebt man, wenn man (1) überzeugt ist, dass S besteht und (2) S negativ bewertet.

Den Leserinnen und Lesern von Kapitel 1 wird nicht entgangen sein, dass Arnolds Analyse der psychischen Grundlagen von Emotionen derjenigen Meinongs (1894) sehr ähnlich ist. In einem Punkt besteht aber ein Unterschied: Nach Arnold sind die unmittelbaren Ursachen von Emotionen ausschließlich Kognitionen (Glaubensannahmen), wenn auch Kognitionen mit unterschiedlichen Inhalten, nämlich *Tatsachenüberzeugungen* und *Wertüberzeugungen*. Nach Meinong sind die unmittelbaren Ursachen von Emotionen dagegen Tatsachenüberzeugungen und *Wünsche*. Wünsche sind zwar auch nach Arnold (1960) an der Entstehung von Emotionen beteiligt. Ihrer Auffassung nach sind sie aber nur *indirekte* Ursachen von Emotionen, indem sie nämlich üblicherweise die Grundlage von Wertüberzeugungen bilden. Wir kommen auf diesen Punkt in der Diskussion der Theorien von Arnold und Lazarus zurück (Abschnitt 2.3).

Die Natur und Funktion von Emotionen

Die Natur von Emotionen. Emotionen treten nach Arnold auf, wenn die Person die beschriebenen Tatsachen- und Wertüberzeugungen über ein

Objekt erwirbt. Aber was ist die Emotion (das Gefühl) selbst? Auf diese Frage nach der Natur von Emotionen gibt Arnold folgende Antwort:

> "Die...Einschätzung der Situation löst eine Handlungstendenz aus, die als Emotion erlebt wird" (Arnold, 1960, S. 177) "Die emotionale Erlebensqualität [besteht] exakt in dieser nichtüberlegten, unwillkürlichen Anziehung oder Abstoßung" (S. 172; im Original teilweise hervorgehoben).

Anders gesagt: Einschätzungen (Tatsachen- und Wertüberzeugungen über einen Sachverhalt) lösen Wünsche oder Impulse zu bestimmten Handlungen aus; und diese Handlungswünsche werden als Gefühle erlebt. Bei positiven Gefühlen besteht der Handlungswunsch in einem Impuls zur *Annäherung* an das Objekt, bei negativen Gefühlen in einem Impuls zur *Meidung* (inklusive Abstoßung oder Zurückweisung) des Objekts. Zum Beispiel könnte die Freude Alberts über seine Dampfmaschine im erlebten Handlungsimpuls bestehen, die Dampfmaschine zu berühren oder in Funktion zu setzen.

Die Funktion von Emotionen. Nach Arnold (1960) beruhen die Emotionen im Kern auf psychischen Mechanismen, die in der Evolution entstanden sind, und zwar deshalb, weil sie in der evolutionären Umwelt des Menschen adaptive Reaktionen auf grundlegende Formen der "Beziehung zwischen der Person und dem Objekt oder der Situation" (S. 193) ermöglichten. In diesem Punkt stimmt Arnold mit McDougall (1908/1960) und anderen evolutionspsychologisch orientierten Emotionstheoretikern überein (vgl. Band II). Die zentrale *Funktion* der Emotionen (der erlebten Handlungsimpulse) besteht nach Arnold dementsprechend darin, evolutionär adaptive Handlungen auszulösen, wie etwa, sich bei Gefahr durch Flucht in Sicherheit zu bringen. Die emotionalen Handlungsimpulse müssen allerdings nicht unbedingt zur Ausführung gelangen. Vielmehr können sie unterdrückt werden, wenn die Handlung, zu der sie einen drängen, in der gegebenen Situation unzweckmäßig erscheint und stattdessen kann eine als vernünftig bzw. zweckmäßig erkannte Handlung ausgeführt werden. Tatsächlich vertritt Arnold im Gegensatz zu Lazarus und zu den meisten neueren evolutionär orientierten Psychologen die Ansicht, dass emotionale Handlungsimpulse *in der heutigen Gesellschaft* meist *nicht mehr* adaptiv sind.

Der Prozess der Emotionsentstehung

Nach Arnold ist die Aktualgenese von Emotionen im typischen Fall ein dreistufiger Prozess, der folgende Schritte umfasst (vgl. Abbildung 2.1):

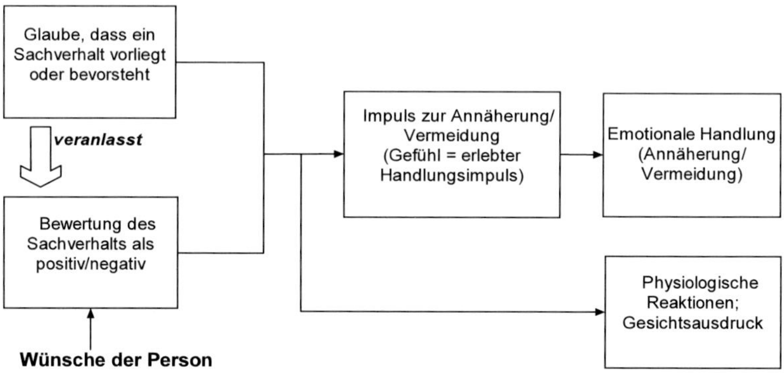

Abbildung 2.1
Arnolds Theorie der Entstehung und der Auswirkungen von Emotionen

1. Zunächst gelangt die Person, zum Beispiel aufgrund von Sinneswahrnehmungen, zum Glauben (zur *Tatsachenüberzeugung*), *dass ein bestimmter Sachverhalt vorliegt oder bevorsteht*. Zum Beispiel gelangt Albert beim Anblick einer Dampfmaschine auf dem Geburtstagstisch zu der Überzeugung, dass diese ihm gehört.

2. Diese Tatsachenüberzeugung veranlasst dann die Bildung einer *Wertüberzeugung*, das heißt die *Bewertung des Sachverhalts als positiv oder negativ*. In unserem Beispiel besteht diese Wertüberzeugung in Alberts Gedanken "es ist gut, dass ich die Dampfmaschine besitze". Gebildet wird dieses Werturteil nach Arnold, indem der Sachverhalt mit den Inhalten der momentan vorhandenen Wünsche der Person verglichen wird. Ein positives Werturteil ("das ist gut für mich") bedeutet, dass der Sachverhalt nach Meinung der Person mit ihren Wünschen oder Zielen übereinstimmt, das heißt geeignet ist, diese zu erfüllen. Ein negatives Werturteil ("das ist schlecht für mich") bedeutet dagegen, dass der Sachverhalt nach Meinung der Person mit ihren Wünschen oder Zielen nicht übereinstimmt bzw. diese "frustriert".

Jedoch müssen Wertüberzeugungen nach Arnold nicht immer zum Zeitpunkt der Emotionsentstehung *neu gebildet* werden. Oft sind sie nämlich schon früher gebildet worden und stehen deshalb "abrufbereit" im Gedächtnis zur Verfügung. So könnte zum Beispiel Albert schon lange vor seinem Geburtstag zu der Meinung gekommen sein, dass es gut wäre, wenn er eine Dampfmaschine hätte. In diesem Fall besteht der zum Zeitpunkt der Emotionsentstehung stattfindende Bewertungsprozess bloß im Abruf der bereits vorhandenen Bewertung aus dem Gedächtnis (Arnold, 1970).

3. Zusammen mit der Tatsachenüberzeugung verursacht die Bewertung dann einen *Handlungsimpuls*, der als *Gefühl* erlebt wird (z. B. Freude über den Besitz der Dampfmaschine) und gegebenenfalls in einer entsprechenden *Handlung* resultiert.

Zur Vorbereitung und Unterstützung der emotionalen Handlungen löst die Einschätzung eines Objekts gleichzeitig mit dem Handlungsimpuls—oder möglicherweise auch durch diesen vermittelt—*physiologische Reaktionen* aus, wie zum Beispiel bei Furcht eine Erhöhung der Herzrate und einen Anstieg des Blutdrucks. Diese physiologischen Reaktionen sind nach Arnolds Ansicht zumindest für die Mehrzahl der von ihr näher analysierten Emotionen unterschiedlich, also emotionsspezifisch (vgl. dazu James, 1890/1950; Band I). Darüber hinaus lösen einige Einschätzungen auch eine Tendenz zum Zeigen eines mehr oder weniger emotionsspezifischen *Gesichtsausdrucks* aus. Diese Ausdruckstendenzen können jedoch, ebenso wie die emotionalen Handlungsimpulse, willentlich unterdrückt werden (vgl. die im Band II besprochene Ausdruckstheorie von Ekman, 1972).

Automatische und nichtautomatische Einschätzungsprozesse. Die Ausführungen Arnolds (1960) legen nahe, dass der beschriebene Prozess der Einschätzung von Objekten—und damit der Prozess der Emotionsentstehung—auf zwei Weisen oder in zwei Formen ablaufen kann, die man als "automatisch" bzw. als "nichtautomatisch" bezeichnen kann.

Im Regelfall verläuft der Einschätzungsprozess—zumindest der Prozess der Bewertung—nach Arnold automatisch. Damit meint Arnold (1960) Folgendes: (1) Der Bewertungsprozess ist "vor der Introspektion verborgen" (S. 177), das heißt *unbewusst*. (2) Er tritt *ohne oder sogar gegen den Willen der Person* auf. Das heißt, die Person braucht nicht die Absicht zu haben, einen Sachverhalt zu bewerten. Dies geschieht vielmehr ganz von selbst, sobald sie ihn zur Kenntnis nimmt; und es geschieht sogar dann, wenn sie sich eines Werturteils enthalten möchte. (3) Der Bewertungsprozess findet *sehr schnell* statt. Automatische Einschätzungsprozesse können deshalb erklären, weshalb Emotionen der Wahrnehmung von Ereignissen oft sehr schnell und reflexartig nachfolgen.

Jedoch gibt es nach Arnold (1960) offenbar auch Fälle, in denen der Einschätzungsprozess nichtautomatisch und bewusst abläuft. Zum Beispiel können der Person die persönlichen Implikationen eines Ereignisses zunächst nicht klar sein. Dann kann es durchaus länger dauernde, bewusste Überlegungen erfordern, ehe die Person etwa erkennt, dass das Ereignis für sie positiv ist, weil es sie einem wichtigen Ziel näher bringt. Darüber hinaus kann eine zunächst getätigte automatische Bewertung nach Arnold durch nachfolgende bewusste Überlegungen ergänzt oder korrigiert werden. Das heißt, derartige Überlegungen können eine *Neueinschätzung* (*reappraisal*) des Objekts veranlassen. Zum Beispiel bewertet Albert den bevorstehenden Wechsel in eine neue Schule zunächst sehr negativ. Aufgrund weiterer Überlegungen gelangt er aber zu der Auffassung, dass der Schulwechsel für ihn doch nicht so schlecht und vielleicht sogar gut ist. Als Folge dieser Neueinschätzung wird Alberts zunächst vorhandenes Gefühl der Furcht reduziert oder wandelt sich sogar in Hoffnung.

Die kognitiven Grundlagen spezifischer Emotionen

Die oben am Beispiel von Freude und Leid beschriebene Analyse der kognitiven Grundlagen von Emotionen (vgl. Kasten 2.1) lässt sich nach Arnold grundsätzlich auf alle Emotionen des Menschen anwenden. *Gemeinsam* ist allen Emotionen, dass sie sowohl Wert- als auch Tatsachenüberzeugungen voraussetzen; beide sind also notwendig für Emotionen. Wenn zum Beispiel Albert den Besitz der eben erhaltenen Dampfmaschine weder als gut noch schlecht bewertet, dann erlebt er weder Freude noch Leid. Umgekehrt könnte Albert, wie bereits erwähnt, schon lange vor seinem Geburtstag zu der Ansicht gekommen sein, dass es gut wäre, wenn er eine Dampfmaschine hätte. Freude erlebt er aber erst dann, als er zu der Überzeugung kommt, dass er die Dampfmaschine tatsächlich besitzt.

Unterschiede zwischen Emotionen beruhen auf Unterschieden in den ihnen zugrunde liegenden Wert- und Tatsachenüberzeugungen:

(1) Angenehme Gefühle beruhen auf positiven Bewertungen und unangenehme Gefühle auf negativen Bewertungen. (2) Alle weiteren Differenzierungen zwischen positiven Gefühlen (z. B. Freude versus Hoffnung) und zwischen negativen Gefühlen (z. B. Kummer versus Furcht) sind dagegen auf unterschiedliche Tatsachenüberzeugungen zurückzuführen.

Zum Beleg dieser Annahmen hat Arnold (1960) skizziert, welche konkreten Tatsachen- und Wertüberzeugungen einer Reihe der im Alltag unterschiedenen Emotionen zugrunde liegen. Dabei gelangt sie zum Schluss, dass es insgesamt wenigstens *drei* fundamentale *Einschätzungsdimensionen* gibt, das heißt drei grundlegende Arten von emotionsrelevanten Kognitionen: *Bewertung*, *Anwesenheit-Abwesenheit* und *Bewältigbarkeit*. Die ersten zwei dieser Einschätzungsdimensionen haben wir im Wesentlichen bereits bei der Besprechung von Freude und Leid erklärt. Die dritte Einschätzungsdimension (Bewältigbarkeit; eine weitere Tatsachenüberzeugung) wurde dagegen bislang noch nicht erläutert. Arnold beschreibt die drei Einschätzungsdimensionen wie folgt:

1. **Bewertung**: Der Glaube, dass ein Sachverhalt positiv versus negativ für einen ist.

2. **Anwesenheit versus Abwesenheit**: Der Glaube, dass ein Sachverhalt bereits gegenwärtig und sicher vorhanden ist versus noch zukünftig und unsicher ist. Diese Einschätzungsdimension kombiniert offenbar zwei noch grundlegendere Dimensionen, nämlich *die subjektive Wahrscheinlichkeit* (sicher versus unsicher) des Sachverhalts und seine *subjektive zeitliche Lokation* (gegenwärtig/vergangen versus zukünftig). Arnold hat diese zwei Einschätzungsdimensionen vermutlich deshalb zu einer einzigen zusammengefasst, weil gegenwärtige und vergangene Sachverhalte typischerweise sicher sind, zukünftige dagegen unsicher. Nach Ansicht Meinongs (1894; Kapitel 1) ebenso wie mehrerer neuerer Einschätzungstheoretiker (z. B. Ortony, Clore & Collins, 1988; Roseman, 1984) ist für die qualitative Unterscheidung von Gefühlen (wie Freude versus Hoffnung) allerdings nur die subjektive Wahrscheinlichkeit von Sachverhalten bedeutsam, nicht dagegen ihre subjektive zeitliche Lokation.

3. **Bewältigbarkeit**: Der Glaube, einen Sachverhalt leicht, schwer oder gar nicht bewältigen oder kontrollieren zu können. Diese Einschätzung nimmt etwas unterschiedliche Formen an, je nachdem, ob der Sachverhalt noch zukünftig oder schon vorhanden ist (vgl. die 2. Ein-

schätzungsdimension) und ob er positiv oder negativ ist (vgl. die 1. Einschätzungsdimension). Ist der Sachverhalt noch zukünftig, dann bedeutet Bewältigbarkeit die eingeschätzte Fähigkeit, den Sachverhalt *herbeiführen* oder *verhindern* zu können. Ist der Sachverhalt dagegen schon vorhanden, dann bedeutet Bewältigbarkeit, dass man glaubt, den vorhandenen positiven Zustand leicht, schwer oder gar nicht *beibehalten* zu können bzw. den negativen Zustand wieder *beseitigen* oder sich *daran anpassen* zu können.

Aus der Kombination der möglichen Ausprägungen dieser drei Einschätzungsdimensionen ergeben sich unterschiedliche *Einschätzungsmuster*, wie zum Beispiel die Überzeugungen "Ein Sachverhalt ist anwesend; er ist negativ; er ist nicht zu bewältigen". Diese Einschätzungsmuster führen nach Arnold jeweils zu bestimmten Emotionen. Tabelle 2.1 zeigt zur Illustration die Einschätzungsmuster für fünf der insgesamt 12 von Arnold analysierten Emotionen. Arnold bezeichnet diese 12 Emotionen als *Basisemotionen*, weil sie (a) emotionale Reaktionen auf die von ihr als grundlegend betrachteten Formen der Situationseinschätzung sind und (b) die grundlegenden Formen "einfacher erlebter Handlungstendenzen" darstellen (Arnold, 1960, S. 193).

Tabelle 2.1
Die Einschätzungsmuster für einige Emotionen (nach Arnold, 1960)

Emotionen	**Einschätzungsdimensionen**		
	1. Bewertung	**2. Anwesenheit/ Abwesenheit**	**3. Bewältigbarkeit**
Freude	positiv	anwesend	leicht beizubehalten
Ärger	negativ	anwesend	bewältigbar, wenn auch schwierig
Trübsinn/ Depression	negativ	anwesend	nicht zu bewältigen
Hoffnung	positiv	abwesend	erreichbar, wenn auch schwierig
Furcht	negativ	abwesend	nicht zu verhindern

Zur Illustration von Tabelle 2.1 stellen Sie sich folgende kleine Geschichte vor, die sich um Alberts Dampfmaschine dreht. Albert erhält zum Geburtstag eine Dampfmaschine. Auf Drängen seines Freundes Peter leiht er sie diesem bis zum Wochenende aus, doch Peter bringt die Dampfmaschine zum vereinbarten Termin nicht zurück und ist nicht erreichbar. Als Peter die Dampfmaschine schließlich zurückgibt, ist sie irreparabel beschädigt. Albert vermutet nun, dass sein Vater ihm Vorwürfe machen wird, weil er auf das teure Spielzeug nicht besser Acht gegeben hat. Doch der Vater zeigt Verständnis für Alberts Missgeschick und verspricht Albert eine neue Dampfmaschine, falls er sich in Mathematik auf ein "sehr gut" verbessert. Wir wollen annehmen, dass Albert im Verlauf dieser Geschichte der Reihe nach folgende Gefühle erlebt: *Freude* über den Besitz der Dampfmaschine; *Ärger* darüber, dass Peter sie ihm nicht fristgerecht zurückgegeben hat; *Trübsinn* über ihren Ruin; *Furcht* davor, dass sein Vater ihm Vorwürfe machen wird, weil er auf die Dampfmaschine nicht besser aufgepasst hat; und schließlich, als ihm der Vater eine neue Dampfmaschine in Aussicht stellt, *Hoffnung* auf den Erhalt der neuen Dampfmaschine.

Nach Arnolds Theorie lässt sich die Entstehung dieser Gefühle wie folgt erklären (vgl. Tabelle 2.1).

Freude tritt nach Arnold allgemein gesprochen dann auf, wenn die erlebende Person einen Sachverhalt (a) positiv bewertet; (b) glaubt, dass er sicher vorhanden ist; und zudem auch (c) glaubt, dass sie ihn ohne Anstrengung beibehalten kann (diese letztere Einschätzungskomponente haben wir im Kasten 2.1 zur Vereinfachung unterschlagen). Albert hat sich die Dampfmaschine schon lange gewünscht und bewertet ihren Besitz daher positiv. Deshalb erlebt er Freude, als er zu der Überzeugung gelangt, dass er die Dampfmaschine endlich besitzt und glaubt, dass sie ihm auch in absehbarer Zukunft zur Verfügung stehen wird.

Ärger tritt nach Arnold allgemein dann auf, wenn aus der Sicht der Person ein negativer Zustand vorliegt, dessen Beseitigung Anstrengung erfordert. Deshalb empfindet Albert Ärger, als Peter die ihm geliehene Dampfmaschine nicht fristgerecht zurückgibt und nicht erreichbar ist.

Trübsinn oder *Depression* (*dejection*) tritt nach Arnold auf, wenn ein vorhandener negativer Zustand nicht bewältigbar scheint. Deshalb ist Albert betrübt, als er feststellt, dass die Dampfmaschine irreparabel beschädigt ist.

Furcht tritt auf, wenn der Person ein negativer zukünftiger Sachverhalt möglich oder wahrscheinlich und nicht verhinderbar erscheint. Albert vermutet, dass sein Vater ihm Vorwürfe machen wird und glaubt, dass er dies nicht verhindern kann; deshalb empfindet Albert Furcht.

Hoffnung schließlich wird erlebt, wenn ein noch nicht vorhandener positiver Sachverhalt mit Anstrengung erreichbar scheint. Deshalb empfindet Albert Hoffnung, als er erfährt, dass er eine neue Dampfmaschine erhalten wird, falls er seine Mathematiknote verbessert. Denn er glaubt, dass er dies mit Anstrengung erreichen kann.

Arnold (1960) hat für die Mehrheit der von ihr analysierten Emotionen auch den *Handlungswunsch* angegeben, dessen Erleben ihrer Ansicht nach das Gefühl ausmacht. Zum Beispiel ist Hoffnung ein erlebter Impuls zur *Herbeiführung* eines Ereignisses, Furcht ein erlebter Impuls zur *Vermeidung* oder *Flucht* und Ärger ein erlebter Wunsch zum *Angriff*.

2.2 Die Emotionstheorie von Richard Lazarus

Richard S. Lazarus wurde 1922 in New York geboren. Er studierte im Hauptfach Psychologie und im Nebenfach Soziologie am City College von New York und promovierte nach dem zweiten Weltkrieg an der Universität von Pittsburgh. Danach lehrte er an verschiedenen amerikanischen Universitäten, am längsten davon an der Universität von Berkeley in Kalifornien (bis zu seiner Emeritierung im Jahre 1991). Auch danach hat sich Lazarus bis zum heutigen Tag aktiv an den aktuellen Debatten der Emotions- und Stressforschung beteiligt (z. B. Lazarus, 1999; 2001). Lazarus gilt zusammen mit Arnold und Schachter (Band I) als Begründer des modernen kognitiven Ansatzes in der Emotionspsychologie (vgl. z. B. Frijda, 1994) und seine Schriften haben einen starken Einfluss auf die neuere Emotions- und Stressforschung genommen.

Den Anstoß zur Entwicklung der Emotionstheorie von Lazarus gaben unter anderem Befunde seiner eigenen Forschungen zur Entstehung und Beschaffenheit von so genannten *Stressreaktionen*, die er bereits in den 1950er-Jahren durchführte. Das Wort *Stress* (eine Entlehnung des englischen Wortes *stress*) stammt ursprünglich aus den Ingenieurwissenschaften (vgl. Appley & Trumbull, 1986; McGrath, 1970). Dort bezeichnet *stress* eine mechanische Kraft, die von außen auf einen physikalischen Körper einwirkt und bei diesem eine Beanspruchung und Verformung hervorruft.

Dieses ingenieurwissenschaftliche Konzept wurde in den 1940er-Jahren in die Psychologie übertragen (z. B. Grinker & Spiegel, 1945). Analog zum Fall eines physikalischen Körpers, auf den mechanische Kräfte einwirken und bei diesem Belastungsreaktionen hervorrufen, stellte man sich vor, dass auf die Person Stressreize einwirken, die zu einer psychischen Beanspruchung und gegebenenfalls Überforderung führen, welche sich in verschiedenen Stressreaktionen manifestiert. Die psychologische Stressforschung beschäftigt sich also mit *Reaktionen auf psychische Belastungen*, das heißt auf Anforderungen, welche die Bewältigungsmöglichkeiten der Person beanspruchen oder überfordern; inklusive der Versuche zur *Bewältigung* (engl. *coping*) von Belastungen (vgl. dazu Lazarus, 1966; Lazarus & Folkman, 1984). Die Natur der Stressreize sowie die Art der dadurch hervorgerufenen Reaktionen ist ansonsten aber nicht näher eingegrenzt. Dementsprechend wurde in der Stressforschung eine Vielzahl (potentiell) belastender Situationen untersucht. Dazu gehören Extremsituationen wie militärischer Kampf, Naturkatastrophen, eine bevorstehende Operation, eine schwere Erkrankung oder der Verlust einer geliebten Person. Dazu gehören aber auch weniger dramatische Belastungssituationen wie Fallschirmtraining, die Ankündigung einer Injektion oder eine bevorstehende Klassenarbeit.

Die theoretische Perspektive, aus der die Erforschung von Stress im Zeitraum zwischen 1940 und 1960 von vielen Forschern angegangen wurde, war der zu jener Zeit in den USA dominierende Behaviorismus (vgl. die Einleitung zu diesem Kapitel). In Übereinstimmung mit den Postulaten des Behaviorismus beschränkten sich diese Forscher auf die Feststellung der Beziehungen zwischen beobachtbaren Stressreizen und den dadurch hervorgerufenen beobachtbaren Reaktionen. Intersubjektiv nichtbeobachtbare psychische Prozesse wurden dagegen nicht berücksichtigt. Lazarus gelangte jedoch schon früh zur Auffassung, dass der Behaviorismus keine tragfähige Grundlage für die Stressforschung bildet. Diese Ansicht resultierte unter anderem aus den Ergebnissen eigener Untersuchungen, welche zeigten, dass objektiv identische Stressereignisse bei unterschiedlichen Personen ganz unterschiedliche Reaktionen hervorrufen können (z. B. Lazarus & Eriksen, 1952). Nach Lazarus (1966) sind diese interindividuellen Unterschiede darauf zurückzuführen, dass dasselbe objektive Ereignis von verschiedenen Personen *unterschiedlich verarbeitet* wird. Zur Erklärung der interindividuellen Unterschiede in den Reaktionen auf Stressereignisse ist es deshalb nach Lazarus—im Widerspruch zur Ansicht der Behavioristen—unabdingbar, die Prozesse der Reizverarbeitung zu berücksichtigen, die zwischen Reiz und Reaktion stattfinden:

> "Wir müssen [nicht nur] die...situationalen Anlässe von Stressreaktionen identifizieren, [sondern auch] die vermittelnden Strukturen und Prozesse, von denen es abhängt, wann und in welcher Form die Stressreaktionen auftreten" (Lazarus, 1966, S. 13).

Die Ausarbeitung dieses Gedankens durch Lazarus resultierte in seiner von ihm selbst als *kognitiv-phänomenologisch* bezeichneten Theorie der Stressreaktionen. Lazarus veröffentlichte diese Theorie in ausführlicher Form erstmals 1966 in seinem einflussreichen Buch *Psychological stress and the coping process*. Bereits in diesem Buch betonte Lazarus, dass es sich dabei eigentlich um eine Theorie der Entstehung von *emotionalen Reaktionen* handelt. So genannte Stressreaktionen sind nach Lazarus nämlich entweder bestimmte emotionale Reaktionen (insbesondere Furcht) oder störende Auswirkungen dieser emotionalen Reaktionen auf gerade ablaufende andere kognitive Prozesse und Handlungen. In nachfolgenden Schriften hat Lazarus seine Theorie der Stressemotionen weiter ausgearbeitet und dabei zum Teil auch modifiziert (insbesondere Lazarus & Launier, 1978), bis sie schließlich in einer allgemeinen kognitiven Emotionstheorie aufging (Lazarus, 1991a).

Im Folgenden konzentrieren wir uns auf die Darstellung von Lazarus' Theorie der *Stressemotionen*, da es vor allem diese Theorie war, welche die nachfolgende Forschung und Theoriebildung beeinflusst hat. Zudem liegt diese Theorie explizit oder implizit bis heute zahlreichen Untersuchungen im Bereich der Stress- und Bewältigungsforschung zugrunde (Somerfield & McCrae, 2000; Schwarzer, 2000). Auf die neuere Emotionstheorie von Lazarus (1991a) gehen wir kurz im Abschnitt 2.2.3 ein.

2.2.1 Lazarus' Theorie der Stressemotionen

Zur Analyse der Prozesse, die zwischen Stressreizen und Stressreaktionen (nach Lazarus: Stressemotionen) vermitteln, griff Lazarus nach eigenem Bekunden vor allem auf die Emotionstheorie von Arnold (1960) zurück (vg. Lazarus, 1968). Wie wir im Folgenden sehen werden, weist

Lazarus' Theorie der Stressemotionen in der Tat viele Ähnlichkeiten zur Emotionstheorie Arnolds auf.

Die primäre und die sekundäre Einschätzung

Nach Lazarus umfassen die den (Stress-) Emotionen zugrunde liegenden Einschätzungsprozesse zwei Teilprozesse, die er als *primäre Einschätzung* (*primary appraisal*) und als *sekundäre Einschätzung* (*secondary appraisal*) bezeichnet.

Die primäre Einschätzung. Im primären Einschätzungsprozess bildet die Person auf der Grundlage von Informationen, die in der aktuellen Situation vorliegen, Überzeugungen über bereits eingetretene oder mögliche zukünftige Ereignisse und deren Bedeutung für die eigenen Wünsche (Lazarus spricht von *Motiven*). Die möglichen Resultate des primären Einschätzungsprozesses sind nach Lazarus und Launier (1978) die Einschätzung einer Situation als *motivirrelevant*, als *günstig-positiv*, als *bedrohlich*, als *Schaden-Verlust* oder als *Herausforderung*. Was damit jeweils gemeint ist, wird in Tabelle 2.2 erklärt.

Tabelle 2.2
Die möglichen Resultate der primären Einschätzung (nach Lazarus und Launier, 1978)

Einschätzung der Situation als:	**liegt vor, wenn**:
motivirrelevant	die Person glaubt, dass ein vorhandenes oder antizipiertes Ereignis ihre Wünsche nicht betrifft (weder gut noch schlecht für sie ist).
günstig-positiv	die Person glaubt, dass ein für sie positives (wunschkongruentes) Ereignis (a) eingetreten ist oder (b) eintreten könnte.
bedrohlich	die Person glaubt, dass ein für sie negatives (wunschinkongruentes) Ereignis eintreten könnte.
Schaden-Verlust	die Person glaubt, dass ein für sie negatives (wunschinkongruentes) Ereignis eingetreten ist.
Herausforderung	die Person die Situation als Gelegenheit betrachtet, mit einer schwierigen Anforderung fertig zu werden und so Können oder Fähigkeit zu demonstrieren oder dazuzulernen.

Zur Illustration: Peter glaubt, dass er bei seiner bevorstehenden Mathematikprüfung versagen könnte und dass dies sehr negativ für ihn wäre. Nach Lazarus liegt dann bei Peter die primäre Situationseinschätzung *bedrohlich* vor.

Die sekundäre Einschätzung. Im sekundären Einschätzungsprozess überprüft die Person nach Lazarus, welche Möglichkeiten sie zur Bewältigung eines vorhandenen oder antizipierten Ereignisses hat. Das Ergebnis dieses Einschätzungsprozesses ist die Überzeugung der Person, dass sie das betreffende Ereignis (z. B. eine Bedrohung) durch diese oder jene Handlung (z. B. Flucht oder Angriff) bewältigen kann; oder aber, dass sie das Ereignis nicht bewältigen kann.

Ein Vergleich mit Arnold. Obwohl Lazarus' Konzeption des Einschätzungsprozesses auf den ersten Blick von derjenigen Arnolds abweicht, ist sie bei genauerer Betrachtung damit konsistent. Die sekundäre Einschätzung entspricht nämlich weitgehend dem dritten Einschätzungsprozess Arnolds (der Einschätzung der *Bewältigbarkeit*). Und die primäre Einschätzung ist einfach eine Zusammenfassung der ersten zwei von Arnold postulierten Einschätzungsprozesse in einen einzigen. Die von Lazarus postulierten möglichen Ergebnisse der primären Einschätzung (Spalte 1 in Tabelle 2.2) entsprechen nämlich inhaltlich (s. die Erläuterung in Spalte 2 von Tabelle 2.2) bestimmten Kombinationen der von Arnold postulierten Einschätzungsdimensionen *Bewertung* (positiv-negativ) und *Anwesenheit-Abwesenheit* (sicher-gegenwärtig versus unsicher-zukünftig).

Die Situationseinschätzung *Schaden-Verlust* liegt vor, wenn die Person glaubt, dass ein negatives Ereignis (Bewertung = negativ) bereits eingetreten (= sicher und gegenwärtig) ist. Dagegen liegt die Einschätzung *bedrohlich* vor, wenn die Person glaubt, dass ein negatives Ereignis eintreten könnte (d.h., unsicher und zukünftig ist). Analog liegt die Einschätzung *günstig-positiv* vor, wenn die Person glaubt, dass ein positives Ereignis entweder schon anwesend oder aber möglich ist. Was schließlich die Einschätzung einer Situation als *Herausforderung* betrifft, so kann diese als Sonderfall der Einschätzung *günstig-positiv* aufgefasst werden: Die Person antizipiert eine *bestimmte Art* von Gewinn, nämlich die eigenen Fähigkeiten zu demonstrieren oder dazuzulernen.

Somit postuliert Lazarus letztlich dieselben drei Einschätzungsdimensionen wie Arnold, nämlich (a) Bewertung; (b) Anwesenheit-Abwesenheit (subjektive Wahrscheinlichkeit/zeitliche Lokation); und (c) Bewältigbarkeit. Die ersten zwei dieser drei Einschätzungsdimensionen liegen der primären Einschätzung zugrunde, die dritte Einschätzungsdimension entspricht dagegen der sekundären Einschätzung.

Die Natur und Funktion von Emotionen

Die Natur der Emotionen. In Übereinstimmung mit Arnold nimmt Lazarus an, dass unterschiedliche Einschätzungsmuster zu unterschiedlichen Emotionen führen. Zum Beispiel tritt Furcht auf, wenn die Person eine Situation (a) als bedrohlich einschätzt, das heißt ein negatives Ereignis antizipiert (primäre Einschätzung) und (b) glaubt, dass sie dieses Ereignis nicht verhindern kann (sekundäre Einschätzung).

Lazarus' Ansicht zur *Natur der Emotionen* weicht dagegen von derjenigen Arnolds ab. Im Gegensatz zu Arnold betrachtet Lazarus Emotionen nämlich nicht bloß als Gefühlszustände, sondern als *Reaktionssyndrome*, das heißt als organisierte Muster von psychischen und körperlichen Reaktionen. Nach Lazarus (1968; Lazarus, Averill & Opton, 1970) umfassen emotionale Syndrome folgende vier Komponenten (s. auch Lazarus, Kanner & Folkman, 1980; Lazarus, 1991a): (1) eine *kognitive* Komponente, nämlich die Einschätzung der Situation (z. B. als bedrohlich); (2) eine *Erlebenskomponente* (z. B. das Gefühl der Furcht); (3) eine *konative* Komponente (lat. *conatus* = Streben), nämlich den Impuls oder Wunsch zu einer bestimmten Handlung (z. B. zur Flucht); und (4) eine *physiologische Komponente* (z. B. bei Furcht: Erhöhung der Herzrate und Schwitzen). Im Unterschied zu einigen anderen Syndromtheoretikern der Emotion betrachtet Lazarus die Einschätzung der Situation also nicht bloß als *Ursache*, sondern als einen *Bestandteil* des emotionalen Reaktionssyndroms. Und ebenfalls im Unterschied zu anderen Syndromtheoretikern führt er das emotionale Ausdrucksverhalten—z. B. den Gesichtsausdruck—nicht explizit als Bestandteil von Emotionen auf.

Aber auch in Bezug auf die Natur von *Gefühlen* (der Erlebenskomponente von emotionalen Syndromen) gehen die Ansichten von Lazarus und Arnold auseinander. Nach Arnold besteht das Gefühl, wie gesagt, im Erleben des emotionalen Handlungsimpulses. Nach Lazarus besteht die Erlebenskomponente des emotionalen Syndroms dagegen *im Ge-*

wahrsein aller übrigen Syndromkomponenten (Handlungsimpuls, kognitive Einschätzung, physiologische Rückmeldungen). Dabei werden die einzelnen Bestandteile des emotionalen Erlebens auf nicht näher erläuterte Art und Weise in ein Gesamterleben—das Gefühl—integriert (Lazarus et al., 1980).

Die Funktion von Emotionen. Wiederum in Übereinstimmung mit Arnold nimmt Lazarus an, dass Emotionen im Kern in der Evolution entstanden sind (Lazarus, 1968; s. dazu auch Lazarus, 1991a). Emotionale Syndrome können deshalb als letztlich evolutionär bedingte *Strategien zur Bewältigung von motivrelevanten Situationen* aufgefasst werden. Von zentraler Bedeutung ist dabei auch nach Lazarus die *konative Komponente* des emotionalen Syndroms, das heißt der emotionale Handlungsimpuls: Dieser verursacht Handlungen, die zum Beispiel eine Bedrohung beseitigen oder reduzieren sollen.

Nach Lazarus umfassen Bewältigungsstrategien beim Menschen allerdings nicht nur solche, die auf die Änderung der auslösenden Umweltsituation abzielen (so genannte *problemorientierte Bewältigungsstrategien*). Vielmehr umfassen sie auch motorische Handlungen und kognitive Prozesse, deren Ziel es ist, die erlebten, unangenehmen Stressgefühle zu reduzieren (so genannte *emotionsorientierte Bewältigungsstrategien*). Emotionsorientierte Bewältigungsstrategien werden bevorzugt dann eingesetzt, wenn eine Änderung der Situation undurchführbar oder zu aufwendig erscheint. Zum Beispiel könnte Peter, um seine Angst vor einer bevorstehenden Prüfung zu verringern, eine Beruhigungstablette einnehmen. Peter könnte seine Prüfungsangst aber auch durch *rein kognitive* Strategien zu ändern versuchen. Die wichtigsten dieser Strategien sind *Aufmerksamkeitsablenkung* und *Neueinschätzung* (*reappraisal*). Zum Beispiel könnte Peter versuchen, den Angst auslösenden Gedanken an die bevorstehende Prüfung zu verdrängen, indem er bewusst an etwas anderes denkt (Aufmerksamkeitsablenkung), oder indem er sich davon zu überzeugen versucht, dass die Wahrscheinlichkeit eines Scheiterns bei der Prüfung gering ist (Neueinschätzung).

Der Prozess der Emotionsentstehung

Lazarus' Annahmen zum Prozess der Emotionsentstehung sind in Abbildung 2.2 zusammengefasst.

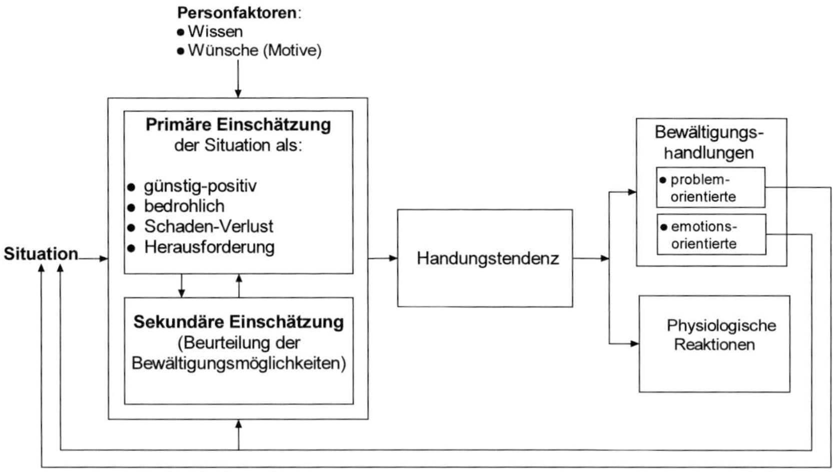

Abbildung 2.2
Der Prozess der Emotionsentstehung in Lazarus' Theorie der Stressemotionen

1. In Übereinstimmung mit Arnold (1960) entstehen Emotionen dann, wenn die Person ein vorhandenes oder antizipiertes Ereignis als wunsch- bzw. motivkongruent oder als motivinkongruent bewertet (als motivirrelevant eingeschätzte Ereignisse lösen keine Emotionen aus). Die primäre und die sekundäre Einschätzung des Ereignisses finden dabei nicht notwendig in einer bestimmten Reihenfolge statt und können sich gegenseitig beeinflussen (Abbildung 2.2). *Wie* ein konkretes Ereignis in der primären und sekundären Einschätzung interpretiert wird, hängt einerseits von Informationen über die konkrete *Situation* ab, andererseits von *Personfaktoren*. Letztere sind von zweierlei Art (Abbildung 2.2): (1) Das Wissen der Person über die allgemeine Beschaffenheit der Umwelt und die spezielle Beschaffenheit der gerade vorliegenden Situation sowie über die ihr zur Verfügung stehenden relevanten Ressourcen (z. B. ihre Kenntnisse und Fertigkeiten); (2) die Wünsche oder Motive der Person, welche insbesondere die Grundlage für die Ereignisbewertung bilden. Unterschiede im Wissen und in den Motiven von Personen sind demnach der tiefere Grund für interindividuelle Unterschiede in den emotionalen Reaktionen auf objektiv identische Situationen.

2. In Abhängigkeit von den Resultaten der primären und der sekundären Einschätzung tritt dann zunächst eine bestimmte Handlungstendenz auf (z. B. ein Fluchtimpuls). Falls diese Tendenz nicht bewusst unter-

drückt wird, resultiert sie in einer entsprechenden Handlung (z. B. Flucht). Zur Vorbereitung und Unterstützung der emotionalen Handlung löst der Handlungsimpuls gleichzeitig physiologische Reaktionen aus. Die Situationseinschätzung, der erlebte Handlungsimpuls und die Wahrnehmung physiologischer Erregung verbinden sich dann im Bewusstsein zu einem Gefühl (z. B. Furcht; dieser Aspekt der Theorie wurde in Abbildung 2.2 der Übersichtlichkeit halber nicht berücksichtigt).

3. Ebenfalls in Übereinstimmung mit Arnold nimmt Lazarus an, dass der Einschätzungsprozess—und damit der Prozess der Entstehung von Emotionen—sowohl in einer nichtautomatischen, bewussten Form ablaufen kann als auch in einer automatischen, unbewussten Form. Allerdings misst Lazarus nichtautomatischen Einschätzungsprozessen eine wesentlich größere Bedeutung bei als Arnold (s. jedoch Lazarus, 1991a).

4. Schließlich betont Lazarus, dass es zum Verständnis der Entstehung von Emotionen äußerst wichtig sei, Folgendes zu berücksichtigen: Der Prozess der Emotionsentstehung erschöpft sich in der Regel nicht in einer einmaligen Einschätzung und den daraus resultierenden emotionalen Reaktionen; vielmehr kommt es im Verlauf der Auseinandersetzung mit einer Situation fortwährend zu *Neueinschätzungen* dieser Situation. Das Ergebnis dieser Neueinschätzungen kann sich von dem der ursprünglichen Einschätzung unterscheiden. Das kann entweder deshalb der Fall sein, weil sich die Situation spontan ändert, oder deshalb, weil die motorischen und kognitiven Bewältigungshandlungen auf die Situation oder deren Einschätzung rückwirken (Abbildung 2.2). Als Folge davon verändert sich auch die Intensität oder Qualität der resultierenden Emotionen.

Nehmen Sie zur Illustration an, dass Peter die in einer Woche stattfindende Mathematikprüfung als mäßig bedrohlich einschätzt (primäre Einschätzung) und sich deshalb leicht beunruhigt fühlt. Er ist aber zuversichtlich, einen Misserfolg bei der Prüfung durch intensive Vorbereitung vermeiden zu können (sekundäre Einschätzung) und beginnt mit dem Studium (problemorientierte Bewältigungshandlung). Am Abend vor der Prüfung wird ihm jedoch klar, dass er den Stoff in der verfügbaren Zeit nicht erlernen kann. Als Folge davon schätzt Peter die Prüfung nun als deutlich bedrohlicher ein (Neueinschätzung). Peter sucht nun nach einer anderen direkten Bewältigungsmöglichkeit, findet aber keine (eine Terminverschiebung ist nicht mehr möglich; unentschuldigt nicht zur Prüfung zu erscheinen, kommt ebenfalls nicht in Frage; usw.). Dadurch nimmt die wahrgenommene Bedrohlichkeit der Situation noch weiter zu (Neueinschätzung) und Peter erlebt jetzt starke Furcht. Er nimmt nun zu emotionsorientierten kognitiven Bewältigungsstrategien Zuflucht, indem er sich etwa einredet, der nichtgelernte Stoff werde wahrscheinlich nicht geprüft werden. Als Folge davon schätzt Peter die Prüfung nun wieder als weniger bedrohlich ein (Neueinschätzung) und seine Furcht nimmt wieder ab.

Die kognitiven Grundlagen spezifischer Emotionen

Lazarus hat im Rahmen seiner Stresstheorie nur in geringem Umfang ausgeführt, *welche* Einschätzungsmuster *welchen* Emotionen zugrunde liegen. In Übereinstimmung mit Arnold (vgl. Tabelle 2.1) nimmt er an, dass positive Emotionen auftreten, wenn die Person glaubt, dass ein für sie positives Ereignis eingetreten ist oder bevorsteht (d.h., wenn sie die Situation günstig-positiv oder als Herausforderung einschätzt). Negative Emotionen treten dagegen dann auf, wenn die Person glaubt, dass ein negatives Ereignis vorliegt oder bevorsteht (d.h., wenn sie die Situation als Schaden-Verlust oder als Bedrohung einschätzt).

Von zentralem Interesse für Lazarus sind diejenigen negativen Emotionen, die durch *Bedrohlichkeitseinschätzungen* hervorgerufen werden, denn diese Emotionen sind seiner Ansicht nach für Stresssituationen typisch. Die zentrale Stressemotion ist *Furcht*. Furcht tritt nach Lazarus—ebenfalls in Übereinstimmung mit Arnold—dann auf, wenn die Person glaubt, ein antizipiertes negatives Ereignis nicht sicher verhindern zu können (vgl. Tabelle 2.1). Im Unterschied zu Arnold postuliert Lazarus (1966) jedoch, dass Bedrohlichkeitseinschätzungen auch zu Ärger oder Hoffnungslosigkeit führen können. *Ärger* tritt auf, wenn die Person glaubt, die Bedrohung durch Angriff beseitigen zu können. *Hoffnungslosigkeit* dagegen tritt auf, wenn die Person glaubt, dem antizipierten negativen Ereignis nicht entgehen zu können (auch nicht durch Vermeidung). Furcht, Ärger und Hoffnungslosigkeit sind deshalb nach Lazarus (1966) die typischen *negativen* emotionalen Reaktionen auf psychische Belastungen. Jedoch können Belastungssituationen durchaus auch zu *positiven* Emotionen wie Enthusiasmus oder Vorfreude führen (Lazarus & Launier, 1978). Dies ist dann der Fall, wenn eine Belastungssituation nicht als *Bedrohung* eingeschätzt wird, sondern als *Herausforderung*; das heißt, als günstige Gelegenheit, mit einer schwierigen Anforderung fertig zu werden und so Können oder Fähigkeit zu demonstrieren oder dazuzulernen (vgl. die Tabelle 2.2).

2.2.2 Empirische Überprüfungen der Theorie von Lazarus

Anders als Arnold hat Lazarus seine Emotionstheorie in zahlreichen Untersuchungen empirisch überprüft (zsf. Lazarus, 1968; Lazarus & Launier, 1978; Lazarus & Opton, 1966). Diese Untersuchungen befassten sich zunächst mit der Beziehung zwischen Stressemotionen und dem *primären Einschätzungsprozess*. Spätere Untersuchungen konzentrierten sich dagegen auf den *sekundären Einschätzungsprozess* und damit verbunden, auf die Bedeutung von Bewältigungsstrategien für Emotionen.

Die Beziehung zwischen Stressemotionen und der primären Einschätzung

Im Mittelpunkt der Untersuchungen von Lazarus und Mitarbeitern stand zunächst die Hypothese, dass Stressemotionen (insbesondere Furcht) dann auftreten, wenn eine Situation als *Bedrohung* eingeschätzt wird, also wenn die Person glaubt, dass ein für sie negatives Ereignis eintreten könnte. Dabei nimmt die *Intensität* der Stressemotionen mit dem *Grad* der wahrgenommenen Bedrohung zu (vgl. Lazarus, 1966). Zur Überprüfung dieser Hypothese versuchten Lazarus und Mitarbeiter unter anderem, die Einschätzung von typischerweise als bedrohlich eingeschätzten Ereignissen durch *verbale Informationen* über diese Ereignisse zu beeinflussen.

Die erste dieser Untersuchungen war ein vielzitiertes Experiment von Speisman, Lazarus, Mordkoff und Davidson (1964). Den Teilnehmern dieses Experiments wurde ein 17-minütiger Film vorgeführt, in dem Beschneidungsrituale an männlichen Jugendlichen eines australischen Ureinwohnerstammes gezeigt wurden. Die Jugendlichen wurden dabei von älteren Männern festgehalten, während ihnen mit einem scharfen Feuerstein ein tiefer, langer Schnitt an der Unterseite des Penis angebracht wurde. Insgesamt wurden in dem Film fünf derartige Operationen gezeigt, die jeweils durch die unmittelbar vorausgehenden Filmereignisse angekündigt wurden. Dadurch sollte die Erwartung von negativen Ereignissen (Schmerzen, Verletzung usw.) und somit eine Bedrohungskognition erzeugt werden. Diese Ereignisse betrafen zwar nicht die Versuchsteilnehmer selbst. Jedoch nahmen Speisman et al. an, dass die Versuchsteilnehmer sich mit den Jugendlichen im Film identifizieren und deshalb ähnlich reagieren würden, als stünden ihnen die Schmerzen und körperlichen Verletzungen selbst bevor.

Zur Manipulation der Bedrohlichkeitseinschätzung wurde der Film in einigen Versuchsgruppen von erläuternden Kommentaren begleitet. Wir berichten hier zur Vereinfachung nur über drei der (insgesamt vier) Versuchsgruppen. In der ersten dieser Versuchsgruppen wurde der Film von einem so genannten *leugnenden* Kommentar begleitet. Dieser spielte die negativen Aspekte des Beschneidungsrituals und damit seine Bedrohlichkeit herunter und hob seine positiven Aspekte hervor. So wurde unter anderem behauptet, das Ritual sei ungefährlich und nicht schmerzhaft; es stelle für die Jugendlichen vielmehr eine freudige Angelegenheit dar, da sie dadurch endlich als erwachsene Mitglieder des Stammes anerkannt würden. In einer zweiten Experimentalgruppe wurde der Film dagegen von einem *traumatisierenden* Kommentar begleitet, der die Grausamkeit und die Gefahren des Beschneidungsrituals sowie die dabei erlebten Schmerzen betonte. Die dritte Versuchsgruppe diente als *Kontrollgruppe*; sie sah den Film ohne Kommentar. Die Bedrohlichkeitseinschätzung wurde in dieser Untersuchung also hauptsächlich dadurch manipuliert, dass die *Bewertung* der Operation bzw. die Einschätzung ihrer Aversivität beeinflusst wurde.

Im Einklang mit der Stresstheorie von Lazarus erwarteten Speisman et al. (1964) Folgendes: (a) Der vom Leugnungs-Kommentar begleitete Film löst schwächere Stressemotionen aus als der Film ohne Kommentar; (b) der vom Trauma-Kommentar begleitete Film verursacht dagegen stärkere Stressemotionen als der Film ohne Kommentar. Gemessen wurden die physiologische und die Erlebenskomponente der Stressemotionen. Die physiologischen Stressreaktionen wurden erfasst, indem über die gesamte Filmdauer hinweg die elektrische Hautleitfähigkeit sowie die Herzrate der Versuchsteilnehmer gemessen wurde. Das Stresserleben wurde erfasst, indem die Versuchspersonen unmittelbar nach dem Film einen Gefühlsfragebogen beantworteten, in dem sie unter anderem nach der Intensität von erlebter Angst, Anspannung und Unbehagen befragt wurden.

Die Ergebnisse der Untersuchung erbrachten eine teilweise Bestätigung der beschriebenen Hypothesen. Was die physiologischen Stressreaktionen betrifft, so fanden sich die vorhergesagten Unterschiede zwischen den Versuchsgruppen am deutlichsten für die Hautleitfähigkeit. Diese Ergebnisse sind in Abbildung 2.3 dargestellt.

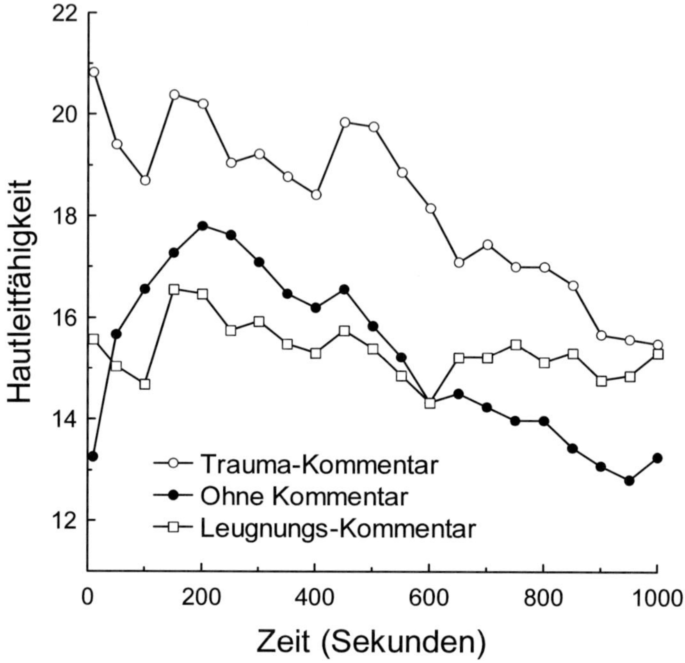

Abbildung 2.3
Effekte unterschiedlicher Begleitkommentare auf die physiologische Stressreaktion (Hautleitfähigkeit) während der Betrachtung eines Stressfilms (nach Speisman et al., 1964)

In Übereinstimmung mit den Vorhersagen von Speisman et al. (1964) war die Hautleitfähigkeit (a) über den gesamten Film hinweg in der Gruppe mit dem traumatisierenden Kommentar am stärksten sowie (b) zumindest während der ersten Hälfte des Films in der Leugnungsgruppe am niedrigsten. In der zweiten Filmhälfte war die Hautleitfähigkeit in der Kontrollgruppe dagegen niedriger als in der Leugnungsgruppe. Insgesamt hatte also der traumatisierende Kommentar offenbar einen stärkeren Effekt auf die Stressemotionen als der leugnende Kommentar. Dies wurde durch die Gefühlsberichte bestätigt: Die Versuchsteilnehmer in der Traumagruppe fühlten sich signifikant unwohler als diejenigen in den beiden anderen Gruppen; zwischen der Leugnungsgruppe und der Kontrollgruppe bestanden dagegen keine signifikanten Unterschiede im Gefühlserleben.

In einer nachfolgenden Untersuchung fanden Lazarus und Alfert (1964) jedoch auch klare Belege für die stressreduzierende Wirkung des Leugungs-Kommentars. In diesem Experiment wurde der Beschneidungsfilm entweder zusammen mit dem Leugnungs-Kommentar (vor oder während des Films) oder aber ohne Kommentar präsentiert. Es zeigte sich, dass der Film im ersten Fall schwächere physiologische Reaktionen (Hautleitfähigkeit) und weniger intensive negative Gefühle auslöste als im zweiten Fall. Um sicherzustellen, dass diese Effekte tatsächlich auf eine reduzierte Bedrohlichkeitseinschätzung in den Leugnungsgruppen zurückzuführen waren, führten Lazarus und Alfert (1964) zudem eine nachträgliche Befragung zur Filmwahrnehmung durch. Diese Befragung bestätigte, dass die Versuchsteilnehmer in den Leugnungsgruppen den Film als weniger bedrohlich einschätzten als diejenigen in der Kontrollgruppe.

Ähnliche Ergebnisse wurden auch in einer Reihe weiterer Experimente von Lazarus und Mitarbeitern erhalten (z. B. Lazarus, Opton, Nomikos und Rankin, 1965; Mordkoff, 1964; zsf. Lazarus, 1968; Lazarus & Launier, 1978). Insgesamt bestätigten diese Untersuchungen somit die Hypothese, dass die Intensität von Stressemotionen von der primären Einschätzung der *Bedrohlichkeit* abhängt.

Die sekundäre Einschätzung und die Rolle von Bewältigungsstrategien

In nachfolgenden Untersuchungen beschäftigten sich Lazarus und seine Mitarbeiter zunehmend mit dem *sekundären Einschätzungsprozess*—der Einschätzung der Bewältigbarkeit—und damit verbunden mit den Prozessen der Stressbewältigung (vgl. dazu Lazarus & Folkman, 1984). Diese Verschiebung des Forschungsschwerpunkts war unter anderem durch folgende Überlegung motiviert: Wie sich Stress auf das psychische Wohlbefinden, das soziale Funktionieren und auf die Gesundheit auswirkt, wird weniger durch belastende Ereignisse *per se* bestimmt, sondern vielmehr durch den Umgang mit ihnen. Auch diese Untersuchungen hatten zunächst die Form von Laborexperimenten (s. dazu Averill, 1973; Thompson, 1981). Später wandten sich Lazarus und seine Mitarbeiter dagegen nichtexperimentellen Untersuchungen von alltäglichen Belastungssituationen zu.

Ein primäres Ziel dieser Felduntersuchungen war die Ermittlung der Strategien, die zur Bewältigung von Belastungssituationen im Alltag verwendet werden. Zur Erfassung dieser Strategien entwickelten Folkman und Lazarus (1980; 1988) den so genannten *Ways of Coping*-Fragebogen. Dieser Fragebogen besteht aus einer umfangreichen Liste möglicher Stressbewältigungsstrategien, die entweder primär *problemorientiert* sind (z. B. "Ich überlegte mir einen Handlungsplan und ging entsprechend vor") oder primär *emotionsorientiert* (z. B. positive Neueinschätzung der Situation wie "Ich fand neue Zuversicht"). Die befragten Personen sollen angeben, welche dieser Strategien sie zur Bewältigung von konkreten Stresssituationen verwendet haben. Diese Angaben werden dann zu verschiedenen Indikatoren von Stressreaktionen oder anderen interessierenden Variablen wie zum Beispiel der körperlichen Gesundheit in Beziehung gesetzt.

Der *Ways of Coping*-Fragebogen und vergleichbare Fragebögen wurden in der Folgezeit in hunderten von Untersuchungen eingesetzt (Coyne and Racioppo, 2000). Man erhoffte sich von dieser Forschung eindeutige und praktisch verwertbare Antworten auf Fragen wie die folgenden: Welche interindividuellen Unterschiede bestehen im Umgang mit Stresssituationen (gehen zum Beispiel Frauen mit Stress anders um als Männer)? Welche Beziehungen bestehen zwischen Stress, Stressbewältigung und Erkrankungen? Welche Methoden der Stressbewältigung sind für bestimmte Arten von belastenden Ereignissen und bestimmte Personen optimal? Wir können auf diese Forschung hier aus Platzgründen nicht näher eingehen (s. z. B. Krohne, 1996; Schwarzer, 2000). Festgehalten werden soll jedoch, dass sie zwar manch interessantes Ergebnis erbracht hat, aber die in sie gesetzten hohen Erwartungen nicht erfüllen konnte. Selbst Lazarus (1999) hat den Ertrag der Forschung mit den Stressbewältigungs-Fragebögen rückblickend als eher bescheiden bewertet. Andere Forscher haben sich noch wesentlich kritischer dazu geäußert:

> "Nach zwei Jahrzehnten Forschung mit den Stressbewältigungs-Fragebögen sind die Forscher mit unerfüllten Versprechungen und mit nur wenigen nützlichen, generalisierbaren Befunden verblieben" (Coyne & Racioppo, 2000, S. 656). "Diese Forschung, von der man einmal glaubte, dass sie ungeheures Potential für die Bereitstellung einer wissenschaftlichen Basis für klinische Interventionen bereithält, [hat]...keine durchbrechend neuen Methoden zur Stressbewältigung hervorgebracht. Klinische Psychologen und Berater würden in der umfangreichen Literatur zu Stress und

> Stressbewältigung nur wenig von nachgewiesenem praktischen Wert vorfinden" (Somerfield & McCrae, 2000, S. 621).

Als Grund für den mangelnden Ertrag der Bewältigungsforschung werden von ihren Kritikern insbesondere methodische Probleme der Untersuchungen angeführt. Dazu gehört unter anderem die Tatsache, dass mit dem Wechsel von der Labor- zur Feldforschung meist auch die experimentelle Kontrolle aufgegeben wurde, wodurch eindeutige Aussagen über Ursache-Wirkungs-Beziehungen sehr schwierig wurden. Um aussagekräftige Befunde zur Rolle von Bewältigungsstrategien im Alltag zu erhalten, sind kontrollierte Längsschnitt- und Interventionsstudien erforderlich (z. B. Schröder, Schwarzer & Konertz, 1998; Tennen, Affleck, Armeli & Carney, 2000; s. auch Lazarus, 2000).

2.2.3 Zur Emotionstheorie von Lazarus (1991)

Lazarus hat seine Theorie der Stressemotionen von Anfang an als Kern einer umfassenden kognitiven Emotionstheorie verstanden (vgl. Lazarus et al., 1970). Zur Entwicklung einer solchen Theorie, so Lazarus et al., sei vor allem die detaillierte Angabe der Einschätzungen erforderlich, die den einzelnen Emotionen zugrunde liegen. Lazarus selbst hat eine derartig ausgearbeitete Einschätzungstheorie allerdings erst zu Beginn der 1990er-Jahre vorgelegt (Lazarus, 1991a). Zu diesem Zeitpunkt waren vergleichbar detaillierte Einschätzungstheorien bereits von mehreren anderen neueren Autoren formuliert worden (vgl. dazu Kapitel 3 und 4). Lazarus' (1991a) Emotionstheorie stimmt mit diesen Theorien in zahlreichen Punkten überein, nicht zuletzt deshalb, weil sie verschiedene Anregungen daraus aufgriff (vgl. dazu Smith & Lazarus, 1990). Aus diesen Gründen beschränken wir uns hier auf einige Hinweise zur Beziehung der Emotionstheorie von Lazarus zu seiner früheren Stresstheorie sowie zu den in den Kapiteln 3 und 4 besprochenen neueren Einschätzungstheorien.

Die Emotionstheorie von Lazarus (1991a) ist eine Ausarbeitung und Modifikation seiner früheren Stresstheorie; vor allem in Bezug auf die Frage, welche kognitiven Einschätzungen spezifischen Emotionen zugrunde liegen. Lazarus beantwortet diese Frage, indem er die Einschätzungsmuster für etwa 15 als grundlegend betrachtete Emotionen spezifiziert. Zur Klärung der kognitiven Voraussetzungen dieser Emotionen postuliert Lazarus nun insgesamt sechs Einschätzungsdimensionen, welche er als Ausdifferenzierungen der in seiner früheren Stresstheorie postulierten primären bzw. sekundären Einschätzung ansieht. Eine genauere Analyse legt allerdings nahe, dass diese sechs Einschätzungsdimensionen auf vier reduziert werden können. Diese sind: (1) Die *Bewertung* eines Ereignisses, die in eine Reihe unterschiedlicher Arten differenziert wird; (2) die *subjektive Wahrscheinlichkeit/zeitliche Lokation* des Ereignisses; (3) das *Bewältigungspotential* und (4) die *Zuschreibung von Verdienst oder Verschulden* (*credit* bzw. *blame*) für ein positives bzw. ein negatives Ereignis. Die ersten drei dieser Einschätzungsdimensionen sind schon in der ursprünglichen Stresstheorie von Lazarus enthalten: Die Dimensionen *Bewertung* und *subjektive Wahrscheinlichkeit/zeitliche Lokation* entsprechen in dieser Theorie der primären Einschätzung; die Dimension *Bewältigungspotential* entspricht dort der sekundären Einschätzung. Gegenüber der früheren Stresstheorie von Lazarus wird somit eigentlich nur die Bewertungsdimension ausdifferenziert und die Dimension *Zuschreibung von Verdienst oder Verschulden* hinzugefügt.

Wie wir in den Kapiteln 3 und 4 sehen werden, entsprechen die genannten Einschätzungsdimensionen weitgehend ähnlichen Dimensionen, die von den dort besprochenen kognitiven Emotionstheoretikern postuliert wurden (Ortony et al., 1988; Weiner, 1995). Die Ausnahme ist die Dimension *Bewältigungspotential*, die von diesen Autoren entweder nicht berücksichtigt (Weiner, 1995) oder zumindest nicht als *unmittelbare* Determinante von Emotionen aufgefasst wird (Ortony et al., 1988).

Die Bedeutung der Einschätzungsdimension *Bewältigbarkeit* für Emotionen ist jedoch auch von Lazarus (1991a) selbst relativiert worden. Zwar führt er sie, wie gesagt, nach wie vor als eine grundlegende Einschätzungsdimension auf. Gleichzeitig betrachtet er die Einschätzung der vorhandenen oder fehlenden Bewältigbarkeit nun aber—in Übereinstimmung mit anderen Autoren—offenbar nicht länger als eine *direkte* kognitive Ursache von Emotionen. Vielmehr wirkt sich die wahrgenommene Bewältigbarkeit nur *indirekt* auf Emotionen aus, nämlich dadurch, dass sie die primäre Einschätzung beeinflusst (s. bereits Lazarus & Launier, 1978). So löst etwa ein mögliches negatives Ereignis in der Regel keine Furcht aus, wenn man glaubt, es leicht verhindern zu können. Der Grund dafür ist jedoch nicht *direkt* die wahrgenommene leichte Verhinderbarkeit des Ereignisses, sondern die dadurch veranlasste Überzeugung, dass das Ereignis nicht eintreten wird (denn meist wird man auch beabsichtigen, es zu verhindern). Mit anderen Worten, die wahrgenommene leichte Verhinderbarkeit des Ereignisses hat zur Folge, dass man das Ereignis nicht länger als bedrohlich einschätzt. Dies ist der *unmittelbare* Grund dafür, dass man vor leicht verhinderbaren negativen Ereignissen gewöhnlich keine Furcht hat. Solange man nur an den unmittelbaren kognitiven Ursachen von Furcht interessiert ist, braucht man die Bewältigbarkeitseinschätzung deshalb nicht zu berücksichtigen.

Lazarus (1991a) hat dieser Überlegung in seiner neueren Emotionstheorie dadurch Rechnung getragen, dass er die Einschätzung der Nichtbewältigbarkeit nun nicht länger als notwendige Voraussetzung für Furcht betrachtet. Aber auch die meisten anderen der von Lazarus (1991a) analysierten Emotionen setzen eine Einschätzung der fehlenden oder vorhandenen Bewältigbarkeit offenbar nicht zwingend voraus. Die einzige Ausnahme ist Traurigkeit: Traurigkeit tritt auf, wenn man glaubt, dass ein negatives Ereignis eingetreten ist, das man nicht bewältigen kann.

2.3 Diskussion der Emotionstheorien von Arnold und Lazarus

In unserer Diskussion der Theorien von Arnold und Lazarus wollen wir zwei potentiell problematische Postulate dieser Theorien thematisieren. Es sind dies (1) die Annahmen von Arnold und Lazarus zur Natur von Gefühlen, insbesondere zur Beziehung zwischen Gefühlen und Handlungswünschen sowie (2) ihre Annahmen zur Bedeutung von Wertüberzeugungen für die Entstehung von Emotionen. Im Rahmen der Erörterung des zweiten Punktes werden wir auf eine wichtige Unterscheidung zwischen *zwei Typen* von kognitiven Emotionstheorien eingehen, die *kognitiv-evaluativen* Theorien einerseits und die *kognitiv-motivationalen* Theorien andererseits.

Die Natur von Gefühlen

Nach Arnold (1960) *bestehen* Gefühle im Erleben der Handlungsimpulse (Handlungswünsche), die durch Einschätzungen verursacht werden. Lazarus (1968, s. auch 1991a) setzt Gefühle zwar nicht mit erlebten Handlungswünschen gleich; doch auch er betrachtet erlebte Handlungswünsche als *notwendige Bestandteile* von Gefühlen.

Zum Beleg dieser Annahmen führen Arnold und Lazarus allerdings im Wesentlichen nur an, dass unterschiedliche Gefühle typischerweise mit unterschiedlichen Handlungswünschen *einhergehen*, das heißt, zusammen mit diesen auftreten. Dies wird sicherlich durch die Alltagserfahrung gestützt: Wer ärgerlich ist, erlebt typischerweise einen Impuls zum Angriff, und wer sich fürchtet, erlebt gewöhnlich einen Wunsch zur Flucht oder zur Vermeidung des gefürchteten Objekts. Ergebnisse systematischer empirischer Untersuchungen haben das bestätigt (z. B. Frijda, Kuipers & ter Schure, 1989). Daraus kann man jedoch nicht zwingend schließen, dass "emotionale" Handlungswünsche notwendige *Komponenten* von Gefühlen sind (Lazarus) oder gar, dass Gefühle *nichts anderes sind* als erlebte Handlungswünsche (Arnold). Genauso gut wäre denkbar, dass emotionale Handlungswünsche *Begleiterscheinungen* von Gefühlen sind, oder dass sie durch Gefühle *verursacht* werden. Letzteres wird zum Beispiel von Weiner (1986) angenommen (vgl. Kapitel 3). Tatsächlich spricht eine Reihe von Überlegungen *gegen* die Gefühlstheorien von Arnold und Lazarus. Die wichtigsten dieser Überlegungen sind die folgenden (Reisenzein, 1996):

1. *Gefühle und die mit ihnen einhergehenden emotionalen Handlungswünsche haben nicht dasselbe Objekt.* Das Objekt eines Gefühls ist dasjenige (z. B. ein Ereignis), worüber man sich freut oder traurig ist, wovor man sich fürchtet usw. Der Gegenstand eines emotionalen Handlungswunsches ist dagegen dasjenige, was man tun möchte, wenn man das betreffende Gefühl erlebt. Zum Beispiel fürchtet sich Albert davor, *dass ihn der Nachbarshund beißen könnte* (Objekt der Furcht) und er möchte *vor dem Hund davonlaufen* (Gegenstand des emotionalen Handlungswunsches). Oder Peter ärgert sich *über eine verletzende Bemerkung Alberts* (Objekt des Ärgers) und erlebt einen Impuls, *Albert seinerseits zu verletzen* (Gegenstand des Handlungswunsches). In beiden Fällen ist das Objekt der Emotion offenbar verschieden von dem des "zugehörigen" Handlungswunsches. Wenn Gefühle aber andere Objekte haben als die zugehörigen Handlungswünsche, dann können sie—entgegen der Ansicht Arnolds (1960)—nicht mit diesen Handlungswünschen gleichgesetzt werden.

2. *Einige Gefühle scheinen mit keinen Handlungstendenzen verbunden zu sein.* Tatsächlich konnte bereits Arnold (1960) für Trübsinn/Depression und Hoffnungslosigkeit keinen Handlungswunsch angeben. Ihre Ausführungen legen vielmehr nahe, dass für diese Gefühle die *Abwesen-*

heit von Handlungswünschen charakteristisch ist. Auch Lazarus (1966, 1991a) nimmt an, dass für Depression und Hoffnungslosigkeit das Fehlen von Handlungswünschen typisch ist. Und für einige weitere Gefühle, wie Traurigkeit, Zufriedenheit, Stolz und Erleichterung sei ein Handlungswunsch zumindest schwer angebbar (Lazarus, 1991a).

3. *Dasselbe Gefühl kann in unterschiedlichen Situationen zusammen mit unterschiedlichen Handlungswünschen auftreten.* So muss zum Beispiel bei Furcht nicht immer ein Wunsch zur Flucht auftreten; es kann auch der Impuls auftreten, sich "totzustellen" oder sich durch Angriff zu verteidigen (z. B. Shand, 1914). Und falls man völlig überzeugt ist, nichts tun zu können, um eine Bedrohung zu beseitigen, könnte ein Handlungsimpuls auch bei Furcht fehlen.

Falls auch die Einwände 2 und 3 zutreffen, ist nicht nur Arnolds Annahme unhaltbar, dass Gefühle nichts anderes sind als erlebte Handlungswünsche. Vielmehr ist dann auch die schwächere Annahme von Lazarus unhaltbar, dass Handlungswünsche *notwendige Bestandteile* von Gefühlen sind.

Kognitiv-evaluative versus kognitiv-motivationale Theorien der Emotion

Bei der Besprechung der Emotionstheorie Arnolds haben wir darauf hingewiesen, dass diese Theorie der Meinongschen Theorie der Urteilsgefühle (Kapitel 1) im Grundsätzlichen recht ähnlich ist. Dasselbe gilt im Übrigen auch für die Theorie von Lazarus. Dennoch besteht zwischen den Emotionstheorien von Arnold und Lazarus einerseits und der Theorie von Meinong andererseits ein Unterschied, der bedeutsam genug erscheint, um von *zwei unterschiedlichen Typen* kognitiver Emotionstheorien zu sprechen (vgl. Green, 1992): Die Theorien von Arnold und Lazarus sind—ebenso wie die meisten neueren Einschätzungstheorien—*kognitiv-evaluative* Theorien der Emotion; die Theorie Meinongs ist dagegen eine *kognitiv-motivationale* Theorie der Emotion.

Grundlage dieser Unterscheidung sind die in den jeweiligen Theorien postulierten *unmittelbaren* Ursachen von Emotionen. Nach Arnold und Lazarus sind diese Ursachen ausschließlich *Kognitionen*, nämlich Tatsachenüberzeugungen und Wertüberzeugungen. Zum Beispiel setzt die Freude Alberts über seine Dampfmaschine folgendes voraus: Albert glaubt, dass er die Dampfmaschine besitzt (Tatsachenüberzeugung) und er glaubt, dass dies gut für ihn ist (Wertüberzeugung). Meinong (1894) dagegen postuliert, dass die unmittelbaren Ursachen von Emotionen nicht ausschließlich Kognitionen sind, sondern *Kognitionen* und *Wünsche* (also *motivationale Zustände*). Zum Beispiel erlebt Albert Freude über den Besitz der Dampfmaschine, wenn er sich wünscht, die Dampfmaschine zu besitzen und zum Glauben kommt, dass er sie tatsächlich besitzt.

Zwar nehmen auch Arnold und Lazarus an, dass Wünsche normalerweise an der Entstehung von Emotionen beteiligt sind. Die von ihnen postulierte Bewertung eines Ereignisses als gut oder schlecht ist ja nichts anderes als die Überzeugung der Person, dass das Ereignis mit ihren Wünschen übereinstimmt bzw. nicht übereinstimmt. Um die Bedeutung von motivationalen Zuständen für die Entstehung von Emotionen zu betonen, bezeichnet Lazarus (1991a) seine neuere Emotionstheorie sogar explizit als "kognitiv-motivational". Dennoch ist auch Lazarus' neuere Theorie keine kognitiv-motivationale Emotionstheorie *in unserem Sinn*, sondern eine kognitiv-evaluative Theorie. Denn wie der früheren Stresstheorie von Lazarus und in der Theorie Arnolds sind Wünsche nach wie vor nur *indirekte* Ursachen von Emotionen, indem sie nämlich zunächst die Bildung von Wertüberzeugungen veranlassen. Nach der kognitiv-evaluativen Theorie der Emotion verursacht also zum Beispiel der Wunsch Alberts nach einer Dampfmaschine sein Freudegefühl nicht direkt, sondern nur "kognitiv vermittelt", nämlich indem Albert die Überzeugung bildet, dass der Besitz der Dampfmaschine mit seinen Wünschen übereinstimmt (d.h., gut für ihn ist). In Abbildung 2.4 haben wir den Unterschied zwischen der kognitiv-evaluativen und der kognitiv-motivationalen Emotionstheorie am Beispiel der Entstehung von Freude über einen Sachverhalt nochmals graphisch verdeutlicht.

Wie erwähnt, sind die meisten neueren Einschätzungstheorien vom Typ der kognitiv-evaluativen Theorie der Emotion. Gegen diese Version der kognitiven Emotionstheorien wurden jedoch eine Reihe von Einwänden vorgebracht (z. B. Green, 1992). Der zentrale Einwand lautet: Im Gegensatz zu den Annahmen dieser Theorie sind Wertüberzeugungen für Emotionen weder (a) notwendig noch (b) zusammen mit Tatsachenüberzeugungen dafür hinreichend.

Wertüberzeugungen sind nicht notwendig für Emotionen. Ein Argument gegen die Annahme, dass Wertüberzeugungen für Emotionen notwendig sind, ist das folgende: Wie im Kapitel 1 erörtert wurde, sind Gefühle nach Ansicht Meinongs, ebenso wie neuerer Emotionspsychologen, die (oder zumindest eine) *Grundlage* von Werturteilen. Diese Hypothese wird durch empirische Befunde gestützt. Falls man sie als zutreffend akzeptiert, kann man aber nicht zugleich annehmen, dass Gefühle (stets) Werturteile voraussetzen—das heißt, dass Werturteile für Gefühle notwendig sind—denn man gelangt dann in einen Erklärungszirkel: Gefühle setzen Werturteile voraus und diese setzen ihrerseits wieder Gefühle voraus.

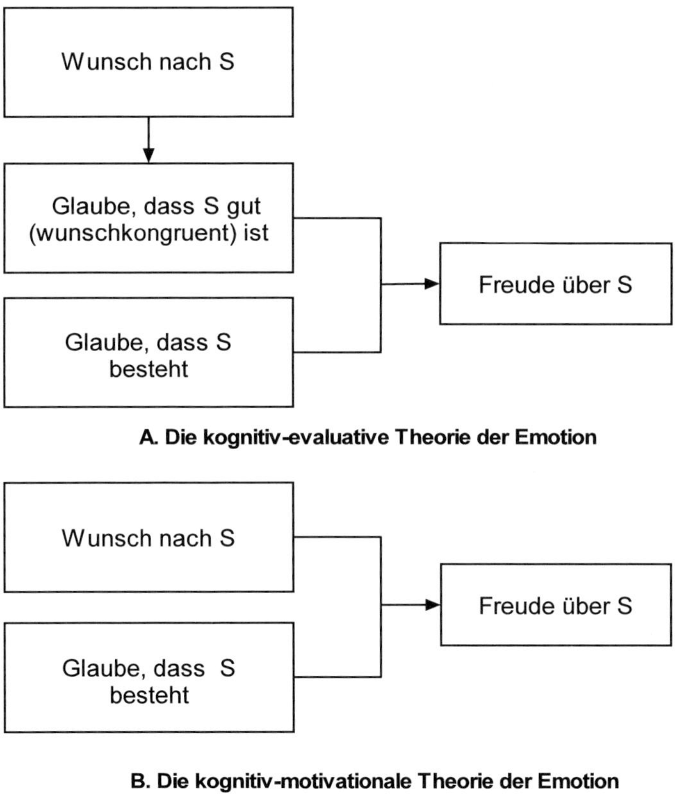

Abbildung 2.4
Die kognitiv-evaluative (A) versus die kognitiv-motivationale (B) Theorie der Emotion, am Beispiel der Entstehung von Freude

Wert- und Tatsachenüberzeugungen sind nicht hinreichend für Emotionen. Die Alltagserfahrung weist darauf hin, dass die von der kognitiv-evaluativen Theorie der Emotionen postulierten Tatsachen- und Werturteile für die Entstehung von Emotionen nicht ausreichen (s. auch Green, 1992; Stocker, 1987). Zum Beispiel ist einem die eigene Gesundheit zumeist viel wert; der Gedanke daran, dass man gesund ist (Tatsachenurteil), und dass dies gut sei (Werturteil), löst aber in aller Regel keine merklichen positiven Gefühle aus. Und kommt es nicht immer wieder einmal vor, dass man glaubt, es wäre gut, wenn dieses oder jenes Ereignis eintreten würde; zur eigenen Überraschung aber keine Freude empfindet, wenn es dann tatsächlich eintritt?

Die kognitiv-motivationale Theorie der Emotion ist beiden geschilderten Einwänden von vornherein nicht ausgesetzt. Denn nach dieser Theorie sind Wertüberzeugungen, erstens, keine *notwendige* Voraussetzung von Emotionen (Abbildung 2.4B). Damit zum Beispiel Albert Freude über den Erhalt der Dampfmaschine erlebt, genügt es, dass er sie zu besitzen glaubt und sich ihren Besitz gewünscht hat; er muss nicht zusätzlich auch noch glauben, dass der Besitz der Dampfmaschine gut für ihn ist oder dass sein Wunsch in Erfüllung gegangen ist.

Zweitens sind Wert- und Tatsachenüberzeugungen nach der kognitiv-motivationalen Theorie der Emotion nicht *hinreichend* für Emotionen. Es genügt zum Beispiel nicht, zu *glauben*, dass ein vorhandenes oder antizipiertes Ereignis gut (wunschkongruent) ist, um ein darauf bezogenes positives Gefühl zu erleben. Vielmehr muss man sich das Ereignis *tatsächlich* wünschen (vgl. Abbildung 2.4). Nicht alles, was man als gut beurteilt, wünscht man sich aber (zum selben Zeitpunkt). Denn zum einen werden Wünsche "ausgelöscht", sobald man zur Überzeugung kommt, dass sie erfüllt sind (Meinong, 1894; vgl. Kapitel 1). Deshalb löst zum Beispiel der Gedanke daran, dass man gesund ist und dass dies gut sei, meist kein merkliches Gefühl aus. Denn der Wunsch, gesund zu sein, ist zum Zeitpunkt dieses Gedankens meist längst erfüllt. Und zum anderen scheint die Annahme plausibel, dass man sich in Bezug auf seine Wünsche gelegentlich irren kann oder sich darüber im Unklaren ist. Diese Annahme kann erklären, weshalb das Eintreten eines positiv bewerteten Ereignisses manchmal keine Freude auslöst: Man *glaubte* nur, dass man sich das betreffende Ereignis wünschte; in Wahrheit war es einem aber nicht wichtig.

Zusammenfassend sprechen also verschiedene Überlegungen gegen die kognitiv-evaluative Version der kognitiven Emotionstheorien und für die kognitiv-motivationale Version. Nachdem wir auf diesen Punkt hingewiesen haben, werden wir ihn in den folgenden Kapiteln, in denen wir neuere Emotionstheorien des kognitiv-evaluativen Typs vorstellen, aber nicht weiter hervorkehren; und zwar aus zwei Gründen. Erstens dürften die kognitiv-evaluativen Emotionstheoretiker die hier vorgebrachten Einwände gegen ihre Theorie vermutlich nicht unwidersprochen hinnehmen (eine Diskussion darüber hat bislang innerhalb der Psychologie nicht stattgefunden). Zweitens könnten die kognitiv-evaluativen Emotionstheorien, falls der Wunsch danach besteht, ohne großen Aufwand in kognitiv-motivationale Theorien umformuliert werden könnten. Dazu müßte man nur in Abbildung 2.4A die zwischen Wunsch und Gefühl vermittelnde Wertüberzeugung "wegstreichen".

2.4 Zusammenfassung

In diesem Kapitel wurden die kognitiven Emotionstheorien von Arnold und Lazarus besprochen. Diese Theorien waren entscheidend mitverantwortlich dafür, dass die "kognitive Wende", die mit dem Niedergang des Behaviorismus zu Beginn der 1960er-Jahre stattfand, rasch auch die Emotionspsychologie erfasste. Die Emotionstheorien von Arnold und Lazarus haben nicht nur die Grundkonzeption der meisten späteren Einschätzungstheorien geprägt, sondern auch viele ihrer Detailannahmen beeinflusst.

Nach Arnold und Lazarus setzen Emotionen zwei Arten von Kognitionen bzw. Glaubensannahmen voraus, nämlich Tatsachenüberzeugungen und Wertüberzeugungen. Angenehme Gefühle treten auf, wenn man glaubt, dass ein positiver Sachverhalt vorliegt oder möglicherweise eintreten könnte; unangenehme Gefühle treten dagegen dann auf, wenn man einen negativen Sachverhalt für bestehend oder möglich hält. Weitere Differenzierungen zwischen positiven und negativen Gefühlen beruhen auf Unterschieden in den Tatsachenüberzeugungen.

Nach Arnold variieren die emotionsrelevanten Kognitionen genauer betrachtet auf *drei* fundamentalen Einschätzungsdimensionen: *Bewertung* (der Sachverhalt ist gut versus schlecht), *Anwesenheit-Abwesenheit* (der Sachverhalt ist gegenwärtig und sicher versus zukünftig und unsicher) und *Bewältigbarkeit* (der Sachverhalt ist leicht, schwer oder gar nicht bewältigbar). Durch die Kombination der möglichen Ausprägungen dieser Einschätzungsdimensionen ergeben sich unterschiedliche Einschätzungsmuster, die mit jeweils unterschiedlichen Emotionen verbunden sind. Die Emotionen selbst sind nach Arnold erlebte Handlungsimpulse, die durch die Einschätzungen verursacht werden. Positive Gefühle sind erlebte Annäherungstendenzen, negative Gefühle sind dagegen erlebte Meidungstendenzen. Je nach Art der Einschätzung nehmen diese Handlungsimpulse unterschiedliche spezifischere Formen an, wie zum Beispiel die Form eines Angriffsimpulses bei Ärger oder eines Fluchtimpulses bei Furcht. Sowohl die Einschätzungsprozesse als auch die von den Einschätzungen aktivierten emotionalen Handlungswünsche beruhen nach Arnold auf psychischen Mechanismen, die in der Evolution entstanden sind, um eine Reihe grundlegender Anpassungsprobleme zu lösen. Zur Unterstützung der emotionalen Handlungsimpulse wird physiologische Aktivierung ausgelöst sowie bei einigen Emotionen auch eine Tendenz zum Zeigen eines Gesichtsausdrucks.

Der Prozess der Emotionsentstehung ist nach Arnold typischerweise wie folgt beschaffen: Zunächst bildet die Person die Tatsachenüberzeugung, dass ein bestimmter Sachverhalt besteht oder eintreten könnte. Diese Überzeugung veranlasst dann eine Bewertung des Sachverhalts, indem dieser mit den Inhalten der momentan vorhandenen Wünsche der Person verglichen wird. Falls diese Bewertung allerdings schon früher gebildet worden ist, kann sie auch einfach aus dem Gedächtnis abgerufen werden. Zusammen mit der Tatsachenüberzeugung verursacht die Bewertung dann einen Handlungsimpuls (z. B. zur Annäherung), der als Gefühl (z. B. Freude) erlebt wird und gegebenenfalls in einer entsprechenden Handlung resultiert. Der Prozess der Situationseinschätzung, insbesondere der Prozess der Bewertung, läuft nach Arnold typischerweise automatisch ab. Das heißt, dieser Prozess ist unbewusst, tritt ohne und sogar gegen die Absicht der Person auf und findet sehr schnell statt. Dies erklärt, weshalb Emotionen häufig schnell und reflexartig im Anschluss an die Wahrnehmung eines Sachverhalts auftreten. In besonderen Fällen kann die Einschätzung jedoch auch in nichtautomatischer Form stattfinden, das heißt die Gestalt von bewussten Überlegungen oder Schlussfolgerungen haben.

Den Anstoß zur Entwicklung der Emotionstheorie von Lazarus gaben unter anderem Befunde seiner eigenen Forschungen, die große interindividuelle Unterschiede in den Reaktionen auf objektiv gleiche Stressereignisse dokumentierten. Zur Erklärung dieser Unterschiede ist es nach Lazarus unabdingbar, die psychischen Prozesse zu spezifizieren, die zwischen Reiz und Reaktion stattfinden. Die Ausarbeitung dieses Gedankens durch Lazarus resultierte in seiner kognitiven Theorie der Stressemotionen. Diese Theorie ist im Wesentlichen eine Ausarbeitung der Theorie Arnolds für eine Teilgruppe der Emotionen, insbesondere solcher, die in psychischen Belastungssituationen auftreten. Im Unterschied zu Arnold unterscheidet Lazarus zwar nur zwei und zudem anders benannte Einschätzungsprozesse, die *primäre Einschätzung* und die *sekundäre Einschätzung*. Die sekundäre Einschätzung entspricht jedoch im Wesentlichen der Bewältigbarkeitseinschätzung Arnolds und die primäre Einschätzung ist eine Zusammenfassung der von Arnold postulierten Einschätzungsdimensionen Bewertung und Anwesenheit-Abwesenheit in eine einzige. Auch die Auswirkungen von Einschätzungen und der Prozess der Emotionsentstehung werden von Lazarus ganz ähnlich konzipiert wie von Arnold.

Im Gegensatz zu Arnold ist Lazarus jedoch der Ansicht, dass Emotionen nicht mit Gefühlen gleichgesetzt werden können. Vielmehr sind Emotionen Reaktionssyndrome, die Gefühle, Handlungstendenzen, physiologische Erregung und sogar die kognitive Einschätzung selbst als Bestandteile enthalten. Auch in Bezug auf die Natur der Gefühle (der subjektiven Komponente emotionaler Syndrome) weichen Lazarus' Ansichten von denen Arnolds ab: Nach Lazarus sind Gefühle nicht bloß erlebte Handlungsimpulse, sondern bestehen im Gewahrsein aller übrigen Komponenten des emotionalen Syndroms (Handlungsimpuls, physiologische Erregung, kognitive Einschätzung). Wiederum in Übereinstimmung mit Arnold nimmt Lazarus an, dass die Emotionen im Kern in der Evolution entstanden sind, weil sie effektive Lösungen wiederkehrender Anpassungsprobleme darstellten. Die von den Einschätzungen angeregten Bewältigungsstrategien umfassen nach Lazarus allerdings nicht nur solche, die direkt auf die Änderung der auslösenden Umweltsituation abzielen. Vielmehr umfassen sie auch Handlungen und kognitive Prozesse (wie Aufmerksamkeitsablenkung und Neueinschätzung), deren primäres Ziel die Reduktion der erlebten Stressgefühle ist.

Im Unterschied zu Arnold hat Lazarus seine Theorie der Stressemotionen in zahlreichen Untersuchungen empirisch überprüft. Im Mittelpunkt dieser Untersuchungen stand zunächst die postulierte Beziehung zwischen Stressemotionen und der primären Einschätzung. Konkret wurde die Hypothese überprüft, dass die Intensität von Stressemotionen (insbesondere Furcht) vom Grad der eingeschätzten Bedrohlichkeit einer Situation abhängt. Zur Überprüfung dieser Annahme führten Lazarus und seine Mitarbeiter eine Serie von Laborexperimenten durch, in denen Personen unter anderem bedrohlichen Filmen ausgesetzt und ihre Bedrohlichkeitseinschätzungen durch unterschiedliche erläuternde Kommentare entweder intensiviert oder reduziert wurden. Die Ergebnisse dieser Untersuchungen bestätigten den postulierten Zusammenhang zwischen dem Grad der Bedrohlichkeitseinschätzung und der Intensität von Stressemotionen. In späteren Untersuchungen beschäftigten sich Lazarus und seine Mitarbeiter zunehmend mit der Bedeutung der sekundären Einschätzung (der Einschätzung der Bewältigbarkeit) für Emotionen und damit verbunden mit der Rolle von Bewältigungsstrategien zum Umgang mit Stress. Mit dieser Verschiebung des Forschungsschwerpunkts kam es auch zu einem Wechsel von der Laborforschung zur nichtexperimentellen Feldforschung. Ein Hauptziel dieser Felduntersuchungen war die Ermittlung der Strategien, die zur Stressbewältigung im Alltag verwendet werden. Zu deren Erfassung entwickelten Lazarus und Mitarbeiter den so genannten *Ways of Coping*-Fragebogen. Dieser und ähnliche Bewältigungsfragebögen wurden in der Folge in hunderten von Untersuchungen eingesetzt. Obwohl diese Forschung eine Reihe interessanter Befunde zutage gefördert hat, konnte sie die in sie gesetzten hohen Erwartungen nicht erfüllen.

Abschließend haben wir zwei potentiell problematische Annahmen der Emotionstheorien von Arnold und Lazarus diskutiert. Die erste davon ist das Postulat, dass Gefühle erlebte Handlungswünsche sind (Arnold) oder solche Handlungswünsche zumindest als notwendige Komponente enthalten (Lazarus). Wir haben darauf hingewiesen, dass es für diese Gefühlstheorien keine überzeugenden empirischen Belege gibt und dass eine Reihe von Überlegungen gegen sie sprechen: (a) Gefühle und die "zugehörigen" Handlungswünsche haben verschiedene Objekte; (b) einige Gefühle scheinen mit keinen Handlungswünschen verbunden zu sein; und (c) dasselbe Gefühl kann in verschiedenen Situationen mit unterschiedlichen Handlungswünschen einhergehen.

Das zweite diskutierte Postulat der Emotionstheorien von Arnold und Lazarus betrifft die Rolle von Wertüberzeugungen bei der Entstehung von Emotionen. Arnold und Lazarus vertreten eine *kognitiv-*

evaluative Theorie der Emotionen: Sie gehen davon aus, dass die unmittelbaren psychischen Ursachen von Emotionen Tatsachen- und Wertüberzeugungen sind. Im Unterschied dazu vertritt Meinong (Kapitel 1) eine *kognitiv-motivationale* Theorie der Emotionen: Seiner Ansicht nach sind die unmittelbaren Ursachen von Emotionen Tatsachenüberzeugungen und Wünsche. Für diese letztere Variante der kognitiven Emotionstheorien sprechen zwei Überlegungen: (1) Anders als die kognitiv-evaluative Theorie der Emotionen ist die kognitiv-motivationale Theorie leicht mit der Annahme in Einklang zu bringen, dass Gefühle eine Grundlage von Wertüberzeugungen darstellen. (2) Im Gegensatz zur kognitiv-evaluativen Theorie der Emotionen kann die kognitiv-motivationale Theorie das durch Alltagsbeobachtungen dokumentierte Phänomen erklären, dass Wert- und Tatsachenurteile nicht hinreichen, um Emotionen auszulösen. Die kognitiv-evaluativen Emotionstheorien könnten jedoch ohne viel Aufwand in kognitiv-motivationale Theorien umformuliert werden.

2.5 Weiterführende Literatur

Zur näheren Information über die Emotionstheorie Arnolds ist ihr Buch (Arnold, 1960, Band I) nach wie vor die zentrale Quelle. Empfehlenswert ist darüber hinaus eine Arbeit von Roseman, Spindel und Jose (1990), in der Arnolds Annahmen zu spezifischen Emotionen mit denen anderer Einschätzungstheoretiker verglichen werden. Für die Darstellung der Stresstheorie von Lazarus empfehlen wir vor allem Lazarus (1968), Lazarus und Launier (1978) sowie Lazarus (1999).

Zusammenfassungen der frühen empirischen Untersuchungen von Lazarus und Mitarbeitern finden sich in Lazarus (1966, 1968) sowie in Lazarus und Launier (1978). Über die (von uns nicht berichteten) Ergebnisse der Laborexperimente der Lazarus-Gruppe zur Bedeutung der wahrgenommenen *Bewältigbarkeit* für Stressreaktionen informieren außerdem die Übersichtsarbeiten von Averill (1973) und Thompson (1981). Krohne (1996) und Lazarus (1999) erörtern zudem auch die neuere Forschung zu Stress und Stressbewältigung (s. auch Schwarzer, 2000). Weber (2001) gibt eine Übersicht über Stressbewältigungsprogramme. Zur weiteren Vertiefung verweisen wir auf das *Handbook of*

Coping (Zeidner & Endler, 1996) sowie auf das Juni-Heft 2000 der Zeitschrift *American Psychologist*.

Über die physiologischen Reaktionsmuster, die in Bedrohungs- versus Herausforderungssituationen auftreten, berichten Tomaka, Blascovich, Kibler und Ernst (1997; s. auch Blascovich & Mendes, 2000). Neuere Überlegungen zu den kognitiven Grundlagen von Furcht und zur Funktion von Furchtgefühlen für die Handlungsregulation finden sich bei Loewenstein, Weber, Hsee und Welch (2001).

Die neuere Emotionstheorie von Lazarus (1991a) wird außer in seinem Buch in kürzerer Fassung in Lazarus (1991b, 1992) dargestellt; empfehlenswert sind als Ergänzung darüber hinaus die Arbeiten von Lazarus (1998; 2001). Eine in einigen Details abweichende Variante dieser Theorie wird von Smith und Lazarus (1990; 1993; s. auch Smith, Haynes, Lazarus & Pope, 1993) beschrieben; die Unterschiede werden in Smith und Lazarus (1993) zusammengefasst.

KAPITEL 3

DIE EMOTIONSTHEORIE VON WEINER

In diesem Kapitel stellen wir eine neuere kognitive Emotionstheorie vor, die von dem amerikanischen Psychologen Bernard Weiner entwickelt wurde (z. B. Weiner, 1986, 1995). Weiner war nach Arnold (1960; vgl. dazu Kapitel 2) einer der ersten zeitgenössischen Emotionspsychologen, der sich mit der Frage beschäftigte, welche Kognitionen spezifischen Emotionen zugrunde liegen. Zudem wurde seine Theorie ausführlicher überprüft als jede andere kognitive Emotionstheorie. Allerdings strebt Weiner nicht an, eine *umfassende* Emotionstheorie zu entwickeln. Vielmehr konzentriert er sich bewusst auf eine Teilgruppe der Emotionen. Dabei handelt es sich um Gefühle, die eine ganz bestimmte Art von Kognitionen voraussetzen: Nämlich Überzeugungen über die *Ursachen* von Ereignissen sowie (zum Teil) auch darauf beruhende Urteile über die *persönliche Verantwortlichkeit* für diese Ereignisse. Mit diesen Gefühlen—unter anderem Stolz, Schuld, Ärger, Dankbarkeit und Mitleid—haben sich weder Meinong noch Arnold und Lazarus im Detail beschäftigt (vgl. Kapitel 1 und 2).

Weiners Emotionstheorie entstand im Rahmen der so genannten Attributionsforschung, die sich in den 1960er-Jahren innerhalb der Sozialpsychologie entwickelte und in den folgenden zwei Jahrzehnten zu einem ihrer umfangreichsten Forschungsprogramme wurde. Attributionstheoretische Fragestellungen stimulieren bis heute zahlreiche Untersuchungen nicht nur in der Sozialpsychologie, sondern auch in vielen anderen Teilgebieten der Psychologie (allein Weiners Arbeiten werden im Jahr weltweit mehr als 400mal zitiert). Zum besseren Verständnis der Emotionstheorie Weiners geben wir zuerst einige Hintergrundinformationen zur Attributionsforschung. Anschließend stellen wir Weiners

Emotionstheorie dar und beschreiben exemplarisch die zu ihrer Überprüfung durchgeführten empirischen Untersuchungen. Abschließend unterziehen wir einige Aspekte der Theorie einer kritischen Diskussion.

3.1 Der theoretische Hintergrund der Emotionstheorie Weiners: Die Attributionsforschung

Im Zentrum der Attributionsforschung steht folgende Frage: Wie kommt es, dass Ereignisse in der Regel nicht als ein unverständlicher Strom von Begebenheiten an uns vorbeifließen, sondern uns—wenigstens zu einem gewissen Grad—erklärbar, vorhersagbar und beeinflussbar erscheinen? Die Antwort der Attributionstheoretiker auf diese Frage lautet: Wir verbinden Ereignisse durch die *Ursache-Wirkungs-Beziehung* miteinander und bringen sie so in eine kausale Ordnung. Wir bilden also nicht nur Überzeugungen über das *Auftreten* von Ereignissen, sondern auch über deren *Ursachen* und *Wirkungen*. Kausalität ist damit nicht erst in der Wissenschaft, sondern bereits im Alltagsdenken der "Zement, der das Universum zusammenhält" (Mackie, 1974).

Die Attributionsforschung beschäftigt sich dementsprechend mit dem Zustandekommen und den Auswirkungen einer bestimmten Art von Kognitionen, nämlich mit Überzeugungen über die Ursachen von Ereignissen oder Sachverhalten—wie zum Beispiel der Überzeugung, dass die Ursache eines Erfolgs die eigene Anstrengung war. Ursachenüberzeugungen werden in der neueren Psychologie als *Kausalattributionen* oder kurz als *Attributionen* bezeichnet (engl. *causal attributions*, wörtlich "Ursachenzuschreibungen"). Von Interesse sind in der Attributionsforschung vorrangig Kausalüberzeugungen über die Ursachen von *psychologischen* Phänomenen, dass heißt von psychischen Zuständen, Handlungen und Handlungsergebnissen. Mit anderen Worten: Die Attributionsforschung beschäftigt sich vorrangig mit (alltags-) *psychologischen* Kausalüberzeugungen bzw. Kausalerklärungen (wir verwenden diese zwei Begriffe im Folgenden synonym).

Theorien, die sich mit dem *Zustandekommen* von Kausalattributionen befassen, heißen nach einem terminologischen Vorschlag von Kelley und Michela (1980) *Attributionstheorien*; Theorien, die sich mit den *Auswirkungen* von einmal gebildeten Attributionen auf weitere Kognitionen sowie auf Emotionen, Motivation und Handeln beschäftigen, heißen *attributionale Theorien*. Attributionale Theorien finden sich nicht nur in der Sozialpsychologie, sondern auch in anderen Teilbereichen der Psychologie inklusive der Emotionspsychologie. Das beste Beispiel für eine attributionale Emotionstheorie ist die in diesem Kapitel vorgestellte Theorie Weiners. Kausalattributionen spielen aber auch in den meisten anderen neueren kognitiven Emotionstheorien eine Rolle (z. B. Lazarus, 1991a; Ortony, Clore & Collins, 1988; Roseman, 1984; Scherer, 1984).

Den Anstoß zur Attributionsforschung gab die 1958 (deutsch 1977) erschienene Monographie *The psychology of interpersonal relations* des österreichischen Psychologen Fritz Heider (1896-1988), der 1930 in die USA auswanderte. Heider war ein Schüler von Alexius Meinong (Kapitel 1), bei dem er Philosophie und Psychologie studierte und 1920 promovierte. Nach Heiders (1984) eigener Auskunft war Meinong "ohne Zweifel derjenige meiner Lehrer, der den größten Einfluss auf mich ausgeübt hat" (S. 25); und in der Tat finden sich in Heiders (1958) Buch zahlreiche Spuren des Einflusses von Meinong. Einer größeren Leserschaft wurde Heiders Buch allerdings erst bekannt, als die Sozialpsychologen Jones und Davis (1965) sowie Kelley (1967), und später auch Weiner (Weiner et al., 1971), Teile der von Heider vorgetragenen Ideen systematisierten, weiterentwickelten und empirisch überprüften. Insbesondere die auf Heider beruhenden Arbeiten von Kelley und Weiner haben dann eine Fülle von Forschungsarbeiten angeregt, die sich mit den Entstehungsbedingungen (Kelley) und Auswirkungen (Weiner) von Ursachenüberzeugungen befassen.

Heiders Programm: Die Erforschung der Alltagspsychologie

Ziel der wissenschaftlichen Psychologie ist es, das Erleben und Verhalten von Personen zu erklären und vorherzusagen sowie Möglichkeiten zu seiner Beeinflussung aufzuzeigen. Dieses Ziel versucht die Psychologie dadurch zu erreichen, dass sie *Theorien* aufstellt und überprüft. Heider (1958) wies nun auf eine Tatsache hin, die einem fast selbstverständlich erscheint, sobald man einmal darauf aufmerksam gemacht geworden ist (vgl. Laucken, 1974): Auch der "Mann und die Frau auf der Straße" sind als praktische Alltagspsychologen bzw. -psychologinnen tätig. Das heißt, sie versuchen nicht nur eigenes und fremdes Verhalten und Erleben zu *beschreiben* (z. B. "Peter ist traurig"), sondern auch, es zu *erklären*, *vorherzusagen* und zu *beeinflussen*. Zum Beispiel könnte Albert die Traurigkeit von Peter damit erklären, dass dieser bei einer wichtigen

Prüfung versagt hat. Albert könnte dann vorhersagen, dass Peter (so wie Albert ihn kennt) jetzt wahrscheinlich tagelang in schlechter Stimmung sein wird; und er könnte versuchen, Peters Stimmung zu verbessern, indem er ihm ein paar aufmunternde Worte sagt.

Von den genannten alltagspsychologischen Aktivitäten ist die *Erklärungstätigkeit* in gewisser Hinsicht grundlegend. Denn die Kenntnis der Ursachen von Sachverhalten ist in vielen Fällen die Voraussetzung für erfolgreiche Vorhersagen und Beeinflussungsversuche. Heider verdeutlicht diesen Punkt anhand des folgenden (nicht-psychologischen) Beispiels:

> "Wenn ich zum Beispiel Sand auf meinem Tisch finde, so möchte ich die diesem Sachverhalt zugrunde liegende Ursache herausfinden. Ich stelle diese Nachforschung nicht aufgrund bloßer Neugier an, sondern deswegen, weil ich nur dann, wenn ich dieses relativ unbedeutende Ausläufer-Ereignis auf ein ihm zugrunde liegendes Kerngeschehen zurückführe...die Umwelt vorhersagen und kontrollieren kann. Sollte ich [zum Beispiel] herausfinden, dass der Sand aus einem Riss in der Decke kommt und dass dieser Riss wegen der Schwäche einer der Wände auftrat, dann habe ich diejenige Schicht der zugrunde liegenden Bedingungen erreicht, die für mich von lebenswichtiger Bedeutung ist" (Heider, 1958, S. 80).

Kausalerklärungen werden also nicht nur deshalb vorgenommen, weil sie ein tieferes *Verstehen* von Ereignissen ermöglichen, sondern auch—und vielleicht sogar hauptsächlich—deshalb, weil sie die Voraussetzung für deren *Vorhersage* und *Kontrolle* sind. Damit ermöglichen diese Erklärungen letztlich eine bessere Anpassung an die Umwelt. Der spezielle adaptive Wert alltags*psychologischer* Erklärungen besteht dabei zu einem großen Teil darin, uns eine bessere Anpassung an die *soziale* Umwelt (andere Personen) zu ermöglichen (Heider, 1958).

Wir alle verfügen also bereits als Alltagspsychologen bzw. Alltagspsychologinnen über die Fähigkeit, fremdes und eigenes Erleben und Verhalten zu einem gewissen Grad zu erklären, vorherzusagen und zu beeinflussen. Worauf beruht diese Fähigkeit? In der wissenschaftlichen Psychologie beruht sie, wie gesagt, auf der Verfügbarkeit von Theorien. Dies legt die Vermutung nahe, dass auch der Alltagspsychologe bzw. die Alltagspsychologin über eine Art Theorie verfügen, welche ihren Erklärungs-, Vorhersage- und Beeinflussungsversuchen zugrunde liegt. Diese alltagspsychologische Theorie wird meist—genauso wie die Erklärungs- und Vorhersagepraktiken, die sie ermöglicht—als *Alltagspsychologie* (engl. *folk psychology*) bezeichnet. Heider (1958) spricht auch von "intuitiver" oder "naiver" Psychologie (wobei "naiv" aber nicht abwertend gemeint ist). Auch die Bezeichnung *alltagspsychologische Theorie des Mentalen* (*folk theory of mind*) findet man in der neueren Literatur häufig (z. B. Stich & Ravenscroft, 1994). Die Alltagspsychologie ist übrigens—genauso wie die wissenschaftliche Psychologie—höchstwahrscheinlich nicht eine einheitliche, geschlossene Theorie, sondern umfasst eine Anzahl von mehr oder weniger eng miteinander verzahnten Teiltheorien über verschiedene Bereiche des Psychischen (z. B. Emotion, Motivation, die Entstehung von Überzeugungen, oder die Persönlichkeit; vgl. Laucken, 1974).

Ausgehend von diesen Überlegungen schlug Heider vor, die Alltagspsychologie selbst zum Gegenstand der wissenschaftlichen Untersuchung zu machen; also die "intuitive Psychologie" wissenschaftlich zu erforschen. Heider gab für dieses Projekt zwei Gründe an.

Erstens, so Heider (1958), ist die Kenntnis der Alltagspsychologie wichtig, weil diese "unser Verhalten gegenüber anderen Menschen leitet" (S. 6). Das heißt: Alltagspsychologische Theorien und die darauf beruhenden Erklärungen beeinflussen unser Erleben und Verhalten, insbesondere in sozialen Situationen. Zum Beispiel wird sich Peters Lehrer anders fühlen und verhalten, wenn er die Ursache für einen Misserfolg Peters in fehlender Anstrengung sieht, als wenn er den Misserfolg auf unzureichende Begabung zurückführt. Im ersten Fall wird der Lehrer eher verärgert sein, und er wird Peter vielleicht tadeln. Im zweiten Fall wird der Lehrer eher Mitleid empfinden, und er wird Peter vielleicht trösten. Wenn aber Verhalten und Erleben von alltagspsychologischen Theorien bzw. den darauf beruhenden Erklärungen beeinflusst werden, dann ist es für die wissenschaftliche Psychologie unumgänglich, sich mit der Alltagspsychologie zu beschäftigen—und zwar "gleichgültig, ob sich deren Annahmen und Prinzipien bei wissenschaftlicher Nachprüfung als gültig erweisen" (Heider, 1958, S. 5).

Zweitens, so Heider (1958; s. auch Kelley, 1992), ist es wichtig, die Alltagspsychologie

> "wegen der Wahrheiten zu studieren, die sie ungeachtet der Tatsache enthält, dass viele Psychologen diesem ungeschulten Verständnis des menschlichen Verhaltens misstrauen oder sogar darauf herabsehen...Die wissenschaftliche Psychologie kann viel von der Alltagspsychologie lernen. Fruchtbare Konzepte und ...Hypothesen liegen...unentdeckt und unformuliert in dem ver-

> borgen, was wir intuitiv wissen...Tatsächlich benutzen alle Psychologen alltagspsychologische Annahmen in ihrem wissenschaftlichen Denken; aber sie tun dies meist, ohne sie zu analysieren und explizit zu machen...Obwohl die letztendliche Evidenz, auf die wir unsere Theorien gründen, durch wissenschaftliche Methoden gewonnen werden sollte, können wir die Alltagspsychologie zu unserem Vorteil bei der Bildung von Hypothesen und Konzepten heranziehen. Der Schleier des Offensichtlichen, der unserem wissenschaftlichen Auge so viele Einsichten der intuitiven Psychologie verhüllt hat...muss gelüftet werden" (Heider, 1958, S. 5-7).

Heiders Projekt—die Erforschung der Alltagspsychologie—umfasst somit als zentrales Teilprojekt die *Explikation* (das "Explizit-Machen") der Annahmen der Alltagspsychologie. Diese Explikation ist notwendig, weil uns im Unterschied zu wissenschaftlichen Theorien, deren Annahmen *explizit* vorliegen, alltagspsychologische Annahmen zunächst nur *implizit* bekannt sind. Damit ist folgendes gemeint: Wissenschaftliche Theorien sind in Lehrbüchern und Fachartikeln beschrieben, und die damit befassten Forscher und Forscherinnen können sie bei Bedarf einfach aus ihrem Gedächtnis abrufen. Die Annahmen der Alltagspsychologie sind dagegen (zumindest überwiegend) nicht in dieser expliziten Form vorhanden; weder auf Papier, noch im Kopf der Personen, die über sie verfügen. Sie sind unserem Bewusstsein also nicht direkt zugänglich. Das erkennt man daran, dass der Alltagspsychologe diese Annahmen *nicht* einfach auf Befragen angeben kann. Die Kenntnis der Alltagspsychologie ist vielmehr überwiegend implizit: Sie zeigt sich vorwiegend indirekt, nämlich bei der Erklärung und der Vorhersage von Handlungen, Emotionen usw. (Laucken, 1974).

Heiders Klassifikation von Ursachen

Wir können hier auf Heiders Rekonstruktion alltagspsychologischer Annahmen nicht im Detail eingehen. *Einen* Aspekt seiner Analysen, der für die Emotionstheorie Weiners von besonderer Bedeutung ist, wollen wir jedoch darstellen: Heiders Klassifikation von Ursachenüberzeugungen.

Das Motiv für eine solche Klassifikation ergibt sich aus der Tatsache, dass in alltagspsychologischen Erklärungen eine große Anzahl unterschiedlicher Ursachen vorkommen. Heider (1958) postulierte, dass zur Erklärung von *Handlungsergebnissen* (dem Erfolg oder Misserfolg bei der Verfolgung eines Ziels) im Alltag insbesondere vier Ursachen herangezogen werden: *Begabung* bzw. *Fähigkeit*, *Anstrengung*, die *Schwierigkeit von Aufgaben* und *Zufall* (vgl. auch Weiner et al., 1971). Tatsächlich kann jedoch zum Beispiel der Misserfolg eines Schülers bei einer Klassenarbeit noch auf viele weitere Ursachen zurückgeführt werden, wie zum Beispiel auf Vorbereitung der falschen Aufgaben, Krankheit, Prüfungsangst, Störung oder Behinderung durch Mitschüler oder eine unfaire Beurteilung durch den Lehrer (dabei müssen sich diese Ursachen übrigens nicht gegenseitig ausschließen). Stellen Sie sich vor, man würde alle diese Ursachenüberzeugungen in einer Theorie, die sich mit der Entstehung oder den Auswirkungen von Attributionen beschäftigt, separat berücksichtigen. Eine solche Theorie wäre zumindest extrem unübersichtlich; und möglicherweise ließe sich sogar überhaupt keine handhabbare, allgemeine Theorie formulieren. Anders sieht es aus, wenn sich Kausalattributionen zu einer beschränkten Anzahl von Gruppen zusammenfassen lassen, deren Mitglieder *funktional gleichwertig* sind. Damit ist insbesondere gemeint, dass sie *gleichartige Wirkungen* haben (zum Beispiel die gleiche Emotion hervorrufen). Dann müsste man nämlich den genauen Inhalt einer Kausalüberzeugung nur zu dem Grad berücksichtigen, als er die Zugehörigkeit der Kausalattribution zu einer dieser Gruppen festlegt.

Tatsächlich lassen sich Kausalattributionen nach bestimmten Merkmalen von Ursachen in einige wenige, funktional gleichwertige Gruppen klassifizieren. Drei solche Merkmale wurden bereits von Heider (1958) vorgeschlagen: Personabhängigkeit, Stabilität über die Zeit und Kontrollierbarkeit. Weiner (Weiner, 1986; Weiner et al., 1971) hat diese so genannten *Kausaldimensionen* wieder aufgegriffen; sie spielen, wie wir noch sehen werden, in seiner Emotionstheorie eine zentrale Rolle.

Die Kausaldimension *Personabhängigkeit* oder *(Ursachen)lokation* bezieht sich darauf, ob eine Ursache ein Merkmal der Person ist, deren Verhalten oder Erleben erklärt werden soll, oder ein Merkmal eines Umweltaspekts (inklusive einer anderen Person). Im ersten Fall spricht man von einer *internalen* (innerhalb der Person liegenden) Ursache, im zweiten Fall von einer *externalen* (außerhalb der Person liegenden). Begabung und Anstrengung sind zum Beispiel internale Ursachen, die Schwierigkeit einer Aufgabe und Zufall sind dagegen externale Ursachen.

Die Kausaldimension *Stabilität über die Zeit* betrifft den Grad, zu dem eine Ursache über die Zeit *stabil* (gleichbleibend) versus *variabel* (veränderlich oder fluktuierend) ist. Stabile internale Ursachen sind typischerweise Persönlichkeitseigenschaften wie zum Beispiel Fähigkeit; eine stabile externale Ursache ist zum Beispiel die Schwierigkeit (bzw. Leichtigkeit) einer bestimmten Aufgabe. Die internale Ursache Anstrengung und die externale Ursache Zufall werden dagegen im Alltag meist als variabel betrachtet.

Die Kausaldimension *Kontrollierbarkeit* schließlich betrifft den Grad, zu dem eine Ursache der willentlichen Kontrolle der Person unterliegt, dass heißt, zu dem die Person die Ursache durch physische oder mentale Aktivitäten beeinflussen kann. Von den vier erwähnten Ursachen—Anstrengung, Begabung, Aufgabenschwierigkeit und Zufall—wird in der Regel nur Anstrengung als *kontrollierbar* angesehen (man kann sich entscheiden, sich mehr oder weniger stark anzustrengen). Begabung, Aufgabenschwierigkeit und Zufall werden dagegen meist als *unkontrollierbar* betrachtet.

Die drei beschriebenen Kausaldimensionen wurden ursprünglich aufgrund einer intuitiven Analyse der Gemeinsamkeiten und Unterschiede zwischen verschiedenen Ursachenüberzeugungen durch die Attributionstheoretiker gewonnen. Empirische Untersuchungen haben jedoch nachgewiesen, dass diese Kausaldimensionen auch Bestandteile der Alltagspsychologie sind (vgl. Weiner, 1986, Kapitel 3). Das heißt, Personen haben offenbar implizite Meinungen über die Ausprägungen verschiedener Ursachen auf den Kausaldimensionen. Zum Beispiel glauben die meisten Personen, dass Begabung internal, stabil und unkontrollierbar ist. Zufall dagegen wird zumeist als external, variabel und unkontrollierbar angesehen.

Zu beachten ist jedoch, dass es in Bezug auf diese Meinungen gewisse interindividuelle Unterschiede gibt. So sieht Peter mathematische Fähigkeit als zeitlich stabile Ursache an, da er glaubt, dass diese Fähigkeit überwiegend vererbt ist. Albert dagegen betrachtet mathematische Fähigkeit als vergleichsweise stärker variabel, da er glaubt, dass sie hauptsächlich auf Lernerfahrungen beruht und deshalb veränderbar ist. Ausschlaggebend für die Auswirkungen von Kausalattributionen—zum Beispiel auf Gefühle—ist natürlich stets die Meinung der erlebenden Person über die Lokation, Stabilität und Kontrollierbarkeit der Ursache, und nicht die betreffende Meinung einer außen stehenden Person (inklusive dem Wissenschaftler oder der Wissenschaftlerin).

3.2 Weiners Theorie der Emotionen

Wie Heider, so sieht sich auch Weiner in erster Linie "als jemanden, der Alltagsüberzeugungen ordnet, klassifiziert und systematisiert" (Weiner, 1995, S. XI). Und ebenso wie Heider ist auch Weiner der Ansicht, dass zentrale alltagspsychologische Annahmen weitgehend zutreffen. Zum Beispiel *glauben* Personen im Alltag (zumindest implizit), dass man Freude erlebt, wenn ein Wunsch in Erfüllung geht oder ein Ziel erreicht wird; und diese alltagspsychologische Annahme ist auch zutreffend. Derartige Annahmen der Alltagspsychologie können deshalb in wissenschaftlich-psychologische Theorien übernommen werden. Weiners Emotionstheorie ist somit nach seinem eigenen Verständnis im Wesentlichen ein Stück rekonstruierte Alltagspsychologie: die "Bewusstmachung von Wahrheiten [der Alltagspsychologie], die [man zuvor] nicht bewusst kannte" (Weiner, 1995, S. 13).

Weiners Emotionstheorie entwickelte sich sukzessive über einen Zeitraum von 20 Jahren (z. B. Weiner, Russell & Lerman, 1978; Weiner, 1986; 1995). Im Verlauf dieser Entwicklung wurden nicht nur verschiedene Ausarbeitungen der Theorie vorgenommen, sondern auch eine Reihe von Revisionen. Wir beschreiben die Theorie in ihrer bislang letzten Fassung von 1995, werden jedoch an gegebener Stelle darauf hinweisen, welche Aspekte davon Revisionen früherer Annahmen darstellen. Eine frühere Fassung der Theorie wird in der 1. Auflage von Band I beschrieben (Meyer, Schützwohl & Reisenzein, 1993).

Im Folgenden beschreiben wir zunächst Weiners *allgemeine* Annahmen zur Entstehung, Natur und zu den Auswirkungen der von ihm analysierten Emotionen (Abschnitt 3.2.1). Danach gehen wir näher auf die einzelnen von Weiner behandelten Emotionen ein (Abschnitt 3.2.2).

3.2.1 Grundannahmen der Emotionstheorie Weiners

Wie bereits in der Einleitung zu diesem Kapitel erwähnt wurde, konzentriert sich Weiner auf Emotionen, die seiner Ansicht nach Kausalattributionen und zum Teil auch darauf beruhende Zuschreibungen von Verantwortlichkeit voraussetzen. Diese Emotionen (wie Stolz, Schuld, Ärger und Mitleid) gehören nach Weiner zu den am häufigsten auftretenden Emotionen des Menschen und sind von besonderer Bedeutung für das soziale Handeln.

Die kognitiven Voraussetzungen der Emotionen

Die Grundannahme der Emotionstheorie Weiners entspricht derjenigen aller kognitiven Emotionstheorien: Emotionen beruhen auf Kognitionen bzw. in den Worten Weiners (1986): "Wie wir denken, beeinflusst wie wir fühlen" (S. 119). Im Unterschied zu anderen kognitiven Emotionstheoretikern wie Meinong (Kapitel 1), Arnold und Lazarus (Kapitel 2) oder Ortony, Clore und Collins (1988; Kapitel 4) nimmt Weiner jedoch nicht an, dass *alle* Emotionen kognitive Einschätzungen voraussetzen:

> "Die kognitive Perspektive, die hier eingenommen wird, bestreitet nicht, dass einige Emotionen ohne zwischengeschaltete kognitive Prozesse ausgelöst werden können. Konditionierter Furcht zum Beispiel oder hormonell bedingter Depression mögen keine höheren gedanklichen Prozesse vorausgehen...Es wird vielmehr nur behauptet, dass Kognitionen *ganz typischerweise* emotionalen Reaktionen vorangehen und diese determinieren." (Weiner, 1986, S. 119; Hervorhebung hinzugefügt).

Wie die Theorien von Arnold und Lazarus und die meisten neueren kognitiven Einschätzungstheorien, ist Weiners Theorie eine *kognitiv-evaluative* Theorie der Emotionen (vgl. dazu Kapitel 2). Das heißt, die in der Theorie postulierten *unmittelbaren* Ursachen von Gefühlen sind Tatsachenüberzeugungen und Wertüberzeugungen (Bewertungen). Die emotionsrelevanten *Tatsachenüberzeugungen* umfassen nach Weiner insbesondere (a) den Glauben der Person, dass ein bestimmtes Ereignis eingetreten ist oder ein bestimmter Sachverhalt vorliegt, sowie (b) die Überzeugung der Person über die Ursache des Ereignisses (ihre Kausalattribution). Die *Bewertungen* sind ebenfalls von zweierlei Art: (a) Bewertungen von Ereignissen als positiv oder negativ relativ zu persönlichen (nichtnormativen) Wünschen oder Zielen; (b) Bewertungen der Handlungen von Personen, die für diese Ereignisse verantwortlich sind, als gut oder schlecht relativ zu internalisierten sozialen oder moralischen Normen.

Die Natur von Emotionen

Emotionen werden nach Weiner also üblicherweise von kognitiven Einschätzungen *verursacht*. Aber was genau sind die Emotionen selbst? Weiner gibt folgende Definition:

> "Ich definiere eine Emotion als ein komplexes Syndrom oder einen Verbund vieler sich wechselseitig beeinflussender Faktoren.

> Es wird angenommen, dass Emotionen (1) eine positive oder negative Qualität von (2) einer bestimmten Intensität haben, dass ihnen (3) häufig eine Einschätzung einer Situation vorangeht, und dass sie (4) zu einer Vielzahl von Handlungen Anlass geben" (Weiner, 1986, S. 119)

Trotz des im ersten Satz dieser Definition zum Ausdruck gebrachten, offiziellen Bekenntnisses zu einer *Syndromdefinition* von Emotionen (vgl. dazu Kapitel 2 sowie Band I, Kapitel 1) meint Weiner mit Emotionen unzweifelhaft Erlebenszustände, also die *Gefühle* von Stolz, Schuld, Ärger usw. Deshalb haben wir in diesem Kapitel häufig schon den Begriff "Gefühl" anstelle von "Emotion" verwendet. Denn aus der angegebenen Emotionsdefinition geht weiter hervor, (1) dass Emotionen Zustände sind, die eine positive oder negative hedonische Qualität (Lust- oder Unlustqualität) haben, die ihrerseits eine bestimmte Intensität besitzt; und (2) dass Kognitionen (Einschätzungen) die *Ursachen* und Handlungen die *Wirkungen* von Emotionen sind. Weder Einschätzungen noch Handlungen sind also *Bestandteile* von Emotionen. Darüber hinaus gebraucht Weiner in seinen Arbeiten die Begriffe *Gefühl* und *Emotion* (ebenso wie *affect*) weitgehend synonym, und er hat Emotionen in seinen empirischen Untersuchungen ausnahmslos durch Selbstberichte über das emotionale Erleben gemessen.

Beachten Sie auch, dass in Weiners Emotionsdefinition, im Gegensatz zur Auffassung anderer Syndromtheoretiker, weder physiologische Erregung noch motorisches Ausdrucksverhalten als weitere Komponenten des emotionalen Syndroms auftauchen. In Bezug auf die Bedeutung dieser Emotionsaspekte nimmt Weiner (1986) "keine Position ein" (S. 116). An anderer Stelle schreibt er sogar, dass Gefühle wie Dankbarkeit oder Stolz keine physiologische Erregung zu erfordern scheinen, weshalb "der Begriff der [physiologischen] Erregung für die hier beschriebene attributionale Analyse [von Emotionen] gänzlich überflüssig zu sein [scheint]" (Weiner & Graham, 1984, S. 187).

Zusammenfassend versteht Weiner unter Emotionen also Erlebniszustände, die (a) eine positive oder negative hedonische Qualität haben; (b) typischerweise durch kognitive Einschätzungen verursacht werden; und (c) ihrerseits oft Handlungen verursachen.

Der Prozess der Emotionsentstehung

Ähnlich wie Arnold und Lazarus (Kapitel 2) unterscheidet auch Weiner zwischen einem *nichtautomatischen, bewussten* und einem *automatischen, unbewussten* Prozess der Emotionsentstehung. In expliziter Form findet sich diese Unterscheidung allerdings erst in Weiner (1995); davor nahm Weiner offenbar an, dass Emotionen stets auf dem nichtautomatischen Weg entstehen (vgl. dazu die Erstauflage von Band I).

Der nichtautomatische Prozess der Emotionsentstehung. Der nichtautomatische Prozess der Entstehung von Emotionen ist nach Weiner ein *sequentieller*—in einer zeitlichen Abfolge von Teilprozessen bestehender—und *bewusster* Interpretationsprozess. Im Verlauf dieses Prozesses werden zunehmend komplexere Kognitionen über ein Ereignis gebildet, welche zunehmend differenziertere Emotionen hervorrufen (vgl. dazu Abbildung 3.1).

1. In einem ersten Einschätzungsschritt bildet die Person—aufgrund von Sinneswahrnehmungen oder Schlussfolgerungen—zunächst die *Tatsachenüberzeugung*, dass ein Ereignis eingetreten ist; oder allgemeiner, dass ein Sachverhalt vorliegt. Dieses Ereignis kann primär die Person selbst betreffen oder jemand anderen. Zum Beispiel kommt Albert anlässlich der Mitteilung der Klausurergebnisse zur Überzeugung, ein "sehr gut" erhalten zu haben (ein Ereignis, das ihn primär selbst betrifft); oder er erfährt, dass sein Freund Peter ein "nicht genügend" erhalten hat (ein Ereignis, dass primär einen anderen betrifft).

2. In einem zweiten, nachfolgenden Einschätzungsschritt *bewertet* die Person das Ereignis daraufhin, inwieweit dadurch ein erstrebtes Ziel erreicht oder nicht erreicht oder allgemeiner, ein Wunsch erfüllt oder frustriert wird. Zum Beispiel strebte Albert an, ein "gut" bei der Klassenarbeit zu erreichen und stellt nun fest, dass er dieses Ziel nicht nur erreicht, sondern sogar übertroffen hat. Er bewertet das Prüfungsergebnis somit positiv. Peter dagegen beurteilt sein "nicht genügend" als Zielverfehlung bzw. bewertet es negativ. In Abhängigkeit vom Ergebnis der Bewertung kommt es zu so genannten *ergebnisabhängigen* (*outcome-dependent*) Emotionen, die entweder lustgetönt oder unlustgetönt sind. Weiner (1986) bezeichnet diese Emotionen auch als *attributionsunabhängige* Emotionen, weil ihre Entstehung keine Überzeugungen über die Ursachen des Ereignisses voraussetzt. In unserem Beispiel erlebt Albert positive ergebnisabhängige Gefühle wie *Zufriedenheit* oder *Freude*; Peter

dagegen erlebt negative Gefühle wie *Unzufriedenheit* oder *Niedergeschlagenheit*.

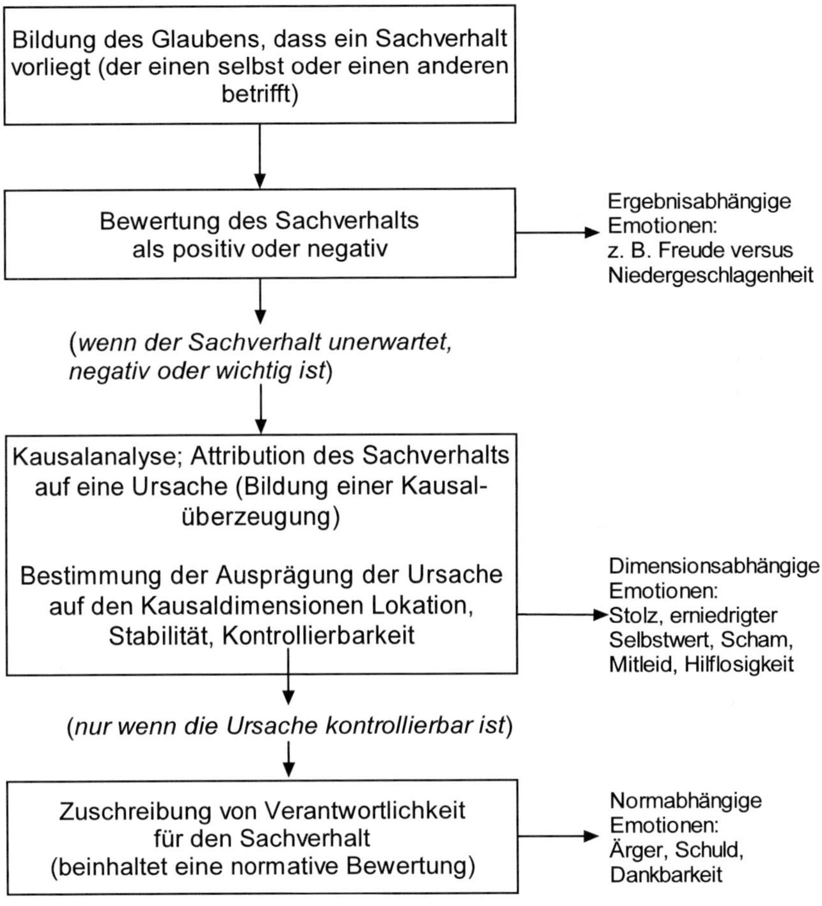

Abbildung 3.1
Der nichtautomatische Prozess der Emotionsentstehung nach Weiner

Die ersten zwei von Weiner postulierten Teilprozesse der Ereigniseinschätzung entsprechen somit weitgehend analogen Einschätzungsprozessen, die in den Theorien von Arnold (1960) und Lazarus (1966) angenommen werden (vgl. Kapitel 2).

3. In einem dritten, wiederum zeitlich nachfolgenden Einschätzungsschritt sucht die Person Weiner zufolge nach den Ursachen des

positiven oder negativen Ereignisses und führt es—wenn dieser Suchprozess erfolgreich verläuft—auf eine oder auch mehrere Ursachen zurück. Zum Beispiel fragt sich Albert, worauf sein "sehr gut" bei der Klassenarbeit zurückzuführen war und kommt etwa zu dem Schluss, dass es an seiner hohen Fähigkeit gelegen hat. Dieser Prozess der aktiven, bewussten Ursachensuche und Attribution tritt nach Weiner allerdings nur unter bestimmten Bedingungen auf: Nämlich dann, wenn das fragliche Ereignis *unerwartet*, *negativ* oder von *hoher persönlicher Bedeutung* ist.

In Abhängigkeit von der Ursachenzuschreibung entstehen nach Weiner dann differenziertere positive oder negative Gefühle. Von hauptsächlicher Bedeutung für die Art dieser Gefühle ist jedoch nicht die spezifische Ursache, auf die das Ereignis zurückgeführt wird (z. B. hohe Fähigkeit), sondern die Ausprägung dieser Ursache auf den früher beschriebenen drei Kausaldimensionen. Das heißt, von primärer Bedeutung ist die Überzeugung der Person darüber, ob die jeweilige Ursache (z. B. Fähigkeit) internal oder external, stabil oder variabel und kontrollierbar oder unkontrollierbar ist. Weiner bezeichnet diese Gefühle deshalb als *dimensionsabhängige* Emotionen. Die Einschätzung der Ursache auf den Kausaldimensionen kann schon bei der Bildung der Ursachenüberzeugung implizit "mitgedacht" sein; sie kann jedoch auch erst in einem zusätzlichen Schritt vorgenommen werden. Führt man zum Beispiel ein positives Ereignis auf eine *internale* Ursache zurück—wie zum Beispiel Albert, der sein "sehr gut" auf seine hohe Fähigkeit zurückführt—dann entsteht Weiner zufolge das Gefühl des Stolzes.

Führt man Ereignisse auf Ursachen zurück, die man für *kontrollierbar* hält—entweder von einem selbst oder von einer anderen Person—dann ist nach Weiner eine notwendige Voraussetzung für die Zuschreibung von *persönlicher Verantwortlichkeit* gegeben, die dann in einem vierten Einschätzungsschritt vorgenommen werden kann. Die Zuschreibung von Verantwortlichkeit beinhaltet nach Weiners (1995) Begriffsverwendung die Überzeugung, dass die verantwortliche Person eine soziale oder moralische Norm verletzt oder erfüllt hat; diese Kognition impliziert somit eine *normative Bewertung*. Als Folge der Verantwortlichkeitszuschreibung bzw. der darin enthaltenen normativen Bewertung entstehen nach Weiner weitere Gefühle, insbesondere Schuld oder Ärger (Genaueres dazu im Abschnitt 3.2.2). Wir bezeichnen diese Gefühle zur Verdeutlichung als *normabhängige* Emotionen (Weiner verwendet diesen Begriff allerdings nicht).

Wie erwähnt, treten nach Weiner nicht alle beschriebenen Teilprozesse der Ereigniseinschätzung in jedem Einzelfall der Emotionsentstehung auf. Ist das Ereignis zum Beispiel erwartet oder unwichtig, dann finden keine bewussten Ursachensuchprozesse statt. Dies bedeutet allerdings nicht notwendigerweise, dass dann auch keine Kausalattribution oder Verantwortlichkeitszuschreibung stattfindet, denn eine solche kann auch automatisch aus dem Gedächtnis abgerufen werden (vgl. den folgenden Unterabschnitt). Darüber hinaus betont Weiner, dass die in Abbildung 3.1 dargestellten Prozesse manchmal auch in einer anderen als der dort angegebenen Reihenfolge auftreten können. So mag man in manchen Fällen zuerst eine internale Attribution vornehmen (z. B. "der Misserfolg lag an mir") und erst anschließend innerhalb der internalen Ursachen diejenige bestimmen, die den Misserfolg am angemessensten erklärt (z. B. mangelnde Fähigkeit). Typischerweise sollen die einzelnen Teilprozesse der Ereigniseinschätzung jedoch in der in Abbildung 3.1 dargestellten Abfolge auftreten.

Der automatische Prozess der Emotionsentstehung. Emotionen können nach Weiner (1995) nicht nur durch bewusste Einschätzungsprozesse entstehen, sondern auch durch "unbewusste und automatische Prozesse" (S. 12). Automatische Einschätzungsprozesse sind insbesondere dann wahrscheinlich, wenn die Person mit einem Sachverhalt konfrontiert wird, für den sie bereits eine passende Interpretation zur Verfügung hat. Zum Beispiel könnte eine Person aufgrund einer bestimmten politischen Ideologie oder Weltsicht glauben, dass Armut grundsätzlich durch mangelnde Anstrengung verursacht ist und arme Personen daher an ihrem Schicksal selbst schuld sind (Weiner, 1995). Diese impliziten Annahmen über die Ursachen von Armut und die Verantwortlichkeit für diesen Zustand können als Bestandteile des *Gedächtnisschemas* der Person für Armut betrachtet werden. Dieses "Armut-Schema" kann durch die Konfrontation mit einem konkreten Fall von Armut automatisch im Gedächtnis aktiviert werden und mitsamt den darin enthaltenen Annahmen über Ursachen und Verantwortlichkeit "gedankenlos" auf den konkreten Fall übertragen werden. Die Person unterstellt dann automatisch, dass auch der vorliegende Fall von Armut durch mangelnde Anstrengung verursacht wurde und somit selbstverschuldet ist. Als Folge davon tritt schnell und reflexartig Ärger auf. Der Prozess der Ereigniseinschätzung besteht in diesem Fall also bloß im Abruf von alltagspsychologischen Überzeugungen aus dem Gedächtnis und ihrer "Anwendung" auf den konkret vorliegenden Sachverhalt.

Mit der Annahme eines automatischen Prozesses der Emotionsentstehung trägt Weiner (1995) dem möglichen Einwand Rechnung, dass *bewusste* Einschätzungsprozesse—zum Beispiel bewusste Prozesse der Ursachen- und Verantwortlichkeitszuschreibung—introspektiv häufig nicht feststellbar seien, wenn Emotionen wie zum Beispiel Ärger auftreten. Vielmehr scheinen Gefühle der Wahrnehmung von auslösenden Ereignissen im Erleben oft unmittelbar und reflexartig zu folgen (vgl. auch Arnold, 1960; Kapitel 2). Die Abwesenheit bewusster Überlegungen zum Beispiel über Ursachen und Verantwortlichkeit bedeutet aber nicht notwendigerweise, dass die betreffenden Gefühle *ohne* vermittelnde Einschätzungen aufgetreten sind. Sie mag vielmehr nur bedeuten, dass diese Kognitionen in der betreffenden Situation nicht durch bewusste Schlussfolgerungsprozesse *neu gebildet* wurden. Nach der Theorie der automatischen Emotionsentstehung ist der Grund dafür häufig eben der, dass die Person die Ursachen des fraglichen Ereignisses bzw. den verantwortlichen Urheber bereits kennt (oder jedenfalls zu kennen glaubt).

Diese Überzeugungen stehen zwar normalerweise nicht im Zentrum der Aufmerksamkeit; sie sind jedoch sehr wohl vorhanden. Das erkennt man unter anderem daran, (1) dass die Person diese Überzeugungen in der Regel ohne Nachdenken nennen kann, wenn sie danach gefragt wird, und dass sie (2) mit Überraschung reagiert, wenn diese Überzeugungen widerlegt werden. So könnte zum Beispiel Albert, als er in der Straßenbahn einen Stoß erfährt, automatisch unterstellen, der hinter ihm stehende Fahrgast habe ihn angerempelt und sofort Ärger über diesen Fahrgast erleben. Albert könnte seine Kausalerklärung des Stoßes sicherlich auch nennen, wenn man ihn danach fragen würde. Als er sich umdreht, sieht er jedoch, dass ein Gepäckstück heruntergefallen ist und ihn dabei gestreift hat. Albert ist jetzt überrascht und sein Ärger über den Fahrgast verschwindet.

Weiner (1995) ist sich nicht sicher, wie bedeutsam der automatische Prozess der Emotionsentstehung im Vergleich zum nichtautomatischen im Alltag ist. Es wäre jedoch nicht unplausibel, dass zumindest die Gefühle von Erwachsenen oft auf automatischem Wege entstehen, denn Erwachsene haben im Lauf ihres Lebens Schemata für die Interpretation zahlreicher Alltagssituationen erworben. Deshalb dürften sehr viele der von ihnen erlebten Ereignisse mit ihren impliziten Annahmen verträglich sein. Solange dies der Fall ist, besteht—außer im Fall besonders wichtiger oder negativer Ereignisse (Weiner, 1985)—kein Anlass, diese impliziten Annahmen zu hinterfragen und in bewusste Prozesse der Ursachenanalyse und Verantwortlichkeitszuschreibung einzutreten. Solche Prozesse finden vielmehr meist erst dann statt, wenn auslösende Ereignisse *unerwartet* sind, also wenn sich die impliziten Annahmen der Person als falsch erweisen (s. auch Meyer, Reisenzein & Niepel, 2000). Diese Annahmen werden dann von der nichtbewussten Ebene, auf der sie automatisch die Interpretation von Ereignissen steuerten, auf die bewusste Ebene gehoben—möglicherweise deshalb, weil sie nur mit Hilfe bewusster Schlussfolgerungsprozesse einer Analyse und, falls notwendig, einer Revision unterzogen werden können. Diese Prozesse können dazu führen, dass das betroffene Gedächtnis-Schema verändert wird. Anschließend kann es wieder in nichtbewusster Weise die Ereignisinterpretation steuern. Prozesse der Ursachen- und Verantwortlichkeitszuschreibung, *deren wir uns bewusst sind*, stehen daher wahrscheinlich häufig im Dienst der "Theorierevision", das heißt, sie dienen dazu, unsere bisherigen impliziten Annahmen zu berichtigen oder zu erweitern (vgl. Meyer, 1988; Meyer et al., 2000).

Die Auswirkungen von Emotionen

Nach Weiner haben Emotionen (Gefühle) zwei hauptsächliche Auswirkungen. Erstens sind zumindest einige Gefühle wichtige *Motivatoren des Handelns*, indem sie *emotionsspezifische Handlungstendenzen* (Handlungswünsche) hervorrufen. Mitleid zum Beispiel erzeugt einen Wunsch nach Hilfeleistung, Ärger einen Wunsch nach Aggression oder Vergeltung und Schuld einen Wunsch nach Wiedergutmachung oder Entschuldigung (Weiner, 1995). Allerdings müssen diese emotionalen Handlungswünsche nicht unbedingt ausgeführt werden. Dies geschieht vielmehr nur dann, wenn gleichzeitig keine stärkeren unverträglichen Handlungswünsche vorhanden sind, und wenn die Person die betreffende Handlung auch ausführen kann.

Zweitens können Emotionen über ihren verbalen oder nonverbalen Ausdruck nach Weiner auch *informationale*, genauer gesagt *sozial-kommunikative* Auswirkungen haben. Das heißt, Emotionen können andere Personen darüber informieren, was die erlebende Person über das emotionsauslösende Ereignis denkt bzw. wie sie dieses einschätzt. Die genauere Beschreibung dieser beiden Annahmen verschieben wir aus didaktischen Gründen auf den Abschnitt 3.3.

3.2.2 Die kognitiven Grundlagen und die Auswirkungen spezifischer Emotionen

Weiners theoretische und empirische Arbeiten beschäftigen sich hauptsächlich mit den attributions- und normabhängigen Emotionen. Zu diesen Emotionen rechnet Weiner insbesondere *Stolz* und das gegenteilige Gefühl des *erniedrigten Selbstwerts* sowie *Schuld*, *Scham, Dankbarkeit, Ärger*, *Mitleid* und *Hilflosigkeit/Resignation*. Im Folgenden beschreiben wir zuerst die kognitiven Einschätzungen, die diesen Emotionen nach Weiner zugrunde liegen. Danach befassen wir uns mit den Auswirkungen einiger dieser Gefühle.

Dimensions- und normabhängige Emotionen

Abbildung 3.2 fasst die Annahmen Weiners über die Zusammenhänge zwischen Kausaldimensionen sowie Verantwortlichkeitsurteilen einerseits und Emotionen andererseits zusammen. Beachten Sie, (1) dass alle in der Abbildung aufgeführten Gefühle nach Weiner auch von der *Ereignisbewertung* (positiv vs. negativ) abhängen; und (2) dass zumindest Dankbarkeit und Mitleid zudem auch davon abhängen, wen die auslösenden Ereignisse primär betreffen—nämlich die Person selbst oder einen anderen (vgl. Weiner, 1982). Aus Abbildung 3.2 ist weiterhin zu ersehen, dass die meisten Attributionen *positiver* Ereignisse nicht mit spezifischen Gefühlsbegriffen der Alltagssprache verbunden sind. Nach Weiner (1986) reflektiert dies die Tatsache, dass die sprachliche Unterscheidung positiver Gefühle weniger differenziert ist als die negativer Gefühle.

Stolz und erniedrigtes Selbstwertgefühl. Stolz und verwandte Gefühle des erhöhten Selbstwerts setzen nach Weiner, ebenso wie die gegenteiligen Gefühle des erniedrigten Selbstwerts, eine internale Attribution voraus. *Stolz* tritt auf, wenn man ein positiv bewertetes Ereignis (z. B. einen Erfolg) sich selbst (d.h., internalen Ursachen) zuschreibt. *Gefühle des erniedrigten Selbstwerts* treten dagegen auf, wenn man ein negativ bewertetes Ereignis (z. B. einen Misserfolg) sich selbst zuschreibt. Dabei ist es nach Weiner unerheblich, ob die jeweilige internale Ursache als

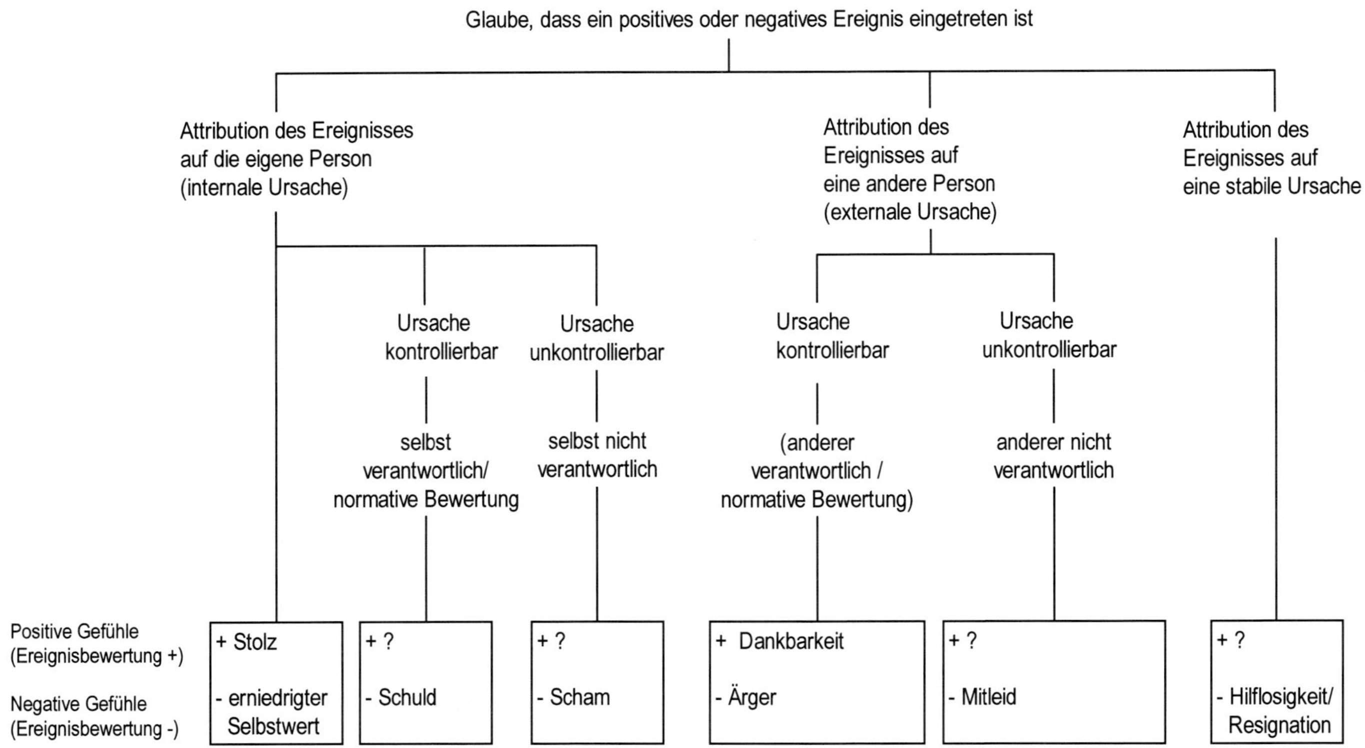

Abbildung 3.2 Von Kausaldimensionen und normativen Bewertungen abhängige Emotionen, nach Weiner (1986, 1995)

kontrollierbar (z. B. Anstrengung) oder als unkontrollierbar (z. B. Fähigkeit) betrachtet wird. Deshalb sind auch Verantwortlichkeitszuschreibungen bzw. die darin enthaltenen normativen Bewertungen keine notwendige Voraussetzung für diese Gefühle.

Schuld und Scham. Die Gefühle *Schuld* und *Scham* setzen nach Weiner beide voraus, dass man ein negativ bewertetes Ereignis (z. B. einen Verkehrsunfall) sich selbst zuschreibt (internale Attribution). *Schuld* setzt darüber hinaus aber auch noch voraus, dass man die Ursache des negativen Ereignisses als persönlich kontrollierbar betrachtet (z. B. Unvorsichtigkeit) und sich in der Folge für das Ereignis selbst verantwortlich macht. Dies beinhaltet nach Weiner, dass man eine einschlägige Norm verletzt zu haben glaubt (im Beispiel etwa die Norm: "Man muss sich im Straßenverkehr so verhalten, dass niemand zu Schaden kommt") bzw. dass man sein Verhalten als Normverletzung beurteilt. *Scham* dagegen setzt nach Weiner voraus, dass einem die (internale) Ursache des negativen Ereignisses als unkontrollierbar erscheint (z. B. unzureichende eigene Fähigkeit), was eine Verantwortlichkeitszuschreibung ausschließt.

Dankbarkeit, Ärger und Mitleid. *Dankbarkeit* setzt nach Weiner voraus, dass man ein positives Ereignis, das die eigene Person betrifft, auf Ursachen zurückführt, die *von einer anderen Person* kontrollierbar waren. Kontrollierbarkeit allein genügt jedoch für Dankbarkeit nicht. Vielmehr muss man das Ereignis auf eine ganz spezielle kontrollierbare Ursache zurückführen, nämlich auf die *Absicht der Person, einem zu nützen* (vgl. bereits Heider, 1958):

> "Dankbarkeit gegenüber jemand anderem wird...nur dann hervorgerufen, wenn das Handeln des Wohltäters freiwillig und absichtlich war. Wenn zum Beispiel bekannt ist, dass ich gezwungen wurde, einem anderen ein Geschenk zu machen, oder dass ich das Geschenk nur deswegen gemacht habe, damit andere von mir eine gute Meinung haben, dann würde der Empfänger des Geschenks...wenig Dankbarkeit fühlen" (Weiner, 1986, S. 149-150).

Ärger über eine andere Person erlebt man, wenn man ein negatives Ereignis auf eine von dieser Person kontrollierbare Ursache zurückführt und die Person infolgedessen für das Ereignis verantwortlich macht. Dies beinhaltet, dass man ihr eine Normverletzung unterstellt (vgl. Abbildung 3.2). Das negative Ereignis kann dabei nicht nur die eigene Person betreffen, sondern auch eine andere Person. Zum Beispiel kann ein Lehrer sich über einen Schüler ärgern, weil dieser sein Unterrichten stört (hier betrifft das negative Ereignis primär die erlebende Person). Der Lehrer kann sich aber auch darüber ärgern, dass ein Schüler aufgrund mangelnder Anstrengung Misserfolg hat. In diesem Fall betrifft das negative Ereignis in erster Linie einen anderen.

Mitleid mit einer anderen Person erlebt man, wenn man glaubt, ihr sei ein negatives Ereignis zugestoßen, für das sie nicht verantwortlich ist. Letzteres ist meist dann der Fall, wenn man das Ereignis auf Ursachen zurückführt, die von der anderen Person nicht kontrollierbar waren. Typische Beispiele sind, dass ein Freund eine geliebte Person aufgrund eines Unfalls oder aufgrund von Krankheit verliert, oder dass ein anderer aufgrund einer körperlichen Behinderung einen Misserfolg erleidet (Weiner, 1982).

Hilflosigkeit und Resignation. Die Gefühle der *Hilflosigkeit* und *Resignation* erlebt man nach Weiner, wenn man ein negatives Ereignis (z. B. Misserfolg) auf stabile Ursachen zurückführt, wie zum Beispiel auf mangelnde eigene Fähigkeit oder hohe Aufgabenschwierigkeit.

Zur Beziehung zwischen Kontrollierbarkeit und Verantwortlichkeit

Wie bereits erwähnt, hängt der Begriff der *Kontrollierbarkeit* nach Weiner eng mit dem der *Verantwortlichkeit* zusammen. In früheren Arbeiten verwendete Weiner (z. B. 1986) diese beiden Begriffe sogar als weitgehend gleichbedeutend. Dagegen hat er sie in seinen neueren Arbeiten—in Übereinstimmung mit anderen Autoren—voneinander unterschieden (Weiner, 1995). Er stellt nun klar, dass Verantwortlichkeitsurteile im Unterschied zu Kontrollierbarkeitsurteilen *keine Kausalüberzeugungen* sind, sondern Urteile über die soziale oder moralische Qualität einer Person bzw. ihrer Handlungen. Im Fall der Verantwortlichkeit für negative Ereignisse lautet der Inhalt dieser Urteile, dass die Person

> "hätte anders *handeln* 'sollen' oder 'müssen' [als sie es getan hat], zum Beispiel sich stärker anstrengen, weniger essen oder beim Autofahren mehr Obacht geben" (Weiner, 1995, S. 8; Hervorhebung hinzugefügt).

Verantwortlichkeitsurteile—so wie Weiner den Begriff verwendet—beinhalten also im Fall von negativen Ereignissen den Glauben, dass die beurteilte Person durch ihr Verhalten *eine vom Beurteiler akzeptierte soziale oder moralische Norm verletzt hat*, wie zum Beispiel das Gebot "Man muss beim Autofahren Obacht geben" (vgl. Weiner, 1995, S. 16). Dieser Glaube ist jedoch nichts anderes als eine *normative Bewertung* des in Frage stehenden Verhaltens. Denn dass eine Norm von der Person *akzeptiert* wird, heißt, dass einer ihrer Wünsche die Einhaltung dieser Norm ist. Eine wahrgenommene Verletzung einer akzeptierten Norm bedeutet daher eine wahrgenommene Frustration dieses Wunsches bzw. eine negative Bewertung der normverletzenden Handlung (vgl. dazu Kapitel 2).

Mit der Unterscheidung zwischen Kontrollierbarkeits- und Verantwortlichkeitsurteilen verbindet sich bei Weiner (1995) eine Revision seiner früheren Ansichten zu den kognitiven Grundlagen von Ärger, Mitleid, Schuld und Scham (sowie möglicherweise auch Dankbarkeit; vgl. dazu die Diskussion der Theorie). Nach Weiners früherer Ansicht (Weiner, 1986) beruhten diese Gefühle unmittelbar auf Überzeugungen über die *Kontrollierbarkeit* von Ereignisursachen. Nach seiner jetzigen Auffassung beruhen diese Gefühle dagegen unmittelbar auf Überzeugungen über die *Verantwortlichkeit* der Person für diese Ereignisse (vgl. die Abbildungen 3.1 und 3.2). Kontrollierbarkeitsüberzeugungen sind zwar nach wie vor Ursachen der genannten Emotionen, aber nur mehr *indirekte* Ursachen, indem sie nämlich Verantwortlichkeitsurteile beeinflussen. Genauer gesagt, ist Kontrollierbarkeit zwar eine notwendige, aber keine hinreichende Bedingung für Verantwortlichkeit.

Nicht hinreichend ist wahrgenommene Kontrollierbarkeit für eine Verantwortlichkeitszuschreibung deshalb, weil auch bei vorhandener Kontrollierbarkeit von einer solchen Zuschreibung unter bestimmten Bedingungen Abstand genommen werden kann. Im Fall negativer Ereignisse bezeichnet man diese Bedingungen als *mildernde Umstände* (Weiner, 1995). Zum Beispiel hat Peter aufgrund mangelnder Vorbereitung bei einer Klassenarbeit versagt. Er hat sich jedoch nur deshalb nicht vorbereitet, weil er sich verpflichtet fühlte, seine kranke Mutter zu pflegen. In diesem Fall dürfte Peters Lehrer trotz der Kontrollierbarkeit der Ursache des Misserfolgs (mangelnde Anstrengung) von einer Verantwortlichkeitszuschreibung und der darin enthaltenen normativen Bewertung Abstand nehmen. Die mildernden Umstände bestehen in diesem

Fall in speziellen Gegebenheiten, durch die eine üblicherweise zur Anwendung kommende Norm (etwa: "Man soll sich in der Schule anstrengen") durch eine *höherrangige* Norm (etwa: "Man ist verpflichtet, sich um seine hilfsbedürftigen Angehörigen zu kümmern") außer Kraft gesetzt wird. Deshalb wird die in Frage stehende Handlung, obwohl kontrollierbar, nicht als Normverletzung bewertet und unter Umständen sogar als Normerfüllung. Mildernde Umstände umfassen daneben aber auch Fälle von "moralischer Inkompetenz", das heißt das Unvermögen zur Unterscheidung von richtig und falsch, wie es zum Beispiel bei Kindern vorliegen kann (Weiner, 1995).

Emotionen als Ursachen von Handlungswünschen und Handlungen

Zuschreibungen von Kontrollierbarkeit und Verantwortlichkeit und die darauf beruhenden Gefühle—insbesondere Ärger und Mitleid—spielen in den neueren Arbeiten Weiners eine zentrale Rolle. Der Grund dafür ist, dass diese Emotionen seiner Ansicht nach einen starken Einfluss auf das Handeln haben, insbesondere auf das Handeln in sozialen Situationen. Zu den betroffenen Handlungen gehören sowohl prosoziales Verhalten wie Hilfeleistung als auch antisoziales Verhalten wie Aggression. Ebenso gehören dazu das Verteilen von Lob und Tadel, Belohnung und Strafe sowie das Entschuldigen und Rechtfertigen von Handlungen mit dem Ziel, Verantwortlichkeit loszuwerden. Nach Weiners Auffassung ist man

> "im täglichen Leben ständig mit Fragen und Problemen konfrontiert, die mit Verantwortlichkeit, Schuld und Bestrafung zu tun haben. Man braucht nur die Tageszeitung zu öffnen, um das zu bestätigen" (Weiner, 1995, S. 1).

So wird zum Beispiel *Drogenabhängigkeit* häufig auf Ursachen zurückgeführt, die von der abhängigen Person kontrollierbar sind. Falls dann auch keine überzeugenden mildernden Umstände vorliegen, wird die Person für ihre Abhängigkeit verantwortlich gemacht. Das Urteil der Verantwortlichkeit (bzw. die damit unterstellte Normverletzung) ruft Ärger über die Person hervor, und dieses Gefühl motiviert dann zum Beispiel den Abbruch des Kontakts zur Person oder das Äußern von Vorwürfen. Dagegen wird zum Beispiel eine *körperliche Behinderung* meist auf unkontrollierbare Faktoren zurückgeführt; daher wird die Person nicht dafür verantwortlich gemacht. Das Urteil der mangelnden Verantwortlichkeit ruft Mitleid hervor, und dieses Gefühl motiviert dann zum Beispiel Zuwendung oder Hilfeleistung.

3.3 Empirische Überprüfungen der Theorie Weiners

Weiner und seine Mitarbeiter und Mitarbeiterinnen haben, ebenso wie andere Autoren, eine große Zahl von Untersuchungen zur Überprüfung verschiedener Annahmen seiner Emotionstheorie durchgeführt. Am ausführlichsten überprüft wurden die postulierten Kausalbeziehungen zwischen Kontrollierbarkeits- und Verantwortlichkeitsurteilen, Gefühlen, sowie den darauf beruhenden Handlungswünschen und Handlungen (Weiner, 1995). Im folgenden Abschnitt stellen wir exemplarisch zwei dieser Untersuchungen vor. Danach kommen wir auf Untersuchungen zu den postulierten kommunikativen Effekten von Emotionen zu sprechen.

Überprüfung der Sequenz Kognition→Emotion→ Motivation

Eine Untersuchung zu Stigmata. Ein typisches Beispiel einer Untersuchung zum Zusammenhang zwischen Kognitionen (Verantwortlichkeitszuschreibungen), Gefühlen und Handlungstendenzen ist eine Studie von Weiner, Perry und Magnusson (1988). In dieser Untersuchung wurden die Reaktionen gegenüber Personen mit so genannten Stigmata untersucht. Unter Stigmata verstehen Weiner et al. (1988) körperliche und charakterliche Merkmale und Verhaltensweisen, die negativ vom "Normalen" abweichen. Die untersuchten 10 Stigmata sind in Tabelle 3.1 aufgeführt. Die Versuchsteilnehmer hatten auf Skalen anzugeben, (a) zu welchem Grad die vom jeweiligen Stigma betroffenen Personen für das Stigma verantwortlich und daran selbst schuld seien; (b) wieviel Mitleid und Ärger sie gegenüber diesen Personen erleben würden; und (c) inwieweit sie bereit wären, ihnen zu helfen und für sie zu spenden.

Aus dem oberen Teil von Tabelle 3.1 (Studie 1) ist ersichtlich, dass die Personen für die ersten sechs der 10 Stigmata (z. B. Alzheimersche Krankheit oder Blindheit) kaum verantwortlich gemacht und als daran schuld betrachtet wurden. Dagegen waren die Verantwortlichkeits- und Schuldzuschreibungen für die restlichen vier Stigmata (z. B. AIDS oder

Tabelle 3.1
Mittlere Skalierungen von 10 Stigmata (nach Weiner, Perry & Magnusson, 1988)

	Verantwortlichkeit	Schuld	Mitleid	Ärger	Helfen	Spenden
Studie 1						
Alzheimersche Krankheit	0.8	0.5	7.9	1.4	8.0	6.9
Blindheit	0.9	0.5	7.4	1.7	8.5	7.2
Krebs	1.6	1.3	8.0	1.6	8.4	8.1
Herzerkrankung	2.5	1.6	7.4	1.6	8.0	7.5
Querschnittslähmung	1.6	0.9	7.6	1.4	8.1	7.1
Vietnamkrieg-Syndrom	1.7	1.5	7.1	2.1	7.0	6.2
AIDS	4.4	4.8	6.2	4.0	5.8	6.5
Kindesmisshandlung	5.2	6.0	3.3	7.9	4.6	4.0
Drogenmissbrauch	6.5	6.7	4.0	6.4	5.3	5.0
Übergewicht	5.3	5.2	5.1	3.3	5.8	4.0
Studie 2 (Ergebnisse für Blindheit)						
Keine Ursacheninformation	1.5	1.3	6.7	1.9	7.9	6.7
Ursache unkontrollierbar	1.1	0.8	7.6	1.6	7.9	6.8
Ursache kontrollierbar	6.6	6.3	4.9	3.9	6.5	4.8

Drogenmissbrauch) relativ hoch. Ferner riefen Stigmata, für welche die betroffenen Personen nicht verantwortlich gemacht wurden, starkes Mitleid, aber kaum Ärger hervor. Verantwortbare Stigmata dagegen lösten deutlich weniger Mitleid und starken Ärger aus. Schließlich bestand bei nichtverantwortbaren Stigmata eine höhere Bereitschaft, den betroffenen Personen zu helfen bzw. für sie zu spenden.

In einer anschließenden Untersuchung gaben Weiner et al. (1988) einem Teil ihrer Versuchspersonen zusätzlich die Information, das jeweilige Stigma sei im vorliegenden Fall durch eine von der betroffenen Person kontrollierbare oder aber eine unkontrollierbare Ursache verursacht worden. Zum Beispiel wurde in Bezug auf AIDS mitgeteilt, die Erkrankung der Person sei auf Sex mit häufig wechselnden Partnern zurückzuführen (kontrollierbare Ursache) oder auf eine Bluttransfusion (unkontrollierbare Ursache). In Bezug auf Blindheit wurde dagegen mitgeteilt, die Behinderung der Person sei auf einen Arbeitsunfall zurückzuführen, den die Person durch beständige Nachlässigkeit selbst verursacht habe (kontrollierbare Ursache), oder der von einem Arbeitskollegen verursacht worden sei (unkontrollierbare Ursache). Eine Kontrollgruppe erhielt dagegen—wie in der ersten Studie—keine derartigen Ursacheninformationen. In allen drei Bedingungen hatten die Versuchspersonen dann die bereits beschriebenen Skalierungen vorzunehmen.

Die Ergebnisse für Blindheit sind im unteren Teil von Tabelle 3.1 (Studie 2) zusammengefasst. Es zeigte sich dreierlei: (1) Die Ergebnisse in der Bedingung *keine Ursacheninformation* replizierten die Befunde der ersten Studie (vgl. den oberen Teil der Tabelle), in der ebenfalls keine derartige Information gegeben worden war. (2) Wurde den Versuchsteilnehmern eine *unkontrollierbare* Ursache der Blindheit nahe gelegt, dann entsprachen die Ergebnisse denen der Bedingung ohne Information. Dies legt nahe, dass Blindheit dann, wenn keine fallspezifischen kausalen Informationen verfügbar sind, spontan auf unkontrollierbare Ursachen zurückgeführt wird und die Person deshalb nicht für ihre Blindheit verantwortlich gemacht wird. (3) Wenn den Versuchsteilnehmern dagegen eine *kontrollierbare* Ursache der Blindheit nahe gelegt wurde, veränderten sich die Skalierungen: Der blinden Person wurde nun hohe Verantwortlichkeit und Schuld zugeschrieben; man empfand weniger Mitleid mit ihr, aber stärkeren Ärger, und die Bereitschaft zu spenden bzw. zu helfen nahm ab. Vergleichbare Ergebnisse wie für Blindheit wurden auch für die meisten anderen Stigmata erhalten.

Insgesamt bestätigen die Ergebnisse von Weiner et al. (1988) somit Weiners Annahme, dass Überzeugungen über die Kontrollierbarkeit der Ursachen von Stigmata in engem Zusammenhang zu Verantwortlichkeitszuschreibungen, den Gefühlen von Mitleid und Ärger sowie zu Handlungstendenzen (der Bereitschaft zu helfen) stehen.

Gefühle als Ursachen von Handlungstendenzen. Die Ergebnisse der Untersuchung von Weiner et al. (1988) stehen zwar in Einklang mit Weiners Emotionstheorie. Sie stellen aber für sich genommen keinen völlig überzeugenden Beleg für die von Weiner postulierten kausalen Beziehungen zwischen Kognitionen, Emotionen und Handlungswünschen dar. Die Bereitschaft zu helfen könnte zwar tatsächlich, wie Weiner annimmt, durch die Gefühle von Mitleid und Ärger beeinflusst worden sein. Alternativ könnte sie aber auch *direkt* durch die Verantwortlichkeitszuschreibung beeinflusst worden sein, während die Gefühle nur ein Nebenprodukt dieser Kognition waren. Diese beiden Möglichkeiten sind in Abbildung 3.3 veranschaulicht.

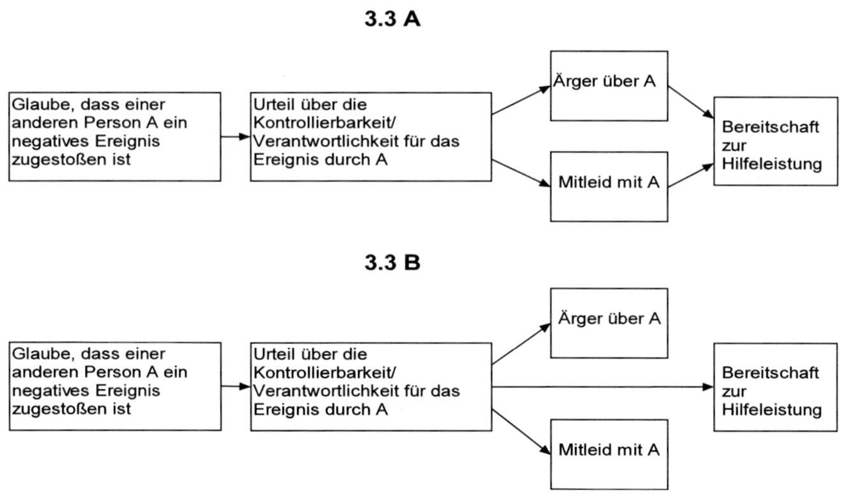

Abbildung 3.3
Gefühle (Abbildung 3.3A) versus wahrgenommene Verantwortlichkeit (Abbildung 3.3B) als unmittelbare Ursachen von Handlungstendenzen (nach Reisenzein, 1986)

Abbildung 3.3A zeigt das von Weiner favorisierte kausale Modell. Zur Illustration: Albert glaubt, dass einer anderen Person ein negatives Ereignis zugestoßen ist; zum Beispiel eines der von Weiner et al. (1988) untersuchten Stigmata. Er bildet sich nun eine Meinung darüber, inwieweit die Ursache des Ereignisses von der betroffenen Person kontrollierbar war und zu welchem Grad die Person deshalb für das Ereignis verantwortlich ist. Die Überzeugung Alberts über die Verantwortlichkeit bzw. Nichtverantwortlichkeit des anderen ruft dann Gefühle von Ärger bzw. Mitleid hervor, die ihrerseits Alberts Handlungswünsche beeinflussen: Ärgert sich Albert über die andere Person, dann ist seine Bereitschaft zu helfen gering. Hat er dagegen Mitleid, ist seine Bereitschaft zu helfen groß.

Das erwähnte alternative Kausalmodell ist in Abbildung 3.3B dargestellt. Auch hier führt Alberts Glaube, einer anderen Person sei ein negatives Ereignis zugestoßen, zunächst zu einem Urteil über Kontrollierbarkeit und Verantwortlichkeit. Diesmal wirkt sich diese Überzeugung jedoch *direkt* auf Alberts Hilfsbereitschaft aus: Je geringer die wahrgenommene Verantwortlichkeit ist, desto größer ist Alberts Bereitschaft zu helfen. Zwar beeinflusst die wahrgenommene Verantwortlichkeit auch in diesem Modell Alberts Gefühle von Ärger und Mitleid; die Gefühle haben jedoch keinen Einfluss auf das Hilfehandeln.

Das von Weiner postulierte kausale Modell (Abbildung 3.3A) wurde inzwischen in zahlreichen Untersuchungen überprüft und mit dem beschriebenen Alternativmodell verglichen (Weiner, 1995). Die ersten dieser Untersuchungen wurden von Weiner (1980a, 1980b) und Reisenzein (1986) durchgeführt. Dort wurden in Fragebogenform potentielle Hilfeleistungs-Situationen beschrieben, die Situationen ähnlich waren, die in früheren Feldexperimenten von Piliavin, Rodin und Piliavin (1969) sowie von Barnes, Ickes und Kidd (1979) tatsächlich hergestellt worden waren. Piliavin et al. (1969) beobachteten in der New Yorker U-Bahn die Reaktionen der Fahrgäste, als eine Person (ein Vertrauter des Versuchsleiters) zu Boden stürzte. In Einklang mit Weiners Theorie halfen die Fahrgäste der gestürzten Person eher, wenn sie körperbehindert zu sein schien (unkontrollierbare Ursache der Notlage/keine Verantwortlichkeit) als wenn sie betrunken zu sein schien (kontrollierbare Ursache und deshalb Verantwortlichkeit). In der Studie von Barnes et al. (1979) gab sich ein Vertrauter des Versuchsleiters am Telefon als Mitstudent aus und bat die Angerufenen, ihm ihre Mitschrift eines Psychologie-Einführungskurses zu leihen. Dabei begründete er sein Anliegen entweder mit seiner mangelnden Fähigkeit, selbst eine gute Mitschrift erstellen zu können (unkontrollierbare Ursache/keine Verantwortlichkeit) oder mit mangelnder Anstrengung (kontrollierbare Ursache/ Verantwortlichkeit). In Einklang mit Weiners Theorie wurde häufiger Hilfe geleistet, wenn mangelnde Fähigkeit als Ursache angegeben wurde.

Weiner (1980a, 1980b) und Reisenzein (1986) gaben ihren Versuchsteilnehmern in einem Fragebogen ähnliche Szenarien vor und baten sie, sich in die beschriebenen Situationen hineinzuversetzen. Anschließend sollten die Versuchsteilnehmer auf Skalen angeben: (a) zu welchem Grad die beschriebene Person die Ursache für ihre momentane Notlage habe kontrollieren können und zu welchem Grad sie dafür verantwortlich sei (diese Urteile wurden anschließend zu einem einzigen Wert zusammengefasst, da sie hoch miteinander korrelierten); (b) wieviel Mitleid und Ärger sie gegenüber der Person erleben würden; und (c) ob und wenn ja, in welchem Umfang sie der Person helfen würden. Die Korrelationen (statistischen Zusammenhänge) zwischen diesen Variablen wurden dann mit Hilfe eines speziellen Verfahrens—der so genannten Pfadanalyse—danach ausgewertet, inwieweit sie mit den in Abbildung 3.3 dargestellten Kausalmodellen verträglich waren. Diese Analysen ergaben eine hohe Übereinstimmung der Korrelationen mit dem in Abbildung 3.3A dargestellten Modell, nicht jedoch mit dem in Abbildung 3.3B gezeigten Alternativmodell. Es fanden sich also keine Belege für einen direkten Einfluss der wahrgenommenen Kontrollierbarkeit bzw. Verantwortlichkeit auf die Hilfsbereitschaft; dieser Einfluss war vielmehr durch die Gefühle von Mitleid und Ärger vermittelt.

Nach Weiner werden auch zahlreiche andere soziale Handlungen durch Ärger bzw. Mitleid motiviert. Dazu gehören aggressive Reaktionen auf Provokationen oder andere Ärger auslösende Ereignisse sowie Tadel und Lob bei Misserfolg bzw. Erfolg. Auch diese Hypothesen wurden durch empirische Untersuchungen bestätigt (vgl. Weiner, 1995).

Emotionen als Kommunikationen von Attributionen

Neben ihrer handlungsmotivierenden Effekte können Emotionen nach Weiner auch *informationale*, genauer gesagt *sozial-kommunikative* Wirkungen haben: Sie können anderen Personen Informationen über die Kognitionen (Situationseinschätzungen) des Erlebenden liefern. Wenn zum Beispiel ein Lehrer auf den Misserfolg eines Schülers mit Mitleid reagiert, kann man daraus schließen, dass er den Misserfolg auf eine vom Schüler nicht kontrollierbare Ursache (z. B. fehlende Begabung) zurückführt.

Diese Hypothese ergibt sich unmittelbar aus der Annahme Weiners, dass das Wissen über die Beziehungen zwischen Kognitionen (speziell Kausalattributionen) und Emotionen Bestandteil der impliziten Alltagspsychologie ist. Denn (1) wenn Attributionen eines Ereignisses bestimmte Emotionen verursachen (Attribution→Emotion), und (2) wenn diese Annahme in der impliziten Alltagspsychologie enthalten ist, dann sollte es möglich sein, aus der beobachteten emotionalen Reaktion einer Person auf die dieser Reaktion zugrunde liegende Kausalüberzeugung rückzuschließen (Beobachtung einer Emotion→Schluss auf die Kausalattribution).

Diese Hypothese wurde erstmals von Weiner, Graham, Stern und Lawson (1982) in einer Fragebogenstudie überprüft. Den Versuchspersonen wurde mitgeteilt, ein Schüler habe bei einer Aufgabe Misserfolg gehabt, und der Lehrer habe darauf mit einer von fünf Emotionen reagiert: Ärger, Mitleid, Schuld, Überraschung oder Traurigkeit. Die Versuchspersonen sollten dann angeben, worauf der Lehrer den Misserfolg des Schülers zurückführte. Als mögliche Ursachen wurden vorgegeben: Mangelnde Fähigkeit des Schülers, unzureichende Anstrengung des Schülers, zu hohe Schwierigkeit der Aufgabe, unzureichende Erklärungen durch den Lehrer sowie Zufall. Für jede dieser Ursachen war auf einer Skala anzukreuzen, zu welchem Grad sie der Lehrer vermutlich als Ursache des Misserfolgs betrachtete.

Die Ergebnisse der Studie für die Emotionen Ärger, Mitleid und Schuld sind in Abbildung 3.4 dargestellt (die Ursachen "Schwierigkeit der Aufgabe" und "unzureichende Erklärungen des Lehrers" wurden zu einer gemeinsamen Kategorie zusammengefasst).

Wie die Abbildung zeigt, wurde aus den emotionalen Reaktionen des Lehrers tatsächlich auf dessen Kausalattributionen rückgeschlossen; und zwar genau auf diejenigen Attributionen, die nach Weiner die jeweiligen Emotionen typischerweise (vermittelt durch Verantwortlichkeitszuschreibungen) verursachen. Wenn der Lehrer mit *Ärger* reagierte, wurde angenommen, dass er den Misserfolg des Schülers überwiegend auf dessen mangelnde Anstrengung zurückführte—eine vom Schüler kontrollierbare Ursache. Wenn der Lehrer *Mitleid* zeigte, wurde angenommen, dass er den Misserfolg überwiegend auf vom Schüler nichtkontrollierbare Ursachen zurückführte, nämlich auf die mangelnde Fähigkeit des Schülers, unzureichende Erklärungen durch den Lehrer, die Schwierigkeit der Aufgabe und Zufall. Und wenn der Lehrer mit *Schuld* reagierte, dann wurde angenommen, dass er den Misserfolg des Schülers überwiegend auf Ursachen zurückführte, die vom Lehrer kontrollierbar waren: Nämlich, dass er die Aufgabe unzureichend erklärt oder eine zu schwere Aufgabe gestellt hatte.

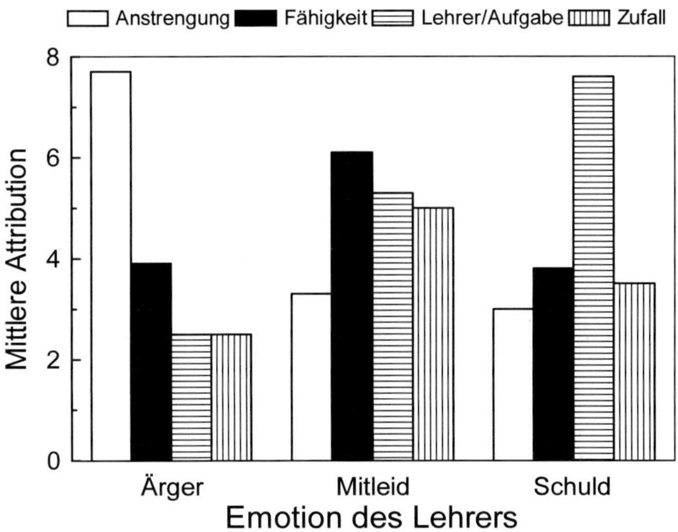

Abbildung 3.4
Rückschluß auf Lehrerattributionen aus den Emotionen Ärger, Mitleid und Schuld (nach Weiner, Graham, Stern & Lawson, 1982)

Dieser Befund hat interessante und potentiell weitreichende Implikationen. (1) Es ist offensichtlich nicht notwendig, einer anderen Person direkt (d.h., verbal) mitzuteilen, wie man etwa ihre Fähigkeit oder Anstrengung einschätzt. Emotionale Reaktionen auf einen Erfolg oder Misserfolg des anderen können diese Botschaft als "indirekte Mitteilungen" ebenso gut übermitteln (vgl. Meyer, 1982, 1984); und zwar oft ganz unbeabsichtigt. (2) Diese indirekten Mitteilungen könnten sich dann—analog zu direkten verbalen Mitteilungen—darauf auswirken, wie der andere *sich selbst* einschätzt (z. B., für wie fähig er sich hält). (3) Dies wiederum kann sich auf die weiteren Kognitionen des anderen auswirken. Nehmen Sie zum Beispiel an, Peters Lehrer reagiert auf den Misserfolg Peters bei der Mathematikprüfung mit Mitleid und Peter schließt daraus, dass der Lehrer sein Scheitern auf mangelnde Fähigkeit zurückführt. Dies kann unter bestimmten Umständen zur Folge haben, dass Peter sich selbst als unfähig einschätzt; nämlich dann, wenn er die vermutete Fremdeinschätzung seiner Fähigkeit als zutreffend akzeptiert. Voraussetzung für die Übernahme der Fähigkeitseinschätzung ist, dass Peter seinem Lehrer *ausreichende Kenntnisse* zum Treffen dieser Einschätzung unterstellt. Die Übernahme der Fähigkeitseinschätzung des Lehrers durch Peter kann dann dazu führen, dass Peter scine weiteren Erfolgsaussichten für niedrig hält.

Diese Hypothesen wurden von Rustemeyer (1984) in einem Laborexperiment überprüft. Den Versuchspersonen wurde mitgeteilt, in der Studie würden bestimmte Aspekte der Lehrer-Schüler-Interaktion untersucht. An dem Versuch nahmen eine Versuchsperson und ein Vertrauter des Versuchsleiters teil; der Vertraute wurde der Versuchsperson als ein zweiter "echter" Versuchsteilnehmer vorgestellt. Der Versuchsperson wurde die Rolle des Schülers zugewiesen, dem Vertrauten die Rolle des Lehrers. Der Schüler bearbeitete zunächst einen Test. In einer Versuchsbedingung wertete der Lehrer den Test anschließend aus—angeblich, um sich ein Bild von der Fähigkeit des Schülers zu machen. In einer zweiten Versuchsbedingung wurde der Test dagegen nicht ausgewertet. Im Anschluss daran bearbeiteten die Schüler in beiden Versuchsbedingungen zwei weitere Aufgaben, die den Testaufgaben ähnlich waren. Bei der ersten Aufgabe hatte jeder Schüler Erfolg, bei der zweiten Misserfolg. Bei der Hälfte der Schüler äußerte der Lehrer nach dem Erfolg Zufriedenheit und nach dem Misserfolg Ärger; bei der anderen Hälfte äußerte er nach dem Erfolg Überraschung und nach dem Misserfolg Mitleid.

Danach sollten die Schüler auf 7-Punkte-Skalen angeben, worauf der Lehrer ihrer Meinung nach den Erfolg und den Misserfolg zurückgeführt habe und wie hoch sie ihre Fähigkeit für diese Art von Aufgaben im Vergleich zu gleichaltrigen Studierenden einschätzten. Außerdem sollten sie ihre Erfolgswahrscheinlichkeit für eine weitere Serie gleichartiger Aufgaben unterschiedlicher Schwierigkeit beurteilen.

Entsprechend den früher beschriebenen Hypothesen sagte Rustemeyer (1984) voraus, dass die vom Lehrer kommunizierten Gefühle sich nur dann auf die im Fragebogen erfassten Urteile auswirken würden, wenn die Schüler dem Lehrer die Kenntnis ihrer Fähigkeit zuschrieben

(Bedingung mit Testauswertung). Wenn diese Kenntnis dagegen nicht vorhanden war (Bedingung ohne Testauswertung), dann sollten die Emotionen des Lehrers nicht auf seine Fähigkeitseinschätzung zurückgeführt werden. Als Folge davon sollten sie die Urteile der Schüler nicht beeinflussen.

Diese Hypothesen wurden bestätigt: Während sich in der Bedingung *ohne Testauswertung* keine emotionsabhängigen Unterschiede in den Urteilen der Schüler fanden, traten in der Bedingung *mit Testauswertung* genau die vorhergesagten Unterschiede auf. Tabelle 3.2 zeigt die Ergebnisse für die vermutete Fähigkeitseinschätzung des Lehrers und die eigene Fähigkeitseinschätzung.

Tabelle 3.2
Mittlere Skalierungen (nach Rustemeyer, 1984)

Emotionale Reaktionen des Lehrers auf Erfolg/ Misserfolg	Vermutete Fähigkeitseinschätzung des Lehrers: Erfolg[a]	Misserfolg[b]	Einschätzung der eigenen Fähigkeit
Zufriedenheit/Ärger	3.9	2.6	4.1
Überraschung/Mitleid	2.5	4.8	2.8

a Höhere Werte bedeuten, dass der Lehrer den Erfolg (nach Ansicht der Schüler) stärker auf hohe Fähigkeit zurückführte
b Höhere Werte bedeuten, dass der Lehrer den Misserfolg (nach Ansicht der Schüler) stärker auf niedrige Fähigkeit zurückführte

Wenn der Lehrer Zufriedenheit nach Erfolg und Ärger nach Misserfolg äußerte, glaubten die Schüler eher, der Lehrer habe den *Erfolg* auf hohe Fähigkeit zurückgeführt, als wenn er Überraschung nach Erfolg und Mitleid nach Misserfolg zeigte. Damit übereinstimmend waren die Schüler bei Zufriedenheit nach Erfolg und Ärger nach Misserfolg weniger der Meinung, der Lehrer habe den *Misserfolg* auf niedrige Fähigkeit zurückgeführt, als bei Überraschung nach Erfolg und Mitleid nach Misserfolg. Die Reaktionen des Lehrers auf das Leistungsergebnis führten also—analog zu den Ergebnissen von Weiner et al. (1982)—bei den Schülern zu unterschiedlichen Vermutungen darüber, wie der Lehrer ihre Fähigkeit einschätzte.

Darüber hinaus beeinflussten die emotionalen Reaktionen des Lehrers auch die *Selbsteinschätzung* der Schüler (Tabelle 3.2): Schüler, bei denen der Lehrer auf Erfolg mit Zufriedenheit und auf Misserfolg mit Ärger reagiert hatte, schätzten ihre eigene Fähigkeit höher ein als solche, bei denen der Lehrer auf Erfolg mit Überraschung und auf Misserfolg mit Mitleid reagiert hatte. Zudem waren die Schüler bei Zufriedenheit/Ärger zuversichtlicher, nachfolgende schwierige Aufgaben erfolgreich bearbeiten zu können als bei Überraschung/Mitleid (vgl. dazu Rustemeyer, 1984). Ähnliche Ergebnisse wie Rustemeyer fand auch Graham (1984).

Zusammenfassend wurde in den berichteten Untersuchungen also nachgewiesen, dass kommunizierte emotionale Reaktionen auf ein Leistungsergebnis eines anderen bei diesem zu Vermutungen darüber führen können, wie der Sender der "emotionalen Botschaft" ihn beurteilt (z. B. seine Fähigkeiten einschätzt). Dies kann dann die Selbstbeurteilung des Empfängers dieser Botschaft (z. B. das Bild eigener Fähigkeit) und darauf beruhende Meinungen (z. B. die Erwartung zukünftigen Erfolgs) beeinflussen. Mitleid und Ärger gehören sicher zu den im sozialen Alltag häufig vorkommenden Emotionen. Der Leser und die Leserin mögen sich selbst überlegen, inwieweit sie zum Beispiel Mitleid Personen gegenüber äußern, deren Fähigkeiten sie als niedrig einschätzen (z. B. ältere Leute, Behinderte, schlechte Schüler bzw. Schülerinnen), und welche Mitteilung man den Empfängern dieser emotionalen Botschaft damit unabsichtlich machen kann (vgl. auch Baltes, 1996).

3.4 Diskussion der Emotionstheorie Weiners

An Weiners Emotionstheorie sind vor allem folgende Aspekte positiv hervorzuheben: (1) Weiner bemühte sich nach Arnold (Kapitel 2) als einer der ersten neueren Emotionspsychologen, die kognitiven Einschätzungen zu spezifizieren, die einzelnen Emotionen zugrunde liegen. Dabei beschäftigte er sich in besonderem Maße mit "kognitiv komplexen" Gefühlen wie Ärger, Mitleid, Stolz, Schuld und Dankbarkeit; das heißt mit solchen Gefühlen, die relativ elaborierte Ereignisinterpretationen voraussetzen (Kausalattributionen und Verantwortlichkeitszuschreibungen). Diese Emotionen wurden von der akademischen Emotionspsychologie zuvor mit Ausnahme von Ärger stark vernachlässigt. (2) Weiner blieb nicht bei der Frage nach den kognitiven Ursachen von Emotionen stehen, sondern beschäftigte sich auch mit den Auswirkungen von Emotionen, speziell ihren motivationalen und kommunikativen Auswirkungen. (3) Weiner und andere Autoren erbrachten in zahlreichen Untersuchungen empirische Belege für die postulierten Beziehungen zwischen Kognition, Emotion und Motivation. In vielen dieser Untersuchungen wurden die kognitiven Ursachen von Emotionen und ihre motivationalen Wirkungen (Handlungswünsche bzw. die dadurch veranlassten Handlungen) gleichzeitig untersucht und das postulierte kausale Modell (Kognition→Emotion→Motivation) durch experimentelle Manipulationen und statistische Verfahren der Kausalanalyse überprüft. Derartige Untersuchungen sind in der Emotionspsychologie ansonsten nur selten anzutreffen. Tatsächlich gibt es unter den kognitiven Emotionspsychologen kaum einen anderen Autor, dessen Theorie einer derart umfangreichen empirischen Überprüfung unterzogen wurde wie die Weiners (in diesem Kapitel konnten wir nur einen kleinen, wenn auch zentralen Ausschnitt aus dieser Forschung berichten).

Dennoch lassen sich gegen die Emotionstheorie Weiners und die von ihm bevorzugte Forschungsmethode (die Untersuchung von erinnerten oder hypothetischer emotionsauslösender Situationen) eine Reihe von Einwänden vorbringen. Die Diskussion der *methodischen* Einwände verschieben wir auf das folgende Kapitel, da dieselben Vorbehalte auch gegen die dort berichteten empirischen Untersuchungen anderer kognitiver Emotionstheoretiker vorgebracht wurden. Im Folgenden wollen wir uns stattdessen mit einigen potentiell problematischen Aspekten der *Theorie* Weiners beschäftigen.

Zur Beziehung zwischen Kausalattributionen und Emotionen

Lazarus (1991a,b) hat mit Blick auf die damals vorliegende Version der Weinerschen Emotionstheorie (Weiner, 1986) folgenden Einwand gegen diese Theorie vorgebracht: Kausalattributionen mögen zwar *notwendige* kognitive Voraussetzungen für Emotionen wie Stolz oder Scham sein; sie sind dafür aber nicht *hinreichend*. Denn Kausalüberzeugungen sind *Tatsachenüberzeugungen* (vgl. Kapitel 2): Sie besagen nur, dass ein Ereignis eine bestimmte Ursache hat, enthalten aber nicht notwendig eine *Bewertung* der Ursache. Dies lässt sich nach Lazarus daran ablesen, dass die Ursache eines Ereignisses (z. B. mangelnde mathematische Begabung als Ursache eines Misserfolgs bei einer Klausurarbeit) von verschiedenen Personen ganz unterschiedlich bewertet werden kann. Die eine Person mag zum Beispiel ihre mathematische Unbegabtheit negativ bewerten, einer anderen mag die eigene Unbegabtheit gleichgültig sein, und eine dritte könnte sie sogar positiv bewerten—etwa, weil sie mathematische Unbegabtheit als Kennzeichen eines künstlerischen und kreativen Menschen betrachtet, der sie gerne sein möchte. Nach Lazarus ist jedoch eine positive oder negative Bewertung—und zwar nicht bloß von Ereignissen, sondern auch von deren *Ursachen*—unabdingbar, damit attributionsabhängige Gefühle wie Stolz oder Scham entstehen. Wem sein Mangel an mathematischer Begabung gleichgültig ist, der wird durch die Attribution eines Misserfolgs auf mangelnde Begabung keine Scham erleben; und wer seine mathematische Unbegabtheit positiv bewertet, der könnte sogar stolz darauf sein!

Dass Kausalattributionen nicht *notwendig* eine Bewertung beinhalten oder implizieren, ist sicherlich zutreffend. Lazarus' Kritik an Weiner ist dennoch aus mehreren Gründen nicht (mehr) ganz berechtigt. (1) Viele Arten von Ereignisursachen werden in unserer Kultur weitgehend übereinstimmend bewertet. So wird zum Beispiel der Besitz von hoher Fähigkeit von den meisten Personen positiv bewertet. Deshalb impliziert die Kausalattribution eines Erfolges auf Fähigkeit als Ursache *in der Regel* auch eine positive Bewertung dieser Ursache. (2) Weiner hat in mehreren Arbeiten darauf hingewiesen, dass attributionsabhängige Emotionen wie Stolz oder Scham auch voraussetzen, dass die von der Person wahrgenommenen Ereignisursachen *persönlich bedeutsam* sind (z. B. Weiner, 1986, 1995). Die Beurteilung einer Ursache als persönlich bedeutsam ist aber sicherlich eine Bewertung im Sinn von Lazarus, oder impliziert zumindest eine Bewertung. (3) Schließlich hat Weiner (1995) auch durch seine Unterscheidung von Kontrollierbarkeits- und Verantwortlichkeitszuschreibungen die Notwendigkeit einer Ursachenbewertung—und zwar einer normativen Bewertung—zumindest für einige der von ihm behandelten attributionsabhängigen Emotionen implizit anerkannt.

Die Rolle normativer Bewertungen bei anderen dimensionsabhängigen Emotionen

Dankbarkeit. Weiner (1995) hat die Bedeutung von Verantwortlichkeitszuschreibungen bzw. von normativen Bewertungen vor allem für die

Gefühle von *Ärger* und *Schuld* betont. Verantwortlichkeitszuschreibungen werden nach Weiner aber typischerweise durch Kontrollierbarkeitsüberzeugungen veranlasst (vgl. Abschnitt 3.2.2). Dies legt die Vermutung nahe, dass eine normative Bewertung auch für das dritte von Weiner behandelte Gefühl erforderlich ist, das eine Attribution auf eine kontrollierbare Ursache voraussetzt, nämlich *Dankbarkeit* (wir haben diese Annahme in Abbildung 3.2 deshalb bereits provisorisch hinzugefügt). Allerdings erfordert Dankbarkeit im Gegensatz zu Ärger und Schuld eine *positive* soziale oder moralische Bewertung. Das heißt, die Handlung einer anderen Person, die ein für den Erlebenden positives Ereignis herbeiführt, wird als *Erfüllung* einer sozialen oder moralischen Norm beurteilt. Tatsächlich wird die Handlung des anderen meist sogar als Übererfüllung einer Norm betrachtet, denn bloße Pflichterfüllung gilt nicht als in besonderem Maß lobenswert und ruft daher wenig oder keine Dankbarkeit hervor (Meinong, 1894).

Stolz und Scham. Stolz und Scham setzen nach Weiner beide voraus, dass man ein Ereignis auf eine internale Ursache zurückführt. Diese Ursache braucht nach Weiner aber nicht unbedingt kontrollierbar zu sein (Stolz) bzw. muss sogar unkontrollierbar sein (Scham; vgl. Abbildung 3.2). Ist die Ursache unkontrollierbar, dann ist aber eine Zuschreibung von Verantwortlichkeit und damit zumindest eine *moralische* Bewertung ausgeschlossen. Andererseits ist nach den früheren Überlegungen eine *Bewertung* der Ursachen auch für Stolz und Scham erforderlich. Nach Ansicht anderer kognitiver Emotionstheoretiker beruht auch diese Bewertung auf Normen. Allerdings handelt es sich dabei nicht um moralische Normen, sondern um solche, die allgemeine Konventionen (z. B. des richtigen Benehmens) oder Gütestandards (z. B. Attraktivitäts- oder Leistungsstandards) zum Ausdruck bringen (z. B. Taylor, 1985). Nach Auffassung dieser Theoretiker setzen Stolz und Scham den Glauben voraus, man besitze ein Merkmal, das von der eigenen Bezugsgruppe—das heißt von anderen Personen, deren Meinung einem wichtig ist—positiv (Stolz) bzw. negativ (Scham) bewertet wird. So ist man etwa stolz darauf, ein schönes Haus zu besitzen, wenn man den Besitz eines solchen Hauses als ein sozial erwünschtes Merkmal betrachtet; und man schämt sich für sein Übergewicht, wenn man glaubt, dass man dadurch den Attraktivitätsstandards der Gesellschaft nicht genügt.

Diese Analyse erweckt auch Zweifel an Weiners Annahme, dass *Unkontrollierbarkeit* eine notwendige Voraussetzung für Scham ist. In der Tat spricht die Alltagserfahrung dafür, dass man sich auch für kontrollierbare Verhaltensweisen schämen kann. Dies ist dann der Fall, wenn das eigene Verhalten den Ansprüchen anderer Personen nicht genügt und wenn man diese Ansprüche selbst akzeptiert. So kann sich Peter dafür schämen, sich nicht in dem Maße angestrengt zu haben, wie sein Lehrer dies von ihm erwartete, auch (und vielleicht gerade) dann, wenn Peter seine mangelnde Anstrengung als kontrollierbar betrachtet.

Zusammenfassend laufen diese Überlegungen also darauf hinaus, dass die Mehrheit der von Weiner diskutierten attributionsabhängigen Gefühle direkt oder indirekt auf sozialen oder moralischen Normen beruht: Ärger, Schuld und Dankbarkeit beruhen auf der wahrgenommenen Verletzung bzw. Erfüllung von akzeptierten moralischen Normen; Stolz und Scham dagegen auf der wahrgenommenen Erfüllung bzw. Nichterfüllung von akzeptierten sozialen Konventionen und Gütestandards.

Abschließend sei betont, dass Weiner nicht behauptet hat, dass die von ihm postulierten kognitiven Einschätzungen für die jeweiligen Emotionen einzeln notwendig und zusammen hinreichend sind (obwohl einige seiner Formulierungen dies nahe legen mögen). Vielmehr sieht er sie nur als *typische*, häufig vorkommende kognitive Auslöser der von ihm analysierten Emotionen an (vgl. dazu Weiner, 1986, 1995). Diese Ansicht Weiners wird durch die vorgebrachten Einwände nicht in Frage gestellt.

3.5 Zusammenfassung

Weiners Emotionstheorie ist, wie die meisten neueren kognitiven Emotionstheorien, eine kognitiv-evaluative Theorie der Emotion. Sie entstand im Kontext der Attributionsforschung, die sich Mitte der 1960er-Jahre in der Sozialpsychologie entwickelte und in der Folge zu einem ihrer umfangreichsten Forschungsprogramme wurde. Die Attributionsforschung beschäftigt sich mit der Entstehung und den Auswirkungen von Kausalüberzeugungen, insbesondere solchen (alltags-) psychologischer Art. Ein wichtiges Teilprojekt der Attributionsforschung ist die Explikation impliziter alltagspsychologischer Annahmen (Heider, 1958). Weiners Emotionstheorie kann als Bestandteil dieses Projekts angesehen werden, denn sie ist nach seinem eigenen Bekunden im Wesentlichen eine Rekonstruktion einiger zentraler emotionspsychologischer Annahmen der Alltagspsychologie. Weiners Theorie konzentriert sich auf Gefühle, die Kausalüberzeugungen sowie zum Teil auch darauf beruhende Verantwortlichkeitsurteile voraussetzen, wobei diese Urteile nach Weiners Begriffsverwendung eine normative Bewertung enthalten. Die betreffenden Gefühle umfassen nach Weiner Stolz, das Gefühl des erniedrigten Selbstwerts, Schuld, Scham, Dankbarkeit, Ärger, Mitleid und Hilflosigkeit/Resignation.

Emotionen sind nach Weiner Erlebniszustände von positiver oder negativer hedonischer Qualität, die typischerweise von Kognitionen verursacht werden und motivationale sowie informationale (sozialkommunikative) Auswirkungen haben. Emotionen können entweder durch nichtautomatische, bewusste oder aber durch automatische und unbewusste Einschätzungsprozesse entstehen. Der nichtautomatische Prozess der Emotionsentstehung ist ein sequentieller Schlussfolgerungsprozess, in dem zunehmend komplexere Ereigniseinschätzungen zunehmend differenziertere Gefühle erzeugen (ergebnisabhängige, dimensionsabhängige, normabhängige). Im Fall der automatischen Emotionsentstehung werden die Ereigniseinschätzungen dagegen nicht neu gebildet, sondern unwillkürlich und unbewusst aus passenden Gedächtnisschemata abgerufen und auf das konkret vorliegende Ereignis "angewendet".

In Weiners theoretischen und empirischen Arbeiten fanden vor allem diejenigen Gefühle Beachtung, die auf der Kontrollierbarkeitsdimension und auf dadurch beeinflussten Verantwortlichkeitsurteilen beruhen (insbesondere Ärger und Mitleid). In zahlreichen Untersuchungen wurden empirische Belege für die postulierten Beziehungen zwischen Kausalüberzeugungen, Verantwortlichkeitsurteilen und Emotionen erhalten. Empirische Belege wurden auch für die Annahmen Weiners beigebracht, dass Emotionen unmittelbare Ursachen von emotionsspezifischen Handlungstendenzen sind und dass sie informationale (kommunikative) Auswirkungen haben. Tatsächlich gibt es in der gegenwärtigen kognitiven Emotionspsychologie kaum einen anderen Autor, dessen Theorie einer derart umfangreichen empirischen Überprüfung unterzogen wurde.

Dennoch lassen sich gegen Weiners Theorie Einwände vorbringen. Eine offenbar notwendige kognitive Voraussetzung der von ihm analysierten Emotionen—die Bewertung von Ursachen, insbesondere relativ zu sozialen und moralischen Normen—kommt in der Theorie nicht explizit, das heißt als *eigenständige Variable* vor. Vielmehr ist diese Bewertung in der Theorie nur "versteckt" enthalten, nämlich als Bestandteil der Verantwortlichkeitszuschreibung. Die kognitiven Voraussetzungen anderer Emotionen, zum Beispiel von Scham, scheinen dagegen zu restriktiv formuliert zu sein. Diese Einwände stellen Weiners Theorie allerdings nicht grundsätzlich in Frage. Vielmehr sind sie als Anregung zu verstehen, die Theorie in einigen Punkten zu präzisieren bzw. zu modifizieren.

3.6 Weiterführende Literatur

Weiner hat seine attributionale Theorie der Emotion und Motivation in mehreren Büchern und Artikeln ausführlich dargestellt. Interessierte Leser und Leserinnen seien besonders auf Weiner (1982, 1986, 1993, 1995) verwiesen. Reisenzein (1985) weist auf die Bezüge der Weinerschen Theorie zu kognitiv-lerntheoretischen Ansätzen hin, von denen insbesondere die so genannte attributionale Reformulierung der *Theorie der gelernten Hilflosigkeit* durch Abramson, Seligman und Teasdale (1978) bekannt geworden ist (eine einführende Darstellung dieser Theorie gibt Meyer, 2000). Die Theorie der gelernten Hilflosigkeit—die ebenfalls eine äußerst umfangreiche empirische Forschung angeregt hat—fand vor allem deshalb breites Interesse, weil sie beansprucht, das Entstehen bestimmter Formen von *Depression* zu erklären (Depression gehört zu den am häufigsten vorkommenden Formen emotionaler Störungen). In der attributionalen Reformulierung dieser Theorie (Abramson et al., 1978) wurde angenommen, dass der Kern von Depression in der Kognition der *Hilflosigkeit* besteht, welche von diesen Autoren als der Glaube verstanden wird, persönlich wichtige negative Ereignisse nicht beeinflussen zu können. Die Kognition der Hilflosigkeit entspricht also weitgehend der Einschätzung der *fehlenden Bewältigbarkeit* in den Emotionstheorien von Arnold und Lazarus (Kapitel 2). Dagegen sieht Weiner (1986) als entscheidend für Depression die Kognition der *Hoffnungslosigkeit* an, das heißt den Glauben, dass sich ein negativer Zustand nicht ändern wird. Abramson, Metalsky und Alloy (1989) haben jedoch später eine Revision der Theorie von Abramson et al. (1978) vorgeschlagen, die so genannte *Hoffnungslosigkeitstheorie der Depression*, die im Wesentlichen mit der Auffassung Weiners übereinstimmt (vgl. dazu Meyer, 2000).

Weiners Annahme, dass einige im sozialen Alltag häufig vorkommende Emotionen von Kausalattributionen abhängen, hat unmittelbare klinische und pädagogische Implikationen. Denn aus dieser Annahme folgt, dass die betreffenden Emotionen durch eine Änderung von Kausalattributionen beeinflusst werden können. Tatsächlich sind eine Reihe von Therapieverfahren entwickelt und überprüft worden, die auf attributionstheoretischen Überlegungen—unter anderem auch auf der Theorie Weiners—beruhen. Eine Übersicht über diese Forschung gibt Försterling (1988; s. auch Försterling, 2001). Meyer (1992) fasst die Forschung zu den unbeabsichtigten Auswirkungen von Affektäußerungen (sowie Lob und Tadel) von Lehrern auf die Attributionen von Schülern und Schülerinnen zusammen.

KAPITEL 4

DIE EMOTIONSTHEORIE VON ORTONY, CLORE UND COLLINS

Die in den Kapiteln 1 bis 3 beschriebenen kognitiven Emotionstheorien sind zumindest in einer wichtigen Hinsicht unvollständig: Nämlich insofern, als sie nur bestimmte Teilgruppen der Emotionen ausführlicher behandeln. Im Unterschied dazu versucht die in diesem Kapitel vorgestellte Theorie der amerikanischen Psychologen Ortony, Clore und Collins (1988), die kognitiven Grundlagen der Emotionen möglichst *umfassend* und *detailliert* aufzuklären. Dieses Ziel teilen Ortony et al. mit einer Reihe weiterer neuerer Einschätzungstheoretiker (z. B. Frijda, 1986; Lazarus, 1991a; Roseman, 1984; Scherer, 1984). Die Theorie von Ortony et al. ist jedoch eine der umfassendsten Einschätzungstheorien und darüber hinaus die systematischste. Zudem fügt sich diese Theorie besonders gut an die vorangegangenen Kapitel an. Sie lässt sich nämlich als Integration und Ausarbeitung der in den Kapiteln 1 bis 3 behandelten Emotionstheorien verstehen, insbesondere der Theorien von Meinong (Kapitel 1) und Weiner (Kapitel 3; vgl. Abschnitt 4.6).

Im Anschluss an die Darstellung der Theorie von Ortony et al. berichten wir über neuere empirische Überprüfungen und kritische Diskussionen der kognitiven Emotionstheorien. Dazu fassen wir zunächst kurz die Ergebnisse einschlägiger Forschungsarbeiten zusammen und erläutern zwei wichtige theoretische Argumente, die für die kognitiven Emotionstheorien sprechen. Danach gehen wir auf methodische und inhaltliche Kritik ein, die gegen diese Theorien vorgebracht wurde. Insbesondere werden wir den Einwand diskutieren, dass Emotionen auch auf nichtkognitivem Weg entstehen können. Zum Schluss vergleichen wir die Emotionstheorie von Ortony et al. mit den Theorien von Meinong und Weiner.

4.1 Grundannahmen der Emotionstheorie von Ortony, Clore und Collins

Wie die meisten neueren kognitiven Emotionstheorien ist auch die Theorie von Ortony et al. ihrer Grundstruktur nach eine *kognitiv-evaluative* Theorie der Emotion (vgl. dazu die Erläuterungen im Kapitel 2). Das heißt, sie geht davon aus, (a) dass Emotionen *Tatsachen- und Wertüberzeugungen* voraussetzen und (b) dass unterschiedliche Emotionen auf unterschiedlichen Kombinationen von Wert- und Tatsachenüberzeugungen beruhen. Das Ziel von Ortony et al. ist es, diese Annahmen zu einer umfassenden und detaillierten Einschätzungstheorie auszuarbeiten.

In diesem Abschnitt beschreiben wir zunächst die Grundpostulate der Theorie von Ortony et al. (1988). Diese umfassen die Annahmen der Autoren über die Hauptgruppen der Emotionen sowie über die Natur, Entstehung und die Auswirkungen bzw. Funktionen von Emotionen. Im Abschnitt 4.2 gehen wir dann auf die Ansichten von Ortony et al. zu den kognitiven Grundlagen spezifischer Emotionen ein.

Die drei Hauptgruppen der Emotionen und ihre kognitiven Grundlagen

Von fundamentaler Bedeutung für das Verständnis der Emotionen des Menschen ist nach Ortony et al. die Erkenntnis, dass die Emotionen in drei Gruppen zerfallen: die *ereignisfundierten Emotionen*, die *handlungsfundierten Emotionen* und die *objektfundierten Emotionen*. (Ortony et al. bezeichnen die handlungsfundierten Emotionen auch als *Attributionsemotionen* und die objektfundierten Emotionen als *Attraktionsemotionen*).

Nach Ortony et al. unterscheiden sich die ereignis-, handlungs- und objektfundierten Emotionen voneinander durch zwei Merkmale. Erstens beziehen sie sich—entsprechend den ihnen zugrunde liegenden Kognitionen—auf *unterschiedliche Arten von Gegenständen*, nämlich auf Ereignisse, Handlungen bzw. Objekte (Einzeldinge). Zweitens beruhen die Emotionen der drei Hauptgruppen auf jeweils unterschiedlichen *Formen der Bewertung* ihrer Gegenstände, nämlich auf Bewertungen nach *Erwünschtheit* (erwünscht-unerwünscht), nach *Lobwürdigkeit* (lobenswert-tadelnswert) und nach *Attraktivität* (anziehend-abstoßend). Im Folgenden erläutern wir diese Annahmen näher.

Die ereignisfundierten Emotionen. Ereignisfundierte Emotionen sind zum Beispiel Freude und Leid (Kummer). Nach Ortony et al. zeichnen sich diese Emotionen durch folgende Merkmale aus: (1) Sie beziehen sich auf Ereignisse als ihre Gegenstände. Unter *Ereignissen* verstehen Ortony et al. Sachverhalte, für die kein verantwortlicher Urheber existiert oder bei denen von einer eventuell vorhandenen Urheberschaft abgesehen wird. Zum Beispiel freut man sich über einen Gewinn im Lotto oder ist bekümmert über den Verlust der Brieftasche. (2) Die ereignisfundierten Emotionen beruhen auf Bewertungen der *Erwünschtheit* versus *Unerwünschtheit* ihrer Gegenstände. Damit meinen Ortony et al. Bewertungen, denen als Bewertungskriterien *rein persönliche*, das heißt *nichtnormative Wünsche* zugrunde liegen. *Erwünscht* ist ein Ereignis, das mit einem persönlichen Wunsch übereinstimmt (z. B. ein Gewinn im Lotto); *unerwünscht* ist dagegen eines, das damit nicht übereinstimmt bzw. den Wunsch frustriert (z. B. der Verlust der Brieftasche). Kasten 4.1 fasst diese Annahmen nochmals zusammen. Als Merkhilfe für die späteren Ausführungen enthält der Kasten zudem eine *allgemeine Beschreibung* der ereignisfundierten Emotionen sowie eine Übersicht über ihre zentralen *Untergruppen* (Analoges gilt für die Kästen 4.2 und 4.3).

Kasten 4.1

Die ereignisfundierten Emotionen (nach Ortony et al., 1988)

Allgemeine Beschreibung: Gefühle der Zufriedenheit über ein erwünschtes Ereignis und der Unzufriedenheit über ein unerwünschtes Ereignis

Gegenstand: Ereignis = Sachverhalt ohne verantwortlichen Urheber

Bewertungskriterium: ein persönlicher, d.h., nichtnormativer Wunsch

Resultierende Bewertung: Erwünschtheit (erwünscht-unerwünscht)

Untergruppen:

- Wohlergehensemotionen: Freude, Leid
- Empathieemotionen: Mitfreude, Mitleid, Schadenfreude, Neid/Missgunst
- Erwartungsfundierte Emotionen:
  (1) Ungewissheitsemotionen: Hoffnung, Furcht
  (2) Emotionen der Erwartungsbestätigung (Befriedigung, bestätigte Furcht) und der Erwartungsentkräftung (Enttäuschung, Erleichterung)

Die handlungsfundierten Emotionen. Beispiele für handlungsfundierte Emotionen sind Stolz und Schuld. Kennzeichnend für diese Emotionen ist nach Ortony et al. Folgendes: (1) Sie beziehen sich auf Handlungen als ihre Gegenstände. Unter *Handlungen* verstehen Ortony et al. das willentlich kontrollierbare Herbeiführen oder Verhindern von Ereignissen durch eine Person (oder auch eine Gruppe oder Institution), das deshalb in der Regel vom Handelnden zu verantworten ist (vgl. Weiner, 1995; Kapitel 3). Zum Beispiel ist man stolz auf ein Leistungsergebnis oder empfindet Schuld darüber, dass man einen Verkehrsunfall verursacht hat. (2) Die handlungsfundierten Emotionen beruhen auf Bewertungen der *Lobwürdigkeit* versus *Tadelnswürdigkeit*. Darunter verstehen Ortony et al. solche Bewertungen, denen als Bewertungskriterien internalisierte (d.h., von der Person akzeptierte) *soziale oder moralische Normen* zugrunde liegen (Ortony et al. sprechen von *Standards*). Beispiele für derartige Normen sind "Man muss seinen Freunden in der Not helfen" und "Man soll nicht lügen". Wie bereits im Kapitel 3 erwähnt wurde, können internalisierte Normen als eine besondere Art von Wünschen verstanden werden: Die Person wünscht sich, dass die betreffende Norm eingehalten wird. Lobenswert ist eine Handlung, die nach Meinung der Person eine von ihr akzeptierte Norm erfüllt (z. B. Albert hilft Peter); tadelnswert ist eine Handlung, die eine solche Norm verletzt (z. B. Albert belügt Peter). Kasten 4.2 fasst diese Annahmen zusammen.

Kasten 4.2

Die handlungsfundierten Emotionen (nach Ortony et al., 1988)

Allgemeine Beschreibung: Gefühle der Billigung einer lobenswerten Handlung und der Missbilligung einer tadelnswerten Handlung

Gegenstand: Handlung = das Herbeiführen oder Verhindern eines Ereignisses durch einen verantwortlichen Urheber

Bewertungskriterium: eine internalisierte soziale oder moralische Norm

Resultierende Bewertung: Lobwürdigkeit (lobenswert-tadelnswert)

Untergruppen:

- Emotionen des Selbstlobs (z. B. Stolz) und des Selbstvorwurfs (z. B. Schuld)
- Emotionen des Lobs (z. B. Bewunderung) und des Vorwurfs (z. B. Empörung)

Die objektfundierten Emotionen. Beispiele für objektfundierte Emotionen sind Zuneigung und Ekel. Kennzeichnend für diese Emotionen ist: (1) Sie beziehen sich auf Objekte als ihre Gegenstände. Mit *Objekten* meinen Ortony et al. Einzeldinge wie Personen, Tiere oder nichtbelebte Dinge (Ortony et al. verwenden den Begriff "Objekt" also in einem eingeschränken Sinn). Zum Beispiel fühlt man Zuneigung für einen Freund und ekelt sich vor einer Küchenschabe. (2) Die objektfundierten Emotionen beruhen auf Bewertungen der *Attraktivität* (*anziehend* versus *abstoßend*). Attraktivitätsbewertungen sind nach Ortony et al. solche, denen als Bewertungskriterien *Einstellungen* zugrunde liegen, das heißt, die Meinungen der Person über die positiven und negativen Eigenschaften von Objekten. Als anziehend wird ein Objekt bewertet, das positive Eigenschaften hat (z. B. ein Freund); als abstoßend ein solches, das negative Eigenschaften hat (z. B. eine Küchenschabe). Kasten 4.3 fasst diese Annahmen zusammen.

Kasten 4.3

Die objektfundierten Emotionen (nach Ortony et al., 1988)

Allgemeine Beschreibung: Gefühle des Mögens eines anziehenden Objekts und des Nichtmögens eines abstoßenden Objekts

Gegenstand: Objekt = ein Einzelding wie eine Person, ein Tier oder ein nichtbelebtes Ding

Bewertungskriterium: Einstellungen (Meinungen über die positiven und negativen Eigenschaften des Objekts)

Resultierende Bewertung: Attraktivität (anziehend-abstoßend)

Untergruppen:

- positive objektfundierte Emotionen (z. B. Zuneigung, Liebe)
- negative objektfundierte Emotionen (z. B. Abneigung, Ekel)

Zusammenfassend haben die Emotionen der drei Hauptgruppen spezifische *Gegenstände* und beruhen auf besonderen, diesen Gegenständen angemessenen Formen der *Bewertung*. Die Unterscheidung von Emotionen aufgrund unterschiedlicher Arten der Bewertung ist für die Leserinnen und Leser von Kapitel 3 übrigens nichts grundsätzlich Neues. Auch Weiner (1995) unterscheidet zwischen nichtnormativen und normativen Bewertungen (entsprechend den Erwünschtheits- und Lobwürdigkeitsbewertungen von Ortony et al.). Eine vergleichbare Unterscheidung findet sich auch bei anderen neueren Einschätzungstheoretikern (z. B. Lazarus, 1991a; Roseman, 1984; Scherer, 1984). Die Besonderheit der Theorie von Ortony in diesem Punkt ist, dass die unterschiedlichen Bewertungen nicht nur an unterschiedliche *Emotionen* angebunden werden, sondern auch an unterschiedliche *Gegenstände*. Das heißt: Erwünschtheitsbewertungen beziehen sich stets auf *Ereignisse*, Lobwürdigkeitsbewertungen stets auf *Handlungen*, und *Attraktivitätsbewertungen* stets auf *Einzeldinge*.

Die Natur und Funktion von Emotionen

Nach Ortony et al. (1988) sind Emotionen "valenzbehaftete Reaktionen" (S. 13) auf Ereignisse, Handlungen und Objekte. Aus den weiteren Ausführungen der Autoren geht hervor, dass damit Folgendes gemeint ist: Emotionen sind hedonisch positive oder negative Gefühle (Lust- und Unlustgefühle), die durch kognitive Einschätzungen von Ereignissen, Handlungen oder Objekten verursacht werden. Die Emotionen (= Gefühle) sind dabei stets auf denselben Gegenstand bezogen wie die Einschätzungen. Zum Beispiel glaubt Albert, dass er im Lotto gewonnen hat und bewertet dieses Ereignis als erwünscht; als Folge davon freut er sich *über dieses Ereignis*.

Die primäre *Funktion* von Emotionen ist nach Ortony et al. (1988) *informationaler* Natur: Gefühle "teilen dem Bewusstsein mit", dass ein Sachverhalt oder ein Einzelding für die Person gut oder schlecht ist, das heißt ihre Wünsche bzw. Einstellungen positiv oder negativ betrifft (vgl. dazu auch Kapitel 1). Zum Beispiel erlebt Albert ein unangenehmes Gefühl, als er bemerkt, dass er seine Brieftasche verloren hat. Dieses Gefühl informiert ihn darüber, dass der Verlust der Brieftasche schlecht für ihn ist, das heißt, einen seiner Wünsche frustriert. Nützlich ist diese "Gefühlsinformation" nach Ortony et al. vor allem deshalb, weil die dem Gefühl zugrunde liegende Einschätzung (z. B. die Bewertung eines Ereignisses als unerwünscht) der Person *nicht immer bewusst* ist. Die Kenntnis dieser Einschätzung ist jedoch eine notwendige Voraussetzung für bewusste Prozesse der Handlungsplanung, ohne die nach Ortony et al. eine flexible, den Umständen angepasste Reaktion auf emotionsauslösende Situationen nicht möglich ist.

Der Prozess der Emotionsentstehung

Die Entstehung einzelner Emotionen. Die kognitiven Einschätzungen (Wert- und Tatsachenüberzeugungen), die eine bestimmte Emotion verursachen, werden nach Ortony et al. nicht notwendig in einer bestimmten Reihenfolge gebildet. Sie können vielmehr auch in verschiedenen Reihenfolgen oder gleichzeitig zustande kommen. Ein *typischer* Fall der Entstehung einer Emotion wäre jedoch der folgende:

1. Zunächst wird ein Ereignis, eine Handlung oder ein Objekt (Einzelding) *kognitiv repräsentiert*. Zum Beispiel gelangt Albert zur *Überzeugung*, dass er im Lotto Geld gewonnen hat (Ereignis); er kommt zum *Glauben*, dass der Nachbar sein Kind geschlagen hat (Handlung); oder er *sieht* eine Küchenschabe vor sich (Objekt).

2. Im nächsten Schritt werden die Ereignisse, Handlungen oder Objekte *bewertet*, indem sie zu den für sie einschlägigen Bewertungskriterien in Beziehung gesetzt werden (d.h., zu persönlichen Wünschen, internalisierten Normen bzw. Einstellungen). Zum Beispiel bewertet Albert seinen Lottogewinn als *erwünscht*, die Handlung des Nachbarn als *tadelnswert* und die Küchenschabe als *abstoßend*.

3. In Abhängigkeit von diesen Bewertungen und den im ersten Schritt gebildeten, nichtwertenden Kognitionen entsteht dann eine bestimmte Emotion aus einer der drei Hauptgruppen. Zum Beispiel erlebt Albert *Freude* über seinen Geldgewinn, *Empörung* über die Tat des Nachbarn oder *Ekel* vor der Küchenschabe.

Wie bereits erwähnt, müssen Einschätzungsprozesse nach Ortony et al. nicht bewusst ablaufen. Tatsächlich finden sie nach Ansicht der Autoren häufig unbewusst und automatisch statt. Dies gilt insbesondere für den Prozess der Bewertung. Bewusst ist der Person in diesen Fällen zunächst nur ein auslösendes Objekt und das dadurch verursachte Gefühl. Die dem Gefühl zugrunde liegende Bewertung wird ihr dagegen erst im Nachhinein oder auf Befragen bewusst. Und manchmal ist die Bewertung der Person überhaupt nicht direkt zugänglich; dann kann sie ihr Vorhandensein nur aus dem erlebten Gefühl erschließen (vgl. den Abschnitt zur Funktion von Gefühlen).

Die Entstehung von Emotionssequenzen. Ähnlich wie Weiner (vgl. Kapitel 3) nehmen auch Ortony et al. (1988) an, dass einmal getätigte Einschätzungen weitere Einschätzungen veranlassen können. Als Folge davon kommt es zum Auftreten von *Emotionssequenzen*. Insbesondere besteht nach Ortony et al. eine "Tendenz...von ereignisfundierten zu handlungsfundierten und dann zu einzeldingfundierten Emotionen weiterzugehen" (S. 169-170). Verantwortlich dafür ist vor allem die "allgegenwärtige Neigung" (S. 169) von Personen, nach den *Ursachen* von bedeutsamen Ereignissen und Handlungen zu suchen (vgl. Weiner, 1995; Kapitel 3). Das heißt, die Erkenntnis, dass ein bedeutsames *Ereignis* stattgefunden hat, veranlasst häufig eine Suche nach den Ursachen dieses Ereignisses. Wird das Ereignis auf die *Handlung* eines verantwortlichen Urhebers zurückgeführt, dann sucht man oft weiter nach den Ursachen für diese Handlung und findet sie in machen Fällen in der *Person* des Handelnden. Als Folge dieser zunehmend tieferen Ursachenanalyse können nach den ursprünglichen ereignisfundierten Emotionen zunächst handlungsfundierte und schließlich objektfundierte Gefühle auftreten.

Zur Illustration: Albert bemerkt, dass das Kind des Nachbarn sich ein blaues Auge zugezogen hat (Ereignis). Er bewertet dieses Ereignis als unerwünscht und erlebt deshalb das ereignisfundierte Gefühl des Mitleids. Albert sucht nun nach der Ursache des Ereignisses und findet heraus, dass der Nachbar sein Kind geschlagen hat (Handlung). Er bewertet diese Handlung als tadelnswert und erlebt als Folge das handlungsfundierte Gefühl der Empörung. Albert fragt sich nun weiter, weshalb der Nachbar sein Kind geschlagen hat und kommt zum Schluss, dass die Tat des Nachbarn auf dessen rücksichtslose und brutale Persönlichkeit zurückzuführen ist. Damit rückt die Person des Nachbarn (ein Einzelding) ins Zentrum der Aufmerksamkeit und Albert bewertet den Nachbarn als abstoßend. Als Folge erlebt Albert nun das objektfundierte Gefühl der Verachtung.

Von großer Bedeutung für das Gefühl, das zu einem bestimmten Zeitpunkt erlebt wird, ist nach Ortony et al. schließlich die *Fokussierung der Aufmerksamkeit* der Person. Diese kann dazu führen, dass man auch dann, wenn man bereits mehrere Situationsaspekte eingeschätzt hat, nur *ein* Gefühl erlebt (zumindest als das dominante). Zum Beispiel erfährt Albert, dass der Nachbar sein Kind schlägt. Albert konzentriert sich zunächst auf die tadelnswerte *Handlung* des Nachbarn und erlebt als

Folge Empörung über dessen Tat. Dann lenkt er seine Aufmerksamkeit vom Urheber des Ereignisses weg und richtet sie darauf, dass dem Kind ein unerwünschtes *Ereignis* widerfahren ist. Nun erlebt er Mitleid. Schließlich fokussiert er seine Aufmerksamkeit auf die abstoßende *Person* des Nachbarn. Jetzt fühlt er Verachtung für den Nachbarn.

4.2 Die kognitiven Grundlagen spezifischer Emotionen

Der Hauptteil der Theorie von Ortony et al. befasst sich mit den *Einschätzungsmustern*—das heißt, den Kombinationen von Wert- und Tatsachenüberzeugungen—die den wichtigsten Arten der ereignis-, handlungs- und einzeldingfundierten Emotionen zugrunde liegen. Insgesamt haben die Autoren die Einschätzungsmuster von 22 Emotionen spezifiziert. Eine Übersicht über diese Emotionen gibt die Abbildung 4.1 (vgl. auch die Kästen 4.1 bis 4.3). Beachten Sie, dass je zwei dieser Gefühle in ihren kognitiven Voraussetzungen bis auf die Bewertung (positiv versus negativ) völlig miteinander übereinstimmen. Deshalb zerfallen die 22 Emotionen in zwei Teilgruppen mit jeweils 11 positiven und 11 negativen Gefühlen (vgl. Abbildung 4.1). Im Folgenden wollen wir diese Emotionen näher betrachten.

Die ereignisfundierten Emotionen

Die ereignisfundierten Emotionen sind Lust- und Unlustgefühle, die durch Bewertungen von *Ereignissen* als *erwünscht* bzw. *unerwünscht* verursacht werden. Ortony et al. (1988) bezeichnen sie als Gefühle der *Zufriedenheit* über ein erwünschtes Ereignis bzw. der *Unzufriedenheit* über ein unerwünschtes Ereignis. Welche *spezifischere* Form diese Zufriedenheit oder Unzufriedenheit annimmt, hängt von bestimmten *Tatsachenüberzeugungen* über die auslösenden Ereignisse ab. Von zentraler Bedeutung sind nach Ortony et al. dabei die folgenden drei nichtwertenden Einschätzungsdimensionen:

1. **Subjektive Wahrscheinlichkeit**: Ein Ereignis ist sicher versus unsicher. Diese Einschätzungsdimension findet sich explizit oder implizit in allen bisher besprochenen Emotionstheorien wieder. Bei Meinong

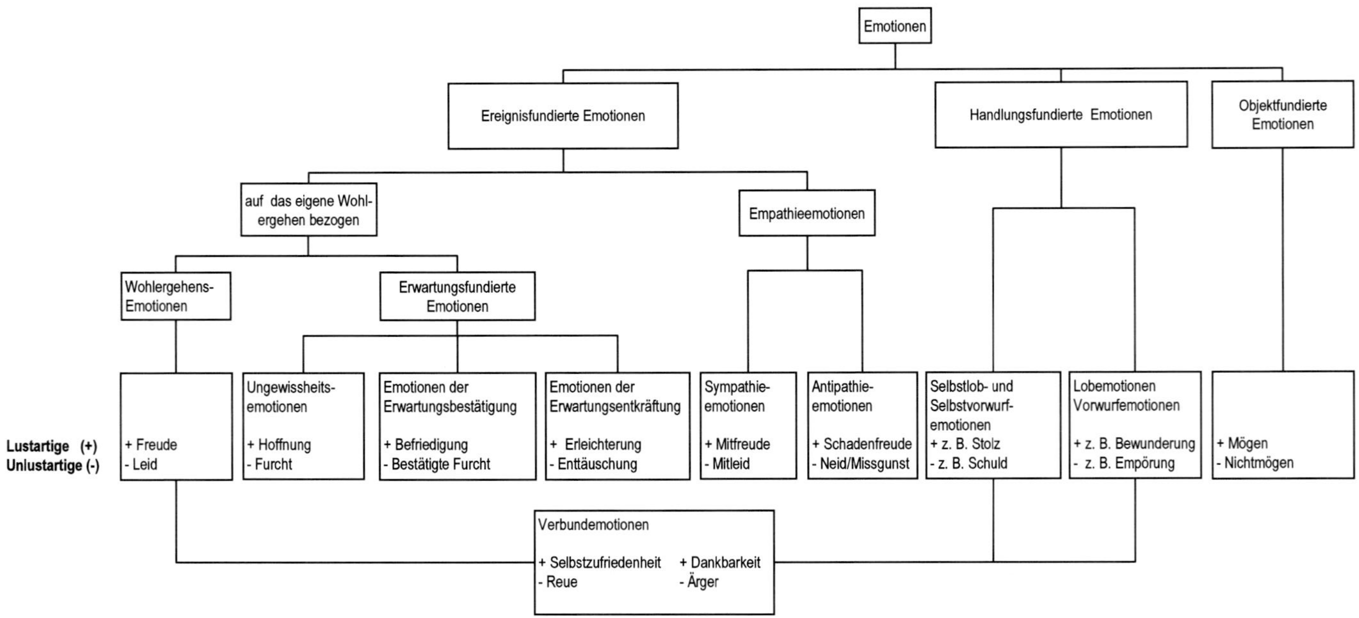

Abbildung 4.1
Die Klassifikation der Emotionen nach ihren kognitiven Grundlagen (nach Ortony, Clore und Collins, 1988)

(Kapitel 1) tritt sie als Glaubensstärke bzw. *Gewissheit versus Ungewissheit* auf; bei Arnold (Kapitel 2) als ein Aspekt der Einschätzungsdimension *Anwesenheit-Abwesenheit*; und bei Lazarus (Kapitel 2) als eine Komponente der primären Einschätzung. Bei Weiner (Kapitel 3) kommt diese Einschätzungsdimension dagegen nur implizit vor, da Weiner sich ausschließlich mit Gefühlen beschäftigt, die als Reaktion auf *sichere* Ereignisse auftreten.

2. **Ereignisfokus**: Das Ereignis betrifft primär die erlebende Person selbst bzw. das eigene Wohlergehen versus primär eine andere Person bzw. deren Wohlergehen. Diese Einschätzungsdimension kam implizit ebenfalls bereits in den Emotionstheorien von Meinong (Kapitel 1) und Weiner (Kapitel 3) vor.

3. **Verhältnis des Ereignisses zu bestehenden Erwartungen**: Diese Einschätzungsdimension betrifft die Frage, ob ein eingetretenes (sicheres) Ereignis mit den gegebenenfalls bestehenden Erwartungen der Person übereinstimmt oder nicht. Hat die Person das Ereignis erwartet, dann ist sein Eintreten *erwartungsbestätigend*; hat sie etwas anderes erwartet, dann ist sein Eintreten *erwartungswidrig*. Und wenn die Person keinerlei ereignisbezogene Erwartungen hatte, oder wenn sie bewusst von diesen Erwartungen absieht (d.h., sich nur auf das Faktum des Ereigniseintritts konzentriert), dann sind Erwartungen *irrelevant*.

Untergruppen der ereignisfundierten Emotionen. In Abhängigkeit von den Ausprägungen der eben beschriebenen Einschätzungsdimensionen unterscheiden Ortony et al. drei Untergruppen der ereignisfundierten Emotionen: Die Wohlergehensemotionen, die Empathieemotionen und die erwartungsfundierten Emotionen (vgl. Abbildung 4.1; s. auch Kasten 4.1).

Die *Wohlergehensemotionen* sind emotionale Reaktionen auf als sicher betrachtete Ereignisse, die das *eigene* Wohlergehen betreffen. Ihre Grundformen sind Freude und Leid.

Die *Empathieemotionen* sind emotionale Reaktionen auf als sicher betrachtete Ereignisse, die das Wohlergehen *anderer Personen* betreffen. Ihre Grundformen sind Mitfreude, Mitleid, Schadenfreude und Neid/Missgunst.

Die *erwartungsfundierten Emotionen* umfassen zum einen die *Ungewissheitsgefühle* Hoffnung und Furcht. Diese sind emotionale Reaktionen auf als *unsicher* betrachtete erwünschte bzw. unerwünschte Ereignisse. Zum andern umfassen die erwartungsfundierten Emotionen die Gefühle der *Erwartungsbestätigung* (Befriedigung und das Gefühl der bestätigten Furcht) sowie der *Erwartungsentkräftung* (Enttäuschung und Erleichterung). Diese Gefühle treten auf, wenn die Erwartung eines erwünschten oder unerwünschten Ereignisses bestätigt bzw. entkräftet wird.

Im Folgenden werden wir diese Annahmen näher erläutern. Zur Illustration soll folgende Situation dienen: Albert wünscht sich zum Geburtstag eine Dampfmaschine. Sein Freund Peter wünscht sich dagegen nichts sehnlicher, als seine anstehende Mathematikprüfung zu bestehen. Und ihr Schulkamerad Franz, der beide nicht leiden kann, wünscht sich, dass Albert die Dampfmaschine nicht erhält und Peter die Prüfung nicht besteht. Albert erhält die gewünschte Dampfmaschine; Peter besteht die Prüfung nicht.

Die Wohlergehensemotionen: Freude und Leid. *Freude* tritt nach Ortony et al. allgemein gesprochen dann auf, wenn man ein Ereignis (1) als sicher betrachtet (Ereigniswahrscheinlichkeit = sicher); (2) glaubt, dass es einen primär selbst betrifft (Ereignisfokus = Selbst); (3) das Ereignis als erwünscht bewertet und (4) ereignisbezogene Erwartungen irrelevant sind (d.h., entweder nicht vorhanden sind oder bewusst von ihnen abgesehen wird). Deshalb erlebt Albert Freude, als er zum Geburtstag die Dampfmaschine erhält: Er betrachtet dieses Ereignis als sicher, glaubt, dass es ihn primär selbst bzw. sein eigenes Wohlergehen betrifft, und bewertet es als erwünscht.

Leid (oder Kummer) wird dagegen erlebt, wenn man ein sicheres Ereignis, das einen selbst betrifft, als unerwünscht bewertet. Deshalb erlebt Peter Leid, als er seine Prüfung nicht besteht: Er betrachtet dieses Ereignis als sicher, glaubt, dass es ihn primär selbst betrifft, und bewertet es als unerwünscht.

Die Empathieemotionen: Mitfreude, Mitleid, Schadenfreude und Neid/Missgunst. Die *Empathiegefühle* sind emotionale Reaktionen auf (1) sichere Ereignisse, die (2) primär das Wohlergehen einer anderen Person betreffen (Ereignisfokus = Anderer) und die (3) als erwünscht oder unerwünscht bewertet werden. Ereignisbezogene Erwartungen sind, wie bei den Wohlergehensemotionen, irrelevant.

Mitfreude tritt allgemein gesprochen dann auf, wenn man glaubt, einer anderen Person sei ein Ereignis zugestoßen, das für sie positiv ist, und wenn man dieses Ereignis deswegen auch selbst als erwünscht bewertet. Deshalb erlebt Peter Mitfreude mit Albert, als er erfährt, dass dieser zum Geburtstag eine Dampfmaschine erhalten hat. Denn er weiß, dass der Erhalt der Dampfmaschine für Albert erwünscht ist. Und da er als Freund Alberts diesem Gutes wünscht, bewertet er dieses Ereignis auch selbst als erwünscht.

Mitleid wird erlebt, wenn einem das negative Los eines anderen unerwünscht ist. Deshalb empfindet Albert Mitleid mit Peter, als er erfährt, dass dieser seine Mathematikprüfung nicht bestanden hat. Denn Albert weiß, dass dieses Ereignis für Peter unerwünscht ist. Und da er als Alberts Freund möchte, dass diesem nichts Negatives zustößt, ist ihm Peters Versagen bei der Prüfung auch selbst unerwünscht.

Schadenfreude tritt auf, wenn man glaubt, dass einer anderen Person ein negatives Ereignis zugestoßen ist, und dieses Ereignis deswegen als erwünscht bewertet. Franz empfindet deshalb Schadenfreude, als er erfährt, dass Peter seine Prüfung nicht bestanden hat. Denn er weiß, dass dieses Ereignis für Peter unerwünscht ist. Als Feind Peters wünscht er diesem aber (in Grenzen) Schlechtes; deshalb bewertet er Peters Versagen bei der Prüfung als erwünscht.

Neid/Missgunst schließlich wird erlebt, wenn einem das positive Los eines anderen unerwünscht ist. Franz erlebt deshalb Neid oder Missgunst gegenüber Albert, als er erfährt, dass dieser zum Geburtstag eine Dampfmaschine erhalten hat. Denn er weiß, dass dies etwas Gutes für Albert ist. Als Feind Alberts möchte er aber nicht, dass Albert allzuviel Gutes widerfährt; deshalb bewertet er Alberts Erhalt der Dampfmaschine als unerwünscht.

Die Ungewissheitsemotionen: Hoffnung und Furcht. *Hoffnung* tritt auf, wenn man ein *erwünschtes* Ereignis, das einen selbst betrifft, nicht als sicher, sondern nur als möglich oder wahrscheinlich betrachtet (kurz: erwartet). *Furcht* tritt dagegen auf, wenn man ein *unerwünschtes* Ereignis als möglich oder wahrscheinlich betrachtet bzw. erwartet.

Zur Illustration dieser Gefühle stellen Sie sich vor, dass Albert bereits am Vorabend seines Geburtstags zur Vermutung gelangt, dass er die gewünschte Dampfmaschine erhalten wird, während Peter bereits am Tag vor seiner Mathematikprüfung erwartet, die Prüfung nicht zu bestehen. Zu diesem Zeitpunkt erlebt Albert Hoffnung: Er vermutet, dass ein erwünschtes Ereignis (der Erhalt der Dampfmaschine) eintreten könnte. Peter dagegen erlebt Furcht: Er vermutet, dass ihm ein negatives Ereignis (das Versagen bei der Prüfung) bevorsteht.

Wer ein erwünschtes oder unerwünschtes Ereignis erwartet—und deshalb beim Gedanken daran Hoffnung bzw. Furcht erlebt—der erhält meist früher oder später Gewissheit darüber, ob das Ereignis eingetreten ist oder nicht. Je nachdem, was davon der Fall ist, wird die Erwartung der Person bestätigt bzw. entkräftet. Mit anderen Worten, in Bezug auf das fragliche Ereignis findet ein Überzeugungswandel von Unsicherheit zu Sicherheit statt. Als Folge davon treten als dominante Gefühle weitere ereignisfundierte Emotionen auf, nämlich die Gefühle der Erwartungsbestätigung bzw. der Erwartungsentkräftung.

Die Emotionen der Erwartungsbestätigung: Befriedigung und bestätigte Furcht. Wird die Erwartung eines *erwünschten* Ereignisses bestätigt, dann tritt nach Ortony et al. das Gefühl der *Befriedigung* auf. Wird dagegen die Erwartung eines *unerwünschten* Ereignisses bestätigt, dann erlebt man das Gefühl der *bestätigten Furcht* (*fears-confirmed*; in der Alltagssprache scheint es dafür keine spezielle Bezeichnung zu geben; Mees, 1991). Deshalb fühlt sich Albert befriedigt, als er zum Geburtstag wie erwartet eine Dampfmaschine erhält: Seine Erwartung eines erwünschten Ereignisses wurde durch den weiteren Gang der Dinge bestätigt. Dagegen erlebt Peter das Gefühl der bestätigten Furcht, als er wie erwartet bei der Prüfung versagt: Seine Erwartung eines unerwünschten Ereignisses wurde bestätigt.

Die Emotionen der Erwartungsentkräftung: Enttäuschung und Erleichterung. Wird die Erwartung eines *erwünschten* Ereignisses entkräftet, dann erlebt man *Enttäuschung*; wird dagegen die Erwartung eines *unerwünschten* Ereignisses entkräftet, erlebt man *Erleichterung*. Angenommen, Albert hätte seine Dampfmaschine wider Erwarten nicht erhalten und Peter hätte die Prüfung wider Erwarten doch bestanden. In diesem Fall wäre Albert enttäuscht und Peter erleichtert gewesen. Denn im ersten Fall wurde die Erwartung eines erwünschten und im zweiten Fall die eines unerwünschten Ereignisses entkräftet.

Die handlungsfundierten Emotionen

Die handlungsfundierten Emotionen sind Gefühle von Lust und Unlust, die auftreten, wenn man eine wahrgenommene *Handlung* als *lobenswert* bzw. *tadelnswert* bewertet. Ortony et al. sprechen von Gefühlen der *Billigung* einer lobenswerten bzw. der *Missbilligung* einer tadelnswerten Handlung.

Für die weitere Differenzierung der handlungsfundierten Emotionen (jenseits von positiv-negativ) sind, analog zu den ereignisfundierten Emotionen, bestimmte *Tatsachenüberzeugungen* verantwortlich. Von zentraler Bedeutung ist dabei die Einschätzungsdimension

Urheberschaft: Diese betrifft die Frage, *wer*—man selbst oder jemand anderer—eine Handlung ausgeführt, das heißt ein Ereignis herbeigeführt oder verhindert hat, und deshalb in der Regel dafür verantwortlich ist. Diese Einschätzungsdimension findet sich in ähnlicher Form ebenfalls bereits bei Weiner (Kapitel 3), nämlich als Attribution eines Ereignisses auf Ursachen, die von der Person selbst oder von jemand anderem willentlich kontrollierbar sind.

Emotionen des Selbstlobs und des Selbstvorwurfs. Gefühle des Selbstlobs oder des Selbstvorwurfs treten auf, wenn die lobenswerte bzw. tadelnswerte Handlung eine *eigene* Handlung ist (Urheberschaft = Selbst); das heißt, wenn man sich selbst für das Herbeiführen (oder auch das Verhindern) eines Ereignisses verantwortlich macht. Die typische *Selbstlobemotion* ist *Stolz*. Stolz tritt auf, wenn man sich selbst als den Urheber eines Ereignisses betrachtet und seine Handlung als lobenswert beurteilt, das heißt als Erfüllung einer akzeptierten sozialen oder moralischen Norm. Zum Beispiel ist Albert stolz darauf, bei der Mathematikprüfung ein "sehr gut" erzielt zu haben. Denn er glaubt, dass er dieses Prüfungsergebnis durch seine gute Leistung herbeigeführt und damit eine von ihm akzeptierte soziale Norm (hier eine Leistungsnorm) erfüllt hat.

Selbstvorwurfemotionen (typische Beispiele sind *Schuld* und *Scham*) werden dagegen erlebt, wenn man eine eigene Handlung als tadelnswert bewertet, das heißt als Verstoß gegen eine akzeptierte soziale oder moralische Norm. Zum Beispiel fühlt sich Peter schuldig, weil er Alberts Dampfmaschine im Übermut ruiniert hat: Er macht sich selbst für ihren Ruin verantwortlich und bewertet seine Handlung als Verstoß gegen eine Norm (z. B. "Man muss mit den Besitztümern anderer sorgfältig umgehen").

Emotionen des Lobs und des Vorwurfs. Ist die als lobenswert oder tadelnswert beurteilte Handlung die einer *anderen* Person (Urheberschaft = Anderer), dann treten Lob- bzw. Vorwurfemotionen auf. *Lobemotionen*, wie zum Beispiel *Bewunderung*, werden erlebt, wenn man eine andere Person als Urheber eines Ereignisses betrachtet und ihre Handlung (das Herbeiführen des Ereignisses) als Erfüllung einer Norm bewertet. Zum Beispiel bewundert Peter seinen Freund Albert dafür, dass dieser bei der Prüfung ein "sehr gut" erzielt hat, weil er ihm diese Leistung zuschreibt und sie als lobenswert beurteilt.

Vorwurfemotionen, wie zum Beispiel *Empörung*, treten auf, wenn man die Handlung eines anderen als tadelnswert beurteilt. Zum Beispiel ist Peter empört darüber, dass der Nachbar sein Kind schlägt, weil Peter diesen als Urheber der Kindesmisshandlung betrachtet und seine Handlung als Normverstoß beurteilt.

Die Verbundemotionen

Die ereignisfundierten Emotionen Freude und Leid treten nach Ortony et al. häufig zusammen mit handlungsfundierten Emotionen wie Stolz oder Schuld auf. Der Grund dafür ist, dass erwünschte und unerwünschte Ereignisse oft auf die eigenen Handlungen oder die anderer Personen zurückgeführt werden (vgl. Abschnitt 4.1). Im typischen Fall wird ein *erwünschtes* Ereignis als das Ergebnis einer *lobenswerten* Handlung betrachtet, oder ein *unerwünschtes* Ereignis als das Ergebnis einer *tadelnswerten* Handlung. Wenn die Person ihre Aufmerksamkeit in diesen Fällen ausschließlich auf das Ereignis oder die es verursachende Handlung konzentriert, dann erlebt sie nur Wohlergehens- bzw. handlungsfundierte Emotionen. Sie kann jedoch ihre Aufmerksamkeit nach Ortony et al. auch *gleichzeitig* auf das Ereignis und die es verursachende Handlung richten. In diesen Fällen sollen die hedonisch gleichartigen ereignisfundierten und handlungsfundierten Emotionen (z. B. Freude und Stolz) nach Ortony et al. zu subjektiv neuartigen Gefühlen "verschmelzen". Die resultierenden, so genannten *Verbundemotionen* sind *Selbstzufriedenheit*, *Dankbarkeit*, *Reue* und *Ärger* (vgl. Abbildung 4.1).

Selbstzufriedenheit ist der Verbund von Freude über ein Ereignis mit Stolz über eine eigene Handlung, die dieses Ereignis zum Ergebnis hatte. *Dankbarkeit* ist der Verbund von Freude mit einer Lobemotion (z. B. Bewunderung). *Reue* ist der Verbund von Leid mit einer Selbstvorwurfemotion (z. B. Schuld); und *Ärger* schließlich ist der Verbund von Leid mit einer Vorwurfemotion (z. B. Empörung). (Zu den Einzelheiten vgl. Ortony et al., 1988).

Die objektfundierten Emotionen

Die objektfundierten Emotionen sind Gefühle von Lust und Unlust, die durch die Bewertung eines *Objekts* als *anziehend* bzw. als *abstoßend* verursacht werden. Ortony et al. beschreiben sie allgemein als Gefühle des *Mögens* eines als anziehend bewerteten Objekts und des *Nichtmögens* eines als abstoßend bewerteten Objekts. Objekte im hier gemeinten Sinn sind wie gesagt Einzeldinge (Personen, Tiere, nichtbelebte Dinge). Unterformen von Mögen sind unter anderem *Zuneigung*, *Verehrung* und *Liebe*; Unterformen von Nichtmögen sind unter anderem *Abneigung*, *Verachtung*, *Ekel* und *Hass*.

Zum Beispiel erlebt Albert ein Gefühl des Mögens für seinen Freund Peter, weil er diesen als sympathisch bewertet. Dagegen erlebt Franz ein Gefühl der Abneigung gegenüber Albert und Peter, weil er beide als unsympathisch bewertet. Und Albert erlebt Verachtung für den Nachbarn, der sein Kind schlägt, weil er den Nachbarn als abstoßende Person bewertet. Die verschiedenen positiven und negativen objektfundierten Emotionen werden von Ortony et al. allerdings nicht weiter nach Dimensionen der Einschätzung differenziert (s. jedoch Mees, 1991).

Die kognitiven Grundlagen weiterer Emotionen

Weitere ereignis-, handlungs- und einzeldingfundierte Emotionen. Alle weiteren im Alltag unterschiedenen Gefühle sind nach Ortony et al. *Unterformen* der beschriebenen 22 Emotionen. Deshalb decken diese 22 Emotionen auf einer abstrakteren Ebene der Analyse sämtliche Emotionen des Menschen ab, ebenso wie dies auf einer noch abstrakteren Ebene die drei Hauptgruppen der Emotionen tun.

Um diese These plausibel zu machen, haben Ortony et al. versucht, etwa 120 Emotionsbegriffe der Alltagssprache den 22 Emotionsgruppen zuzuordnen. Dabei haben sie in vielen Fällen auch skizziert, durch welche zusätzlichen Merkmale sich die spezielleren Emotionen von den 22 Stammformen unterscheiden. Sie kommen zum Schluss, dass dies vor allem zwei Merkmale sind: (1) Die *Intensität* des Gefühls. So sollen zum Beispiel die Emotionswörter "Besorgnis", "Bestürzung" und "Entsetzen" unterschiedliche Intensitätsgrade der Emotion *Furcht* bezeichnen. (2) Der *spezifische Gegenstand* der Emotion. So ist zum Beispiel *Gram* nach Ortony et al. eine nach dem Gegenstand spezifizierte Form von Leid; nämlich Leid über den unwiederbringlichen Verlust einer geliebten Person. Analog ist *Einsamkeit* Leid über den Verlust von sozialem Kontakt; *Bedauern* Leid über den Verlust einer günstigen Gelegenheit und *Heimweh* Leid über den Verlust der Annehmlichkeiten der Heimat. Alle diese Gefühle sind also spezielle Formen von *Leid über einen Verlust*. Und Leid über einen Verlust ist wiederum eine Unterform von *Leid über ein unerwünschtes Ereignis*.

Die Phantasieemotionen. Ebenso wie Meinong (1910; Kapitel 1) weisen auch Ortony et al. (1988) darauf hin, dass Gefühle nicht nur gegenüber solchen Sachverhalten oder Einzeldingen auftreten, die man für existierend oder wenigstens möglicherweise existierend hält, sondern auch gegenüber solchen, die man sich bloß in der Phantasie vorstellt. Anders als Meinong glauben Ortony et al. jedoch nicht, dass diese "Phantasiegefühle" scharf von den "ernsthaften" Gefühlen abgrenzbar sind. Vielmehr sind sie der Ansicht, (1) dass Phantasiegefühle nur *weniger intensive* Formen der zugehörigen ernsthaften Gefühle sind; und (2) dass die Intensität *aller* Emotionen unter anderem vom *erlebten Realitätsgrad* ihrer Gegenstände abhängt:

> "Der intentionale Gegenstand einer Emotion (sei es ein Ereignis...[eine Handlung] oder ein Einzelding) muss als ausreichend *wirklich* aufgefasst werden, ehe er einen bedeutsamen Effekt haben kann...Die Intensität jeder Emotion nimmt mit dem Grad zu, zu dem der Gegenstand der Emotion der erlebenden Person real erscheint" (Ortony et al., 1988; S. 60-61).

Fiktive Situationen, wie sie zum Beispiel in Romanen oder Filmen beschrieben werden, werden normalerweise nicht als (völlig) real aufgefasst. Deshalb lösen sie schwächere emotionale Reaktionen aus, als es die entsprechenden realen Situationen täten. Und ein Gegenstand, der nicht zu einem minimalen Grad als wirklich aufgefasst wird, löst überhaupt keine Emotion aus (vgl. das Zitat).

4.3 Neuere empirische Überprüfungen der Einschätzungstheorien der Emotion

Ortony et al. (1988) haben selbst keine empirischen Untersuchungen zur Überprüfung ihrer Emotionstheorie durchgeführt. Jedoch liegen inzwischen neben den im Kapitel 3 berichteten Arbeiten von Weiner und Mitarbeitern noch zahlreiche weitere Untersuchungen zu den kognitiven Grundlagen spezifischer Emotionen vor, die unter anderem durch die Theorie von Ortony et al. oder durch andere neuere Einschätzungstheorien angeregt wurden.

Viele dieser Untersuchungen konzentrierten sich auf einzelne oder einige wenige Gefühle, wie zum Beispiel auf Ärger und Mitleid (z. B. Weiner, 1995; Kapitel 3) oder auf Reue und Enttäuschung (z. B. Zeelenberg, van Dijk, Manstead & van der Pligt, 1998). In anderen Studien wurde dagegen gleichzeitig eine relativ große Anzahl von Emotionen (bis an die 30) und ihre Beziehung zu postulierten Einschätzungsdimensionen untersucht (z. B. Frijda, Kuipers & ter Schure, 1989; Reisenzein & Spielhofer, 1994; Roseman, Antoniou & Jose, 1996; Scherer, 1993; Smith & Ellsworth, 1985).

In den meisten dieser Untersuchungen wurden allerdings keine realen Emotionen im Labor erzeugt. Stattdessen wurde zumeist die von Weiner bevorzugte Forschungsmethode verwendet (vgl. Kapitel 3). Das heißt, die Versuchsteilnehmer wurden gebeten, (a) sich an emotionsauslösende Situationen zu erinnern oder sich vorgegebene emotionale Situationen vorzustellen und (b) diese erinnerten oder vorgestellten Situationen auf postulierten Einschätzungsdimensionen zu beurteilen. Konkret wurden die Versuchsteilnehmer also zum Beispiel gebeten, sich an ein Ereignis zu erinnern, das Freude (Ärger, Furcht usw.) ausgelöst hatte. Dann sollten sie auf geeigneten Skalen ankreuzen, wie erwünscht versus unerwünscht, sicher versus unsicher, erwartet versus unerwartet dieses Ereignis war, ob sie selbst oder jemand anderer dafür verantwortlich waren, usw. Diese Situationseinschätzungen wurden anschließend zu gleichzeitig erhobenen Gefühls-Selbstberichten in Beziehung gesetzt.

Diese Untersuchungen haben eine Fülle von Detailinformationen zu den kognitiven Grundlagen spezifischer Emotionen erbracht, auf die wir hier aus Platzgründen nicht im Einzelnen eingehen können. Die zentralen Forschungsergebnisse lassen sich jedoch knapp wie folgt zusammenfassen:

1. Die Grundannahme der Einschätzungstheorien—unterschiedliche Gefühle sind mit unterschiedlichen Mustern von Einschätzungen auf einer begrenzten Anzahl von Dimensionen verbunden—wurde bestätigt.

2. Auch die in verschiedenen Untersuchungen gefundenen charakteristischen Einschätzungsmuster für einzelne Emotionen waren sich recht ähnlich und entsprachen mehrheitlich den theoretischen Vorhersagen (z. B. Roseman et al. 1996).

3. Für eine kleinere Zahl von Emotionen konnten die genannten Befunde interkulturell weitgehend repliziert werden (Mauro, Sato & Tucker, 1992; Roseman, Dhawan, Rettek, Naidu & Thapa, 1995; Scherer, 1997a, b).

4. Die *Stärke* des Zusammenhangs zwischen Einschätzungen und Emotionen war in den meisten Untersuchungen zwar niedriger als die Einschätzungstheorien vorhersagen (diese nehmen ja an, dass jeder Emotion ein anderes Einschätzungsmuster zugrunde liegt). Diese Abweichung zwischen Theorie und Daten kann jedoch durch methodische Probleme der Untersuchungen erklärt werden, wie zum Beispiel die Nichtberücksichtigung von wichtigen Einschätzungsdimensionen, die Verwendung von nicht optimal formulierten Fragen zur Messung einzelner Dimensionen und die unzureichende Spezifizierung des jeweiligen Situationsaspekts, auf den sich eine Einschätzung beziehen sollte. Der Zusammenhang zwischen Einschätzungen und Emotionen erhöht sich nämlich deutlich, wenn diese methodischen Probleme kontrolliert werden (vgl. z. B. Reisenzein & Hofmann, 1990; Reisenzein & Spielhofer, 1994, Studie 4).

4.4 Theoretische Argumente für die Einschätzungstheorien der Emotion

Neben den Ergebnissen der im vorangegangenen Abschnitt erwähnten empirischen Untersuchungen können für die Einschätzungstheorien auch zwei wichtige theoretische Argumente ins Feld geführt werden: (1) ihre hohe Erklärungskraft und (2) ihre Übereinstimmung mit zentralen Annahmen der Alltagspsychologie.

Erklärungskraft der kognitiven Einschätzungstheorien

Jede akzeptable Theorie der Emotionsentstehung muss zumindest *auch* eine Reihe von wohlbekannten und deshalb besonders bedeutsamen emotionspsychologischen Tatsachen erklären (s. auch Roseman & Smith, 2001). Zu diesen Tatsachen gehören die folgenden:

1. *Differenziertheit der menschlichen Emotionen*. Das menschliche Gefühlsleben ist äußerst differenziert, das heißt, es gibt viele verschiedene Emotionen.

2. *Interindividuelle Unterschiede in den emotionalen Reaktionen auf dieselbe objektive Situation*. Dieselbe objektive Situation bzw. dasselbe Ereignis kann bei verschiedenen Personen sehr unterschiedliche Emotionen auslösen. Zum Beispiel freut sich der eine über den Sieg einer Fußballmannschaft, der andere ist darüber traurig und den dritten lässt er kalt. Wie wir im Kapitel 2 erwähnt haben, ist diese Tatsache für Lazarus (1966) ein zwingendes Motiv für eine kognitive Emotionstheorie.

3. *Gleichartige emotionale Reaktionen auf objektiv unterschiedliche Situationen*. Dieselbe Art von Emotion kann durch objektiv ganz unterschiedliche Situationen bzw. Ereignisse hervorgerufen werden. Jemand kann Angst beim Anblick einer Schlange bekommen, beim Blick in einen Abgrund, beim Überqueren einer befahrenen Straße, wenn sein Herz unregelmäßig schlägt, oder wenn er an eine bevorstehende Prüfung denkt.

4. *Auslösung derselben Emotion durch Informationen, die auf ganz unterschiedlichen Wegen erworben werden*. Ein Urlauber im Campingzelt kann Angst bekommen, von einer Schlange gebissen zu werden, wenn er diese ins Zelt kriechen *sieht*. Er kann diese Angst aber auch bekommen, wenn er beim Suchen nach der Taschenlampe etwas *berührt*, das er für eine Schlange hält; wenn ihm der Nachbar aus dem Nebenzelt *zuruft*, er habe soeben eine Schlange ins Zelt kriechen sehen; wenn er auf der Zeltstange einen Zettel mit der Aufschrift "Vorsicht, Schlange im Zelt" *liest* usw.

Die Einschätzungstheorien können alle diese Phänomene leicht erklären. (1) Die Differenziertheit der Emotionen ist die Folge der differenzierten Situationseinschätzungen, zu denen Menschen in der Lage sind. Jeder Emotion liegt eine unterschiedliche, für sie spezifische Art der Einschätzung zugrunde. Diese Einschätzung ist nach Ansicht der meisten Einschätzungstheoretiker nicht bloß die *Ursache* der Emotion; vielmehr bestimmt sie zum Teil auch deren *Identität*. Zum Beispiel ist

Freude das Lustgefühl, das durch den Glauben verursacht wird, ein erwünschtes Ereignis sei eingetreten; Stolz ist dagegen das Lustgefühl, das durch den Glauben verursacht ist, man habe etwas Lobenswertes vollbracht (Ortony et al., 1988). (2) Interindividuelle Unterschiede in den emotionalen Reaktionen auf dieselbe objektive Situation sind darauf zurückzuführen, dass diese Situation von verschiedenen Personen unterschiedlich eingeschätzt wird. Der eine bewertet zum Beispiel das Ergebnis eines Fußballspiels als erwünscht, der andere als unerwünscht. (3) Gleichartige emotionale Reaktionen (z. B. Furcht) auf objektiv unterschiedliche Situationen kommen dadurch zustande, dass diese Situationen auf dieselbe Weise (z. B. als bedrohlich) eingeschätzt werden. (4) Dass dieselbe Emotion durch Informationen ausgelöst werden kann, die auf ganz unterschiedlichen Wegen erworben werden, ist wie folgt erklärbar: Voraussetzung für das Entstehen einer Emotion ist, dass die erlebende Person bestimmte Tatsachen- und Wertüberzeugungen erwirbt. *Wie* sie diese Überzeugungen erwirbt—über welche Sinnesmodalität, und ob durch eigene Erfahrungen oder durch Kommunikation von anderen Personen—ist dagegen nicht von Bedeutung.

Es ist aber nicht nur so, dass die Einschätzungstheorien die aufgeführten emotionspsychologischen Tatsachen plausibel erklären können. Sie sind gegenwärtig auch die *einzigen* Emotionstheorien, die das leisten. Zumindest was die Erklärung der genannten emotionspsychologischen Fakten betrifft, gibt es daher gegenwärtig keine Alternative zu den Einschätzungstheorien und eine solche ist auch nicht in Sicht.

Übereinstimmung mit zentralen Annahmen der Alltagspsychologie

Wie bereits im Kapitel 3 erwähnt wurde, ist die Annahme, dass Gefühle auf Einschätzungen beruhen, und dass unterschiedliche Gefühle unterschiedliche kognitive Grundlagen haben, auch ein Bestandteil der impliziten Alltagspsychologie. Die entsprechenden Postulate der kognitiven Einschätzungstheorien sind deshalb *Explikationen* und (idealerweise) *Präzisierungen* von impliziten alltagspsychologischen Annahmen (vgl. z. B. Ortony et al., 1988; Mees, 1991; Weiner, 1995). Die Übereinstimmung mit der Alltagspsychologie ist zwar für sich genommen kein sehr starkes Argument für eine psychologische Theorie. Denn alltagspsychologische Annahmen können unzutreffend sein, und sie sind es oft auch. Entscheidend ist vielmehr die Tatsache, dass Annahmen über die kognitiven Voraussetzungen spezifischer Gefühle in der Alltagspsychologie der Emotionen einen *zentralen Stellenwert* haben: Sie sind so zentral, dass sie die *Bedeutung* der betreffenden Emotionsbegriffe mitbestimmen (Heider, 1958; s. auch Smedslund, 1993). Dies steht völlig im Einklang mit der im vorangehenden Unterabschnitt erwähnten Annahme der kognitiven Emotionstheoretiker, dass die Identität von Emotionen von kognitiven Einschätzungen mitbestimmt wird. In Abwandlung einer Äußerung von James (1890/1950) könnte man sagen: Was *Furcht* ist, wenn nicht dasjenige Gefühl, das man erlebt, wenn man sich bedroht glaubt, das kann sich der Alltagspsychologe nicht vorstellen (Analoges gilt auch für die meisten anderen in der Alltagssprache unterschiedenen Gefühle). Wäre diese Annahme—Furcht erlebt man dann, wenn man sich bedroht glaubt—völlig falsch, dann müssten wir den Schluss ziehen, dass Furcht, so wie wir sie bisher verstanden haben, nicht existiert. Ebenso müssten wir den Schluss ziehen, dass die auf diesem Verständnis beruhenden alltagspsychologischen Praktiken der Erklärung, Vorhersage und Beeinflussung von Furcht vollkommen irregeleitet sind. Es wäre dann bloß "magisches Denken", wenn wir annehmen, dass ein ängstlicher Freund sich von etwas bedroht glaubt; und bloß "magisches Handeln", wenn wir ihn zu beruhigen versuchen, indem wir ihm darlegen, dass die von ihm wahrgenommene Gefahr in Wahrheit nicht besteht. Diese Konsequenzen scheinen unannehmbar.

Einige Autoren (z. B. Brandtstädter, 1982; Smedslund, 1993) haben aus diesen Überlegungen sogar den Schluss gezogen, dass empirische Überprüfungen von Annahmen über die kognitiven Voraussetzungen spezifischer Emotionen gar nicht notwendig seien. Dafür genüge vielmehr eine sorgfältige Explikation der eigenen alltagspsychologischen Intuitionen. Diese Schlussfolgerung ist jedoch zu extrem. Denn zum einen ist die Explikation alltagspsychologischer Annahmen alles andere als einfach (Heider, 1958; Kelley, 1992) und zum anderen ist es höchst unwahrscheinlich, dass diese Annahmen in allen Details korrekt und vollständig sind. Wäre dem anders, dann sollte man erwarten, dass es schon längst eine allgemein akzeptierte, einheitliche Einschätzungstheorie gibt. Tatsächlich weisen die existierenden Einschätzungstheorien jedoch, trotz aller Übereinstimmungen, *im Detail* zahlreiche Differenzen auf (z. B. Clore, Schwarz & Conway, 1994; Roseman, Spindel & Jose, 1990; s. auch Abschnitt 4.6). Diese Differenzen müssen langfristig ausgeräumt werden. Dazu können empirische Untersuchungen einen wichtigen Beitrag leisten, insbesondere dann, wenn man in Bereiche vorstößt, in denen die Alltagspsychologie keine oder keine klaren Antworten mehr gibt.

Zusammenfassend kann man also festhalten, dass die kognitiven Einschätzungstheorien der Emotion nicht nur durch zahlreiche empirische Befunde gestützt werden, sondern auch hohe Erklärungskraft besitzen und zudem die Übereinstimmung mit zentralen Annahmen der Alltagspsychologie für sich in Anspruch nehmen können.

4.5 Kritik an den kognitiven Einschätzungstheorien

Ungeachtet ihrer Stärken sind die Einschätzungstheorien der Emotion nicht ohne Kritik geblieben, die zum Teil von ihren Vertretern selbst vorgebracht wurde (z. B. Frijda, 1993a; Lazarus, 1995). Diese Kritik fällt in eine von zwei Kategorien. Die erste Kategorie umfaßt Kritik an den *Detailannahmen* einzelner kognitiver Einschätzungstheorien, vor allem deren Annahmen über die *genaue Beschaffenheit* der Einschätzungen, die bestimmten Emotionen zugrunde liegen. Auf Kritik dieser Art sind wir bereits im Rahmen unserer Diskussion der Emotionstheorie von Weiner (Kapitel 3) eingegangen. Wie wir dort betont haben, stellt diese Kritik jedoch das *Grundpostulat* der kognitiven Emotionstheorien, nämlich dass Emotionen auf Einschätzungen beruhen, nicht in Frage. Vielmehr ist sie als Aufforderung zur Präzisierung bzw. Modifikation der kritisierten Annahmen zu verstehen.

Die zweite Kategorie der Kritik umfaßt dagegen Einwände, die sich direkt oder indirekt gegen das Grundpostulat der kognitiven Emotionstheorien richten. Mit zwei dieser Einwände wollen wir uns im Folgenden auseinandersetzen. Dabei handelt es sich um (a) den Einwand, dass die zur Überprüfung der Einschätzungstheorien durchgeführten Untersuchungen aufgrund methodischer Probleme nicht beweiskräftig seien; und (b) den Einwand, dass Emotionen auch auf nichtkognitivem Weg entstehen können.

Kritik an den Untersuchungsmethoden

Der erste Einwand besagt: Die von den kognitiven Emotionstheoretikern zum Beleg ihrer Annahmen vorgelegten Untersuchungen sind aufgrund methodischer Mängel nicht beweiskräftig; die kognitiven Emotionstheorien sind deshalb bislang kaum mehr als empirisch unbestätigte Spekulationen (z. B. Parkinson & Manstead, 1992). Das Hauptproblem der Untersuchungen wird darin gesehen, dass sie in aller Regel keine momentan erlebten Emotionen zum Gegenstand hatten. Stattdessen wurden die *Erinnerungen* an oft weit zurückliegende emotionale Ereignisse untersucht oder sogar nur die vermuteten Gefühlsreaktionen auf *hypothetische Ereignisse*. Berichte über früher erlebte emotionale Situationen—so die Kritik—könnten aber vielfältigen Erinnerungsfehlern und Verzerrungen ausgesetzt sein. Und Aussagen über die Emotionen und Kognitionen, die man in einer hypothetischen Situation haben würde, mögen wenig darüber besagen, welche Gefühle und Gedanken man in der entsprechenden realen Situation tatsächlich hat.

Als Antwort auf diese Kritik ist zunächst zu betonen, dass die Zusammenhänge zwischen Kognitionen und Emotionen, die in den kritisierten Untersuchungen nachgewiesen wurden (vgl. Abschnitt 4.3), die Einschätzungstheorien durchaus stützen. Diese Unterstützung ist zwar aufgrund der Methodik der meisten dieser Untersuchungen nicht so stark, wie man sich wünschen würde, aber eine Unterstützung ist es nichtsdestoweniger. Darüber hinaus ist auch keine überzeugende alternative Erklärung der bemängelten empirischen Befunde vorgelegt worden. Das direkteste Argument gegen die genannte Kritik liefern jedoch Untersuchungen, in denen die Zusammenhänge zwischen Kognitionen und Emotionen in realen Situationen untersucht wurden. In diesen Studien wurden nämlich ganz ähnliche Ergebnisse erhalten wie in den Untersuchungen von erinnerten oder hypothetischen Situationen (z. B. Lazarus & Alfert, 1964, s. Kapitel 2; Robinson & Clore, 2001; Smith & Ellsworth, 1987). Dies spricht dafür, dass die alltagspsychologischen Annahmen über Kognitions-Emotions-Beziehungen tatsächlich im Wesentlichen zutreffend sind, ganz wie Heider (1958), Weiner (1995) und Ortony et al. (1988) annehmen. Angesichts der früher erwähnten Zentralität dieser Annahmen in der Alltagspsychologie ist das auch zu erwarten.

Nichtkognitive Wege der Emotionsentstehung

Der zweite Einwand gegen die kognitiven Emotionstheorien richtet sich gegen die *Allgemeingültigkeit* des Grundpostulats dieser Theorien, dass nämlich Emotionen kognitive Einschätzungen voraussetzen. Auf den Punkt gebracht besagt diese Kritik: Die Einschätzungstheorien mögen zwar *einen* und sogar *den typischen* Weg der Emotionsentstehung beschreiben. Sie vernachlässigen jedoch andere, ebenfalls wichtige Wege der Aktualgenese von Emotionen. Mit anderen Worten: Emotionen kommen nicht *immer* durch Einschätzungsprozesse zustande.

Für die Diskussion ist es wichtig, zwei Versionen dieses Einwands zu unterscheiden, die häufig nicht auseinander gehalten werden.

1. Die erste Version des Einwands besagt: Bestimmte Arten von Emotionen setzen *generell* keine kognitiven Einschätzungen voraus. Als bevorzugte Kandidaten für diese grundsätzlich "nichtkognitiv" erzeugten Emotionen wurden schon früh die Lust- und Unlustgefühle genannt, die durch einfache Sinnesempfindungen verursacht werden können. Beispiele dafür wären das durch die Wärme eines Ofens verursachte Behaglichkeitsgefühl oder das Unlustgefühl, das ein intensiv bitterer Geschmack hervorruft (z. B. Stumpf, 1907).

Diese These ist intuitiv plausibel, denn derartige "Sinnesgefühle" scheinen in der Tat keine Einschätzungen (Tatsachen- und Wertüberzeugungen) vorauszusetzen. Um zum Beispiel das durch die Wärme eines Ofens verursachte Behaglichkeitsgefühl zu erleben, braucht man nicht zu *glauben*, dass der Ofen wirklich existiert, dass er Wärme abgibt, oder dass er sonst von irgendeiner bestimmten Beschaffenheit ist. Es genügt, dass man die Wärmeempfindung erlebt.

Die Sinnesgefühle werden von den modernen Einschätzungstheoretikern zumeist nicht explizit behandelt. Sofern dies aber doch geschieht, wird meist versucht, sie an kognitiv vermittelte Emotionen anzugleichen (z. B. Ortony et al., 1988; Scherer, 1984). Nach der im letzten Absatz geschilderten Überlegung scheint es jedoch angemessener, die Sinnesgefühle als eine eigenständige Gruppe von Gefühlen zu akzeptieren, die im Unterschied zu den typischen Emotionen (Freude, Kummer, Furcht usw.) *nicht* durch Einschätzungen verursacht werden (Reisenzein & Schönpflug, 1992). Diese Revision der kognitiven Emotionstheorien würde zwar bedeuten, dass diese Theorien nicht alle Arten von Gefühlen erklären können; doch diese Einschränkung ihres Gültigkeitsbereichs wäre sicherlich akzeptabel.

2. Die zweite Version des Einwands lautet: Einige der Emotionen, die normalerweise durch Kognitionen verursacht werden, können auch auf nichtkognitivem Weg zustande kommen. Diese These wurde bereits von James (1890/1950) vertreten (vgl. Band I, Kapitel 3). James behauptete insbesondere, dass Emotionen wie Furcht durch die bloße *Wahrnehmung* bestimmter Objekte ausgelöst werden können, also ohne dass eine *Bewertung* der Objekte stattfinden muss.

Diese These—wenn sie denn zutrifft—wäre für die kognitiven Emotionstheorien kritischer. Zu ihrem Beleg versuchten James und spätere Autoren vor allem die Existenz von zwei Fällen von Emotionen zu dokumentieren: (1) Fälle, in denen eine Emotion *im Gegensatz* zur berichteten Situationseinschätzung der Person steht; (2) Fälle, in denen eine Emotion *ohne* irgendeine berichtbare Einschätzung auftritt. Im Folgenden wollen wir diese zwei Fälle näher betrachten.

Die Einschätzung steht im Gegensatz zur Emotion. Als Beleg für die Existenz von Emotionen, die im Gegensatz zur Situationseinschätzung der Person stehen, werden meist so genannte *phobische Ängste* angeführt, wie etwa eine übermäßige Angst vor Schlangen, Spinnen, dem Anblick von Blut, vor Höhen oder offenen Plätzen (Genaueres dazu im Band I, Kapitel 2). Zum Beispiel sollen Höhenängstliche beim Blick in einen Abgrund selbst dann Angst erleben, wenn sie überzeugt sind, dass sie sich in völliger Sicherheit befinden (so bereits James, 1890/1950). Viele klinische Psychologen und Psychiater betrachten es sogar als ein definierendes Merkmal von Phobien, dass die davon betroffenen Personen von der Ungefährlichkeit der gefürchteten Objekte überzeugt sind und ihre Angst deshalb selbst als irrational empfinden (z. B. Marks, 1987).

Neuere Forschungen zu den Kognitionen phobischer Personen stellen diese traditionelle Annahme jedoch in Frage. Zum Beispiel fanden Menzies und Clarke (1995), dass höhenängstliche Personen die Wahrscheinlichkeit, von einer Leiter zu fallen, deutlich höher beurteilen als Nichtängstliche. Auch die aus einem Sturz resultierenden Verletzungen halten sie für schwerwiegender. Parallele Befunde berichteten Jones, Whitmont und Menzies (1996) für spinnenängstliche Personen. Diese Bedrohungskognitionen mögen vielleicht *schlecht begründet* sein; sie sind aber offenbar *vorhanden* und könnten daher für die Angst der Phobiker verantwortlich sein (s. auch Cavanagh & Davey, 2000; Jones & Menzies, 2000).

Die Emotion tritt ohne berichtbare Einschätzung auf. Die relativ überzeugendsten Belege für das Auftreten von Emotionen ohne berichtbare Einschätzungen sind neuere experimentelle Befunde zu den Auswirkungen von emotionalen Reizen, die *unterhalb der Wahrnehmungsschwelle* dargeboten werden (zsf. Robinson, 1998).

Auf einige dieser Experimente sind wir bereits im Band I (Kapitel 2) eingegangen. Dort haben wir über Untersuchungen berichtet, die von Öhman und Mitarbeitern durchgeführt wurden (zsf. Öhman & Mineka, 2001). Zum Beispiel fanden Öhman und Soares (1994), dass spinnen- und schlangenängstliche Personen auf Dias mit ihren Furchtobjekten selbst dann mit physiologischer Aktivierung (einer Zunahme der Hautleitfähigkeit) reagierten, wenn die Dias nicht bewusst erkannt werden konnten, weil sie extrem kurz (30 Millisekunden) dargeboten und anschließend durch ein neutrales Dia überdeckt wurden.

In dieselbe Richtung gehen Befunde von Murphy und Zajonc (1993). Diese Forscher boten ihren Versuchspersonen als emotionale Reize Fotos von fröhlichen oder ärgerlich blickenden Gesichtern unterhalb der Wahrnehmungsschwelle dar. Als Emotionsindikator diente jedoch nicht ein physiologisches Reaktionsmaß, sondern die Bewertung (positiv-negativ) von unmittelbar anschließend dargebotenen anderen Reizen (chinesischen Schriftzeichen). Murphy und Zajonc fanden, dass diese letzteren Reize positiver bewertet wurden, wenn ihnen fröhliche als wenn ihnen ärgerlich blickende Gesichter vorausgingen—trotz der Tatsache, dass die Gesichter nicht bewusst erkannt wurden. Dieser Befund ist nachfolgend mehrfach repliziert worden (vgl. Zajonc, 2000).

Nach Ansicht der zitierten Autoren zeigen diese Befunde, dass bestimmte Reize Emotionen selbst dann hervorrufen können, wenn die Reize nicht bewusst wahrnehmbar sind. Und dies wiederum legt ihrer Ansicht nach nahe, dass die Emotionen *unmittelbar* durch die Reize, also *ohne* einen vermittelnden Einschätzungsprozess ausgelöst wurden. Denn da die Reize nicht bewusst erkannt wurden, könnten sie auch nicht hinsichtlich ihrer Relevanz für die eigenen Wünsche bewertet worden sein.

Diese Schlussfolgerung ist jedoch nicht zwingend. Zunächst ist zu beachten, dass die unterhalb der Wahrnehmungsschwelle dargebotenen emotionalen Reize offenbar keine *Gefühle* erzeugten (vgl. Winkielman, Zajonc & Schwarz, 1997). Deshalb könnten die kognitiven Emotionstheoretiker argumentieren, dass diese Reize gar keine *Emotionen* hervorriefen. Doch selbst dann, wenn man akzeptiert, dass die beobachteten Effekte der Reize (auf physiologische Reaktionen bzw. auf Bewertungen) durch emotionale Prozesse vermittelt wurden, zeigen diese Effekte nicht zwangsläufig, dass emotionale Reaktionen *ohne* Einschätzungsprozesse auftreten können. Sie zeigen vielmehr nur, dass solche Reaktionen ohne *bewusste* Einschätzungsprozesse auftreten können. Bereits Arnold (1960) und Lazarus (1966) haben aber betont, dass Einschätzungsprozesse auch automatisch und unbewusst ablaufen können. Diese Annahme wird auch von den meisten anderen Einschätzungstheoretikern geteilt. Die Hypothese automatischer, unbewusster Einschätzungen gestattet daher eine alternative "kognitive" Erklärung der experimentellen Befunde von Öhman et al. und von Murphy und Zajonc.

Arnold (1960, 1970) hat zudem eine plausible Möglichkeit aufgezeigt, wie der von ihr postulierte Prozess der automatischen Einschätzung vor sich gehen könnte (vgl. Kapitel 2): Sie nahm an, dass (a) einmal getätigte Einschätzungen (insbesondere Bewertungen) eines Objekts im Gedächtnis zusammen mit anderen Merkmalen des Objekts abgespeichert werden und (b) bei der erneuten Wahrnehmung desselben Objekts oder eines ihm genügend ähnlichen einfach aus dem Gedächtnis abgerufen werden. Dieser Abruf der Bewertung erfolgt nach Arnold *unwillkürlich* (ohne und sogar gegen die Absicht der Person) und *unbewusst.* Ähnliche Annahmen werden auch von anderen Einschätzungstheoretikern gemacht (z. B. Weiner, Kapitel 3; Lazarus, 1991a). Der Prozess der automatischen Einschätzung erschöpft sich nach dieser Auffassung also weitgehend in der *Kategorisierung* des auslösenden Objekts als *Objekt eines bestimmten Typs.* Eine solche Kategorisierung kann auf ganz oberflächlichen Objektmerkmalen beruhen. Zum Beispiel mag es genügen, eine bestimmte Konstellation von Formen oder Farbschattierungen wahrzunehmen, um ein Objekt als "Schlange" zu kategorisieren und damit als gefährlich zu bewerten. Und es ist zumindest vorstellbar, dass alle diese Prozesse—von der Wahrnehmung bis zur Bewertung—auch völlig unbewusst ablaufen können.

Affektives Priming

Die beschriebene Theorie der automatischen Einschätzung wird durch neuere Untersuchungsergebnisse gestützt (z. B. Fiske & Pavelchak, 1986; Klauer, 1998). Gut belegt ist insbesondere die Hypothese, dass einmal gebildete *Bewertungen* von Objekten bei der Wahrnehmung dieser Objekte automatisch aus dem Gedächtnis abgerufen werden.

Der experimentelle Nachweis dafür wurde unter anderem mittels einer von Fazio, Sanbonmatsu, Powell und Kardes (1986) entwickelten Versuchsanordnung erbracht, die als *affektives Priming-Verfahren* (*affective priming paradigm*) bezeichnet wird. Eine Übersetzung dieses Begriffs, die den Kerngedanken des Verfahrens annähernd wiedergibt, wäre "Methode der Voraktivierung oder Bahnung von Bewertungen". Konkret sah dieses Verfahren bei Fazio et al. in leicht vereinfachter Darstellung wie folgt aus. Den Versuchsteilnehmern wurde auf einem Computerbildschirm eine lange Serie von Adjektiven präsentiert, welche für die meisten Personen eine positive (z. B. "erfreulich") oder eine negative (z. B. "schrecklich") Bedeutung haben, das heißt eine positive oder negative Bewertung beinhalten. Aufgabe der Versuchsteilnehmer war es, möglichst schnell durch Drücken von mit "gut " bzw. "schlecht" beschrifteten Tasten anzugeben, ob das gerade präsentierte Wort etwas Positives oder Negatives bezeichnet. Kurz (300 Millisekunden) vor der Präsentation eines jeden dieser *Zielwörter* (so bezeichnet, weil auf sie reagiert werden soll) wurde den Versuchsteilnehmern ein weiteres positives oder negatives Wort präsentiert, wie zum Beispiel "Geschenk" bzw. "Tod". Diese so genannten *Aktivierungswörter* (*primes*) hatten in einem Teil der Durchgänge die gleiche Valenz (positive oder negative Bedeutung) wie die Zielwörter, in einem anderen Teil eine gegenteilige Valenz. Zur Kontrolle wurden den Versuchsteilnehmern in einem weiteren Teil der Durchgänge als Aktivierungsreize bedeutungslose Buchstabenketten präsentiert (man nahm an, dass diese nicht mit einer positiven oder negativen Bewertung verbunden sind). Von zentralem Interesse war die Reaktionszeit der Versuchsteilnehmer auf das Zielwort.

Mit dieser Versuchsanordnung wollten Fazio et al. (1986) die Hypothese überprüfen, dass die Bewertung des Zielworts automatisch im Sinn von *unwillkürlich* (ohne und sogar gegen die Absicht der Person) im Gedächtnis aktiviert wird, sobald dieses Wort präsentiert wird. Fazio et al. überlegten folgendermaßen (s. auch Fazio, 2001): (a) Die mit den Aktivierungsreizen verbundene Bewertung war für die eigentliche Aufgabe, die Beurteilung der Zielwörter, nicht von Bedeutung. Deshalb bestand für die Versuchsteilnehmer kein Grund, diese Bewertung aus dem Gedächtnis abzurufen. Zur möglichst effektiven Erledigung der Aufgabe war es vielmehr das Beste, den Abruf der Bewertung des Aktivierungsworts zu *unterlassen* oder ihn—falls er normalerweise spontan stattfindet—zu *unterdrücken*. (b) Falls der Abruf von Bewertungen der willentlichen Kontrolle unterliegt, sollte man daher erwarten, dass die mit dem Aktivierungsreiz verbundene Bewertung *nicht* aus dem Gedächtnis abgerufen wird. In diesem Fall sollte die Valenz der Aktivierungswörter die Reaktion auf die Zielwörter nicht beeinflussen. (c) Wenn sich ein solcher Einfluss dennoch findet, kann man daher rückschließen, dass das Aktivierungswort die damit verbundene Bewertung *unwillkürlich* (ohne und sogar gegen die Absicht der Person) im Gedächtnis aktiviert hat.

Zentrale Ergebnisse des Experiments von Fazio et al. zeigt die Abbildung 4.2. Die dort abgebildeten Reaktionszeiten repräsentieren die relative Beschleunigung (positive Zahlenwerte) oder Verzögerung (negative Werte) der Reaktion auf das Zielwort relativ zu den Durchgängen, in denen ein neutraler Aktivierungsreiz (eine bedeutungslose Buchstabenkette) präsentiert wurde. "P-P" bedeutet, dass Aktivierungs- und Zielwort beide positiv waren; "N-N", dass beide negativ waren; und "P-N" bzw. "N-P", dass das Aktivierungswort positiv bzw. negativ und das Zielwort negativ bzw. positiv war.

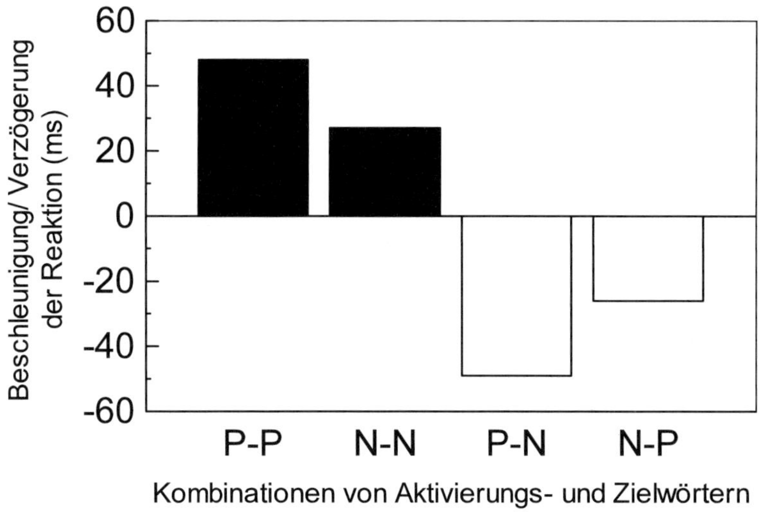

Abbildung 4.2
Der affektive Priming-Effekt (nach Fazio, Sanbonmatsu, Powell & Kardes, 1986)

Wie man aus Abbildung 4.2 ersieht, beeinflusste die Valenz des Aktivierungsworts tatsächlich die Geschwindigkeit, mit der auf das Zielwort reagiert wurde. Wenn Aktivierungs- und Zielwort in der Valenz *übereinstimmten* (P-P oder N-N), kam es zu einer Beschleunigung der Reaktion auf das Zielwort (relativ zu den Durchgängen mit einem neutralen Aktivierungsreiz). Zum Beispiel wurde das Wort "erfreulich" schneller als positiv beurteilt, wenn als Aktivierungswort "Geschenk" präsentiert wurde; und das Wort "schrecklich" wurde schneller als negativ beurteilt, wenn als Aktivierungswort "Tod" präsentiert wurde. Wenn die zwei Wörter in der Valenz *nicht übereinstimmten* (P-N oder N-P), wurde die Reaktion auf das Zielwort dagegen verzögert. Valenzkongruente Aktivierungsreize führten also zu einer Beschleunigung der Reaktion auf die Zielreize und valenzinkongruente Aktivierungsreize zu einer Verlangsamung. Dieses Ergebnismuster wird als *affektiver Priming-Effekt* bezeichnet.

Der affektive Priming-Effekt ist in zahlreichen nachfolgenden Untersuchungen repliziert worden (vgl. die Übersichten von Fazio, 2001; Klauer, 1998). Er wurde nicht nur für Wörter als Aktivierungsreize nachgewiesen, sondern auch für andere positive und negative Reize inklusive Zeichnungen und Fotos. Zudem wird der affektive Priming-Effekt auch dann erhalten, wenn die Aktivierungsreize unterhalb der Wahrnehmungsschwelle dargeboten werden (z. B. Greenwald, Draine & Abrams, 1996; Klinger, Burton & Pitts, 2000). Die unwillkürliche Aktivierung von Bewertungen findet also auch dann statt, wenn die auslösenden Reize nicht bewusst erkannt werden.

Zusammenfassend bestätigt die Forschung zum affektiven Priming eine wichtige Teilannahme der Theorie der automatischen Einschätzung: Nämlich die Hypothese, dass einmal getätigte Bewertungen von Objekten automatisch—unwillkürlich und unbewusst—durch die bloße Wahrnehmung dieser Objekte im Gedächtnis aktiviert werden können. Damit stützt die Forschung zum affektiven Priming zugleich die früher erläuterte "kognitive" Alternativerklärung der Befunde von Öhman et al. (1994) und von Murphy und Zajonc (1993) zu den Effekten von emotionalen Reizen, die unterhalb der Wahrnehmungsschwelle dargeboten werden. Zumindest könnten die Befunde von Murphy und Zajonc (1993; Zajonc, 2000) auf diese Weise erklärbar sein, denn die Versuchsanordnung dieser Autoren ist dem affektiven-Priming-Verfahren von Fazio et al. (1986) sehr ähnlich.

4.6 Diskussion der Theorie von Ortony, Clore und Collins: Ein Vergleich mit Meinong und Weiner

In der Einleitung zu diesem Kapitel haben wir darauf hingewiesen, dass die Theorie von Ortony et al. vom systematischen Standpunkt als Integration und Ausarbeitung der in den Kapiteln 1 bis 3 besprochenen Emotionstheorien betrachtet werden kann, insbesondere der Theorien von Meinong (Kapitel 1) und Weiner (Kapitel 3). Im Folgenden wollen wir diese These näher begründen und damit den Leserinnen und Lesern gleichzeitig eine Hilfestellung beim Vergleich der in diesem Band vorgestellten Emotionstheorien geben. Zur Vereinfachung der Darstellung beschränken wir uns allerdings auf den Vergleich der Theorie von Ortony et al. mit den Emotionstheorien von Meinong und Weiner.

Die Aktualgenese, Natur und Funktion von Emotionen. Ortony et al., Meinong und Weiner stimmen in Folgendem überein:

1. Emotionen werden durch Kognitionen sowie direkt (Meinong) oder indirekt (Ortony et al., Weiner) durch motivationale Zustände (Wünsche) verursacht (vgl. dazu die Diskussion im Kapitel 2).

2. Emotionen sind Gefühle von Lust und Unlust, die sich zumindest normalerweise auf bestimmte Gegenstände beziehen, nämlich die Gegenstände der sie verursachenden Kognitionen.

3. Emotionen haben informationale und motivationale (handlungsmotivierende) Funktionen. Ortony et al. und Meinong betonen dabei die informationale Funktion von Gefühlen (und zwar *für die erlebende Person*), Weiner dagegen ihre motivationale Funktion. Doch auch Ortony et al. und Meinong nehmen an, dass die Information, die Gefühle dem Bewusstsein bereitstellen—nämlich, dass ein Sachverhalt oder Einzelding als gut oder schlecht eingeschätzt wurde—letztlich der Handlungssteuerung dient. Und Weiner postuliert, dass Gefühle über ihren Ausdruck *anderen Personen* Informationen über die Situationseinschätzung des Erlebenden vermitteln. Vermutlich sind auch diese sozial-kommunikativen Effekte von Emotionen überwiegend funktional, auch wenn sie in bestimmten Fällen unerwünschte Effekte haben können (vgl. Kapitel 3).

4. Der Prozess der Emotionsentstehung besteht im typischen Fall darin, dass zunächst ein Gegenstand kognitiv repräsentiert wird; anschließend wird er zu relevanten Bewertungskriterien (z. B. Wünschen) in Beziehung gesetzt. Ortony et al. und Weiner postulieren darüber hinaus: (a) Häufig tritt eine Sequenz von Einschätzungsprozessen auf, die mit der Kognition eines Ereignisses beginnt und zur Ursachenerklärung des Ereignisses fortschreitet. Im Verlauf dieses Prozesses treten nacheinander verschiedene Gefühle auf. (b) Der Prozess der Emotionsentstehung

kann sowohl nichtautomatisch und bewusst ablaufen als auch automatisch und unbewusst.

Die Analyse spezifischer Emotionen. Auch die Annahmen von Ortony et al., Meinong und Weiner über die kognitiven und motivationalen Grundlagen der von ihnen analysierten spezifischen Emotionen stimmen überwiegend überein. Um dies zu verdeutlichen, haben wir in Tabelle 4.1 die von den jeweiligen Theoretikern postulierten, wichtigsten Emotionsgruppen einander zugeordnet. Dabei diente die Theorie von Ortony et al. als Bezugspunkt.

Wie man der Tabelle entnehmen kann, entsprechen die *ereignisfundierten Emotionen* von Ortony et al. mit Ausnahme einer Untergruppe den von Meinong im Detail behandelten *Urteilsgefühlen*: Die Wohlergehensemotionen Freude und Leid, die Ungewissheitsemotionen Hoffnung und Furcht und die Empathieemotionen (Mitfreude, Mitleid, Schadenfreude und Neid/Missgunst) werden auch von Meinong als separate Emotionsgruppen unterschieden und überwiegend ganz ähnlich analysiert wie von Ortony et al. Was bei Meinong in dieser Emotionsgruppe fehlt, sind die Emotionen der Erwartungsbestätigung und der Erwartungsentkräftung. Die Wohlergehensemotionen von Ortony et al. entsprechen ferner den von Weiner postulierten *ergebnisabhängigen Emotionen*, wie Zufriedenheit und Freude oder Unzufriedenheit und Niedergeschlagenheit.

Die von Ortony et al. postulierten *handlungsfundierten Emotionen*, wie zum Beispiel Schuld, hat Meinong zwar als weitere Mitglieder der Gruppe der Urteilsgefühle erwähnt, aber nicht im Detail analysiert. Dagegen hat Weiner (Kapitel 3) auf diese Gefühle besonderes Augenmerk gelegt. Weiner schränkt die Gegenstände dieser Gefühle zwar nicht explizit auf Handlungen ein, wie Ortony et al. dies tun. Doch was zum Beispiel im Fall von Schuld als Normverletzung bewertet wird, ist auch nach Weiner eine Handlung im Sinn von Ortony et al., nämlich die willentlich kontrollierbare Herbeiführung oder Verhinderung eines Ereignisses. Die handlungsfundierten Emotionen von Ortony et al. entsprechen deshalb in Bezug auf ihre kognitiven Grundlagen weitgehend den *normabhängigen Emotionen* Weiners, das heißt denjenigen Gefühlen, die eine Attribution auf kontrollierbare Ursachen und eine darauf beruhende normative Bewertung voraussetzen (vgl. Kapitel 3). Allerdings umfassen

Tabelle 4.1
Vergleich der von Ortony et al., Meinong und Weiner postulierten Emotionsgruppen

Emotionstheorie			
Ortony, Clore & Collins		Meinong	Weiner
Spezifische Emotionen	**Ereignisfundierte Emotionen**	**Urteilsgefühle**	
Freude, Leid	Wohlergehensemotionen	aufs eigene Wohlergehen bezogene Gefühle	**Ergebnisabhängige Emotionen**
Mitfreude, Mitleid Schadenfreude, Neid/Missgunst	Empathieemotionen	Sympathiegefühle und Antipathiegefühle	
Hoffnung, Furcht	Ungewissheitsemotionen	Ungewissheitsgefühle	
Befriedigung, bestätigte Furcht Erleichterung, Enttäuschung	Emotionen der Erwartungsbestätigung und –entkräftung		
	Handlungsfundierte Emotionen	(als Teilgruppe der Urteilsgefühle erwähnt)	**Normabhängige Emotionen**
Stolz, Schuld	Selbstlobemotionen und Selbstvorwurfemotionen		Stolz, Schuld
Bewunderung, Empörung	Lob- und Vorwurfemotionen		
Selbstzufriedenheit, Dankbarkeit, Reue, Ärger	**Verbundemotionen**		Dankbarkeit Ärger
Zuneigung, Abneigung	**Objektfundierte Emotionen**	**Vorstellungsgefühle**	

die handlungsfundierten Emotionen bei Ortony et al. auch Gefühle, die Weiner nicht berücksichtigt hat, wie das Gefühl der Bewunderung für die Handlung einer anderen Person. Zudem werden die Gefühle von Ärger und Dankbarkeit von Ortony et al. nicht als rein normabhängige bzw. handlungsfundierte Gefühle aufgefasst, sondern als Verbindungen von handlungsfundierten Emotionen mit Wohlergehensemotionen.

Die *objektfundierten Emotionen* werden außer von Ortony et al. nur noch von Meinong explizit als eigenständige Gefühlsgruppe postuliert; Meinong bezeichnet sie als *Vorstellungsgefühle*. In Übereinstimmung mit Ortony et al. ist Meinong der Ansicht, dass es sich bei diesen Emotionen um Lust- und Unlustgefühle handelt, die sich auf Einzeldinge (z. B. Personen) anstatt auf Sachverhalte (z. B. Ereignisse oder Handlungen) beziehen (vgl. Kapitel 1).

Die (in Tabelle 4.1 aus Platzgründen nicht berücksichtigten) *Phantasieemotionen* werden in expliziter Form ebenfalls nur von Ortony et al. und von Meinong behandelt. Nach Ortony et al. sind die Phantasiegefühle weniger intensive Formen von "ernsthaften" Gefühlen, die dann auftreten, wenn ein Gegenstand nicht als völlig real aufgefasst wird. Nach Meinong dagegen sind die Phantasiegefühle eine eigenständige Gruppe von Emotionen mit besonderen kognitiven Grundlagen (vgl. Kapitel 1).

Unterschiede zwischen den verglichenen Theorien. Trotz aller Übereinstimmungen zwischen der Emotionstheorie von Ortony et al. und den Theorien von Meinong und Weiner bestehen zwischen diesen Theorien auch einige wichtige Unterschiede. Erstens ist die Theorie von Ortony et al. ebenso wie diejenige Weiners eine *kognitiv-evaluative* Emotionstheorie; Meinongs Theorie ist dagegen eine *kognitiv-motivationale* Emotionstheorie (diese Unterscheidung wurde in Kapitel 2 erklärt). Zweitens bestehen auch davon abgesehen erwähnenswerte Unterschiede in Bezug auf die Analyse *einzelner Emotionen*. So werden die Gefühle von Dankbarkeit und Ärger, wie bereits erwähnt, von Ortony et al. etwas anders analysiert als von Weiner. Auch in Bezug auf die Analyse der Empathiegefühle wie Mitleid bestehen Unterschiede. Meinong postuliert, dass Mitleid Leid über ein negatives Gefühl eines anderen ist; Ortony et al. nehmen dagegen—wohl zutreffender—an, dass Mitleid ein Leidgefühl über einen als unerwünscht bewerteten Zustand des anderen ist, der jedoch nicht unbedingt dessen Gefühl zu sein braucht. Und nach Weiner setzt Mitleid zusätzlich voraus, dass man den anderen nicht für sein negatives Los verantwortlich macht. Wie bereits im Abschnitt 4.5 betont wurde, stellen diese Differenzen in der Analyse einzelner Emotionen aber das Grundpostulat der kognitiven Emotionstheorien nicht in Frage.

4.7 Zusammenfassung

Im ersten Teil dieses Kapitels stellten wir die kognitive Emotionstheorie von Ortony, Clore und Collins (1988) vor. Diese Theorie ist nicht nur eine der umfassendsten, sondern auch die systematischste derzeit existierende kognitive Einschätzungstheorie. Primäres Ziel der Theorie ist es, die kognitiven Grundlagen der Emotionen umfassend und detailliert aufzuklären. Um dieses Ziel zu erreichen, haben Ortony et al. die von früheren kognitiven Emotionstheoretikern postulierten Bewertungsdimensionen noch weiter differenziert und die nichtwertenden Einschätzungsdimensionen erweitert und zum Teil auch modifiziert.

Ortony et al. postulieren insgesamt drei Bewertungsdimensionen, nämlich *Erwünschtheit*, *Lobwürdigkeit* und *Attraktivität*. Diese Formen der Bewertung unterscheiden sich voneinander sowohl nach dem Gegenstand der Bewertung als auch nach dem Bewertungskriterium. Ereignisse werden als erwünscht oder unerwünscht bewertet, je nachdem, ob sie einen persönlichen (nichtnormativen) Wunsch erfüllen oder frustrieren. Handlungen werden als lobenswert oder tadelnswert bewertet, je nachdem, ob sie eine internalisierte soziale oder moralische Norm erfüllen oder verletzen. Objekte (Einzeldinge wie z. B. Personen) schließlich werden als anziehend oder abstoßend bewertet, je nachdem, ob sie positive oder negative Eigenschaften haben. Die drei Bewertungsdimensionen bilden nach Ortony et al. die Grundlage für die drei Hauptgruppen der menschlichen Emotionen, die ereignisfundierten, handlungsfundierten und objektfundierten Emotionen. Jede dieser Gruppen umfasst eine Reihe von Untergruppen, die sich voneinander weiter durch die Valenz der Bewertung (positiv oder negativ) sowie durch nichtwertende Einschätzungen unterscheiden.

Die Emotionen selbst sind nach Ortony et al. Gefühle von Lust und Unlust, die durch die Einschätzungen verursacht werden. Die hauptsächliche Funktion der Gefühle besteht darin, dem Bewusstsein "mitzuteilen", dass ein Sachverhalt oder ein Einzelding vorliegt, das die Wünsche bzw. Einstellungen der Person positiv oder negativ betrifft. Diese Information ist vor allem in denjenigen Fällen wichtig, in denen die Bewertung, die das Gefühl verursacht, unbewusst ist.

Der Prozess der Einschätzung kann bewusst ablaufen, ist jedoch häufig unbewusst. Er besteht im typischen Fall darin, dass die Person zunächst ein Ereignis, eine Handlung oder ein Einzelding kognitiv repräsentiert. Dies veranlasst dann die Bewertung des jeweiligen Gegenstandes. Als Resultat davon entsteht ein bestimmtes Gefühl aus einer der drei Hauptgruppen. Aufgrund der Neigung von Personen, nach den Ursachen von Ereignissen und Handlungen zu suchen, treten häufig Emotionssequenzen auf, die mit ereignisfundierten Gefühlen (z. B. Mitleid) beginnen, sich mit handlungsfundierten Gefühlen (z. B. Empörung) fortsetzen und in objektfundierten Gefühlen (z. B. Verachtung) enden.

Die ereignisfundierten Emotionen sind Gefühle der Zufriedenheit über ein erwünschtes und der Unzufriedenheit über ein unerwünschtes Ereignis. Sie umfassen mehrere Untergruppen in Abhängigkeit von der Ausprägung von drei nichtwertenden Einschätzungsdimensionen, nämlich *subjektive Ereigniswahrscheinlichkeit*, *Ereignisfokus* und *Verhältnis des Ereignisses zu bestehenden Erwartungen*. Die Wohlergehensemotionen Freude und Leid sind Reaktionen auf als sicher betrachtete Ereignisse, die das eigene Wohlergehen betreffen. Die Empathieemotionen Mitfreude, Mitleid, Schadenfreude und Neid/Missgunst sind dagegen emotionale Reaktionen auf Ereignisse, die das Wohlergehen anderer Personen betreffen. Die Ungewissheitsgefühle Hoffnung und Furcht treten auf, wenn ein erwünschtes bzw. unerwünschtes Ereignis nicht als sicher, sondern nur als möglich oder mehr oder weniger wahrscheinlich betrachtet wird. Und die Emotionen der Erwartungsbestätigung (Befriedigung und bestätigte Furcht) sowie die Emotionen der Erwartungsentkräftung (Enttäuschung und Erleichterung) werden erlebt, wenn ein eingetretenes erwünschtes oder unerwünschtes Ereignis die Erwartungen der Person bestätigt bzw. ihnen widerspricht.

Die handlungsfundierten Emotionen sind Gefühle der Billigung einer lobenswerten und der Missbilligung einer tadelnswerten Handlung. Weitere Differenzierungen zwischen diesen Emotionen beruhen vor allem auf der Einschätzungsdimension *Urheberschaft*. Geht es um eine eigene Handlung (Urheberschaft = Selbst), dann treten Emotionen des Selbstlobs wie Stolz bzw. des Selbstvorwurfs wie Schuld auf. Geht es dagegen um die Handlung einer anderen Person (Urheberschaft = Anderer), dann treten Lobemotionen wie Bewunderung oder Vorwurfemotionen wie Empörung auf.

Verbundemotionen, wie Dankbarkeit oder Ärger, sind nach Ortony et al. "Verschmelzungen" von ereignisfundierten Gefühlen mit hedonisch gleichartigen handlungsfundierten Gefühlen. Objektfundierte Emotionen sind Gefühle des Mögens eines als anziehend bewerteten Objekts und des Nichtmögens eines als abstoßend bewerteten Objekts.

Alle weiteren im Alltag unterschiedenen Emotionen sind nach Ortony et al. spezifischere Formen der genannten Gefühle, die sich von diesen durch eine besondere Intensitätsausprägung oder durch einen spezifischeren Gegenstand unterscheiden. Phantasieemotionen schließlich sind nach Ortony et al. weniger intensive Formen der entsprechenden "Ernstgefühle", die dann auftreten, wenn ein Sachverhalt oder ein Einzelding nicht als völlig real betrachtet wird.

Ortony et al. haben selbst keine empirischen Untersuchungen zur Überprüfung ihrer Emotionstheorie durchgeführt. Aufgrund der Überlappung dieser Theorie mit anderen Einschätzungstheorien sind jedoch auch viele der Forschungsarbeiten, die primär zur Überprüfung dieser anderen Theorien durchgeführt wurden, für die Theorie von Ortony et al. relevant. Diese Untersuchungen haben die Annahme der kognitiven Einschätzungstheoretiker bestätigt, dass unterschiedliche Emotionen mit unterschiedlichen, für sie typischen Einschätzungsmustern verbunden sind. Für eine kleinere Gruppe von Emotionen konnte dieser Befund auch interkulturell repliziert werden.

Neben diesen empirischen Belegen für die Einschätzungstheorien können auch zwei theoretische Argumente zu ihren Gunsten angeführt werden, nämlich ihre hohe Erklärungskraft und ihre Übereinstimmung mit zentralen Annahmen der Alltagspsychologie. Erstens liefern die Einschätzungstheorien plausible Erklärungen für eine Reihe wohlbekannter emotionspsychologischer Tatsachen. Dazu gehören die folgenden: (a) Die Emotionen des Menschen sind sehr differenziert; (b) es gibt große interindividuelle Unterschiede in den emotionalen Reaktionen auf dieselben objektiven Ereignisse; (c) objektiv ganz unterschiedliche Situationen können dieselbe Emotion auslösen und (d) dieselbe Emotion kann durch Informationen ausgelöst werden, die auf ganz unterschiedlichen Wegen erworben werden. Zweitens stimmen die Postulate der Einschätzungstheorien mit zentralen Annahmen der Alltagspsychologie überein. Diese Annahmen sind so zentral, dass sie die Bedeutung von alltagssprachlichen Emotionsbegriffen mitbestimmen. Dies steht im Einklang mit der Annahme der meisten Einschätzungstheoretiker, dass kognitive Einschätzungen nicht nur Ursachen von Emotionen sind, sondern auch deren Identität mitbestimmten.

Trotz ihrer Stärken sind die Einschätzungstheorien der Emotion nicht ohne Kritik geblieben. Zum einen wurde die Methodik der typischen empirischen Studien kritisiert, auf die sie sich stützen (die Untersuchung von erinnerten oder hypothetischen Situationen). Diese Kritik ist jedoch nicht überzeugend, denn Untersuchungen zu den Gefühlen, die in realen Situationen erlebt werden, haben ganz ähnliche Ergebnisse erbracht. Zum anderen ist eingewendet worden, dass Emotionen auch auf nichtkognitivem Weg entstehen können. In der Tat ist plausibel, dass bestimmte Arten von Gefühlen—insbesondere solche, die durch einfache Sinnesempfindungen ausgelöst werden—nicht durch Einschätzungen vermittelt sind. Umstrittener ist dagegen, ob auch (zumindest einige der) Emotionen, die normalerweise durch kognitive Einschätzungen verursacht werden, auch "nichtkognitiv" ausgelöst werden können. Die relativ überzeugendsten Belege für diese Behauptung liefern neuere Experimente zu den Effekten von emotionalen Reizen, die unterhalb der Wahrnehmungsschwelle dargeboten wurden. Diese Experimente haben nachgewiesen, dass bestimmte emotionale Reize auch dann physiologische Reaktionen auslösen und sich auf die Bewertung anderer Reize auswirken können, wenn sie nicht bewusst wahrnehmbar sind. Diese Befunde sind jedoch kein zwingender Beleg für einen nichtkognitiven Weg der Entstehung emotionaler Reaktionen, wenn man annimmt, dass Einschätzungsprozesse auch automatisch und unbewusst ablaufen können. Empirische Belege für diese Möglichkeit liefern unter anderem Untersuchungen zum affektiven Priming. Diese Studien haben gezeigt, dass einmal getätigte Bewertungen von Objekten bei der Wahrnehmung dieser Objekte unwillkürlich aus dem Gedächtnis abgerufen werden können. Dies kann selbst dann geschehen, wenn die Reize unterhalb der Wahrnehmungsschwelle dargeboten werden.

Abschließend haben wir die Theorie von Ortony et al. mit den Emotionstheorien von Meinong (Kapitel 1) und Weiner (Kapitel 3) verglichen. Durch diesen Vergleich haben wir zu belegen versucht, dass die Theorie von Ortony et al. tatsächlich als eine Integration und Ausarbeitung dieser anderen Emotionstheorien betrachtet werden kann. Jedoch bestehen auch einige wichtige Unterschiede zwischen der Emotionstheorie von Ortony et al. und den Theorien von Meinong und Weiner, ebenso wie zwischen diesen und anderen Einschätzungstheorien. Diese Unterschiede auszuräumen und so zu einer einheitlichen und umfassenden kognitiven Emotionstheorie zu gelangen, sollte eines der vordringlichen Ziele der zukünftigen Forschung sein.

4.8 Weiterführende Literatur

Unsere Darstellung der Theorie von Ortony et al. (1988) beruhte in erster Linie auf dem Buch der Autoren, das ausschließlich der Darlegung dieser Theorie gewidmet ist. In diesem Kapitel konnten wir nicht alle Postulate der Theorie schildern; vernachlässigt haben wir insbesondere die Annahmen von Ortony et al. über die Faktoren, welche die *Intensität* von Gefühlen bestimmen. Eine kurze Zusammenfassung der Theorie von Ortony et al. findet sich in Clore et al. (1994); kritische Besprechungen der Theorie liefern Averill (1989), Ben-Ze'ev (1990) und Harkins (1990).

Mees (1991) hat die Theorie von Ortony et al. aus sprachanalytischer Perspektive untersucht und eine in zahlreichen Details modifizierte und erweiterte Fassung dieser Theorie vorgeschlagen; eine weitere modifizierte Fassung der Theorie stammt von Ben-Ze'ev (2000). Die Theorie von Ortony et al. hat zudem viel Aufmerksamkeit bei Kognitionswissenschaftlern gefunden, die sich mit der Konstruktion von Computerprogrammen zum Verstehen von sprachlichen Mitteilungen über Emotionen oder mit der Computersimulation emotionaler Prozesse beschäftigen. Als Einführung in dieses Forschungsgebiet eignen sich die Arbeiten von Pfeifer und Nicolas (1985), Picard (1997) sowie Wehrle und Scherer (2001).

Eine kurze Übersicht über weitere, hier nicht behandelte neuere kognitive Einschätzungstheorien (z. B. die von Roseman oder Scherer) und deren Beziehung zur Theorie von Ortony et al. findet sich ebenfalls in Clore et al. (1994). Für ausführlichere Darstellungen dieser Theorien verweisen wir auf die im Kapitel zitierte Originalliteratur sowie auf einschlägige Beiträge zum Sammelband von Scherer, Schorr und Johnstone (2001). Der Anhang von Reisenzein und Spielhofer (1994) enthält eine Zusammenstellung der meisten der von verschiedenen Theoretikern vorgeschlagenen Einschätzungsdimensionen (s. auch Scherer, 1988).

Dem Thema Einschätzungstheorien ist auch ein von Frijda (1993b) herausgegebenes Sonderheft der Zeitschrift *Cognition and Emotion* gewidmet. Lesenswert ist zudem ein zusammen mit zahlreichen Kommentaren in der Zeitschrift *Psychological Inquiry* erschienener Artikel von Lazarus (1995) zu Problemen der kognitiven Emotionstheorien. Die jüngste Gesamtübersicht über das Gebiet bietet der schon erwähnte Sammelband von Scherer et al. (2001); ein kürzerer deutschsprachiger Überblick findet sich bei Reisenzein (2000). Zusätzliche Informationen können interessierte Leserinnen und Leser auch einzelnen Beiträgen zu Ekman und Davidson (1994) sowie Dalgleish und Power (1999) entnehmen.

In letzter Zeit bewegt sich die Forschung auf dem Gebiet der kognitiven Emotionstheorien zunehmend hin zur Entwicklung und Überprüfung von *Prozessmodellen* für einzelne Einschätzungen und den damit verbundenen Emotionen oder für den Einschätzungsprozess insgesamt. Übersichten über diese kognitiven Prozesstheorien der Emotion finden sich in knapper Form bei Reisenzein (2000) sowie ausführlicher in Power und Dalgleish (1997) und van Reekum und Scherer (1997). Zusätzliche Informationen finden interessierte Leserinnen und Leser erneut in einschlägigen Beiträgen zu Scherer et al. (2001).

Die Frage, ob Emotionen auch auf nichtkognitivem Wege entstehen können, wird weiterhin kontrovers diskutiert. Außer den in diesem Kapitel erörterten empirischen Belegen für eine solche Möglichkeit (z. B. Öhman & Mineka, 2001; Zajonc, 2000) wurde von ihren Befürwortern noch eine Reihe weiterer Argumente ins Feld geführt. Unter anderem verweisen sie (a) auf die stimmungsverändernden Effekte von bestimmten Drogen, (b) auf die Effekte von Mimik-Feedback auf das Gefühlserleben (vgl. dazu Band I) sowie (c) auf neurowissenschaftliche Untersuchungen, welche Belege für einen subkortikalen Weg der Entstehung von Furchtreaktionen erbracht haben (vgl. Davis & Whalen, 2001; LeDoux, 1998). Dieser subkortikale Pfad der Furchtentstehung spricht allerdings offenbar nur auf einfache Reize an (LeDoux, 1998); er ist deshalb für die Entstehung von Furcht beim Menschen möglicherweise nur von untergeordneter Bedeutung. Konzeptuelle Fragen der Forschung zu automatischen emotionalen Reaktionen erörtern Clore und Ketelaar (1997) sowie Berridge und Winkielman (2002). Über die neuere Forschung zum affektiven Priming informiert ein Sammelband von Musch und Klauer (2002).

Literaturverzeichnis

Abramson, L. Y., Metalsky, G. I. & Alloy, L. B. (1989). Hopelessness depression: A theory-based subtype of depression. *Psychological Review*, *96*, 358-372.

Abramson, L. Y., Seligman, M. E. P. & Teasdale, J. D. (1978). Learned helplessness in humans: Critique and reformulation. *Journal of Abnormal Psychology*, *87*, 49-74.

Appley, M. H. & Trumbull, R. (1986). *Dynamics of stress. Physiological, psychological, and sociological perspectives*. New York: Plenum.

Aristoteles (1980). *Rhetorik*. München: Fink. (Original erschienen ca. 350 v. Chr.)

Arnold, M. B. (1960). *Emotion and personality*. (Vol. 1). New York: Columbia University Press.

Arnold, M. B. (1970). Perennial problems in the field of emotion. In M. B. Arnold (Ed.), *Feelings and emotions: The Loyola symposium* (pp. 169-185). New York: Academic Press.

Arnold, M. B. & Gasson, S. J. (1954). Feelings and emotions as dynamic factors in personality integration. In M. B. Arnold (Ed.), *The human person: An approach to an integral theory of personality* (pp. 294-313). New York: Ronald Press.

Averill, J. R. (1973). Personal control over aversive stimuli and its relationship to stress. *Psychological Bulletin*, *80*, 286-303.

Averill, J. R. (1989). *Principia pathematica*: A rose by another name. A review of *The cognitive structure of emotions* by A. Ortony, G. L. Clore, & A. Collins. *Cognition and Emotion*, *3*, 241-252.

Baltes, M. M. (1996). *The many faces of dependency in old age*. Cambridge: Cambridge University Press.

Barnes, R. D., Ickes, W. & Kidd, R. F. (1979). Effects of the perceived intentionality and stability of another's dependency on helping behavior. *Personality and Social Psychology Bulletin*, *5*, 367-372.

Barsalou, L. W. (1992). *Cognitive psychology: An overview for cognitive scientists*. Hillsdale, NJ: Erlbaum.

Ben Ze'ev, A. (1990). Describing the emotions: A review of *The cognitive structure of emotions* by Ortony, Clore & Collins. *Philosophical Psychology*, *3*, 305-317.

Ben Ze'ev, A. (2000). *The subtlety of emotions*. Cambridge, MA: MIT Press.

Berkowitz, L., Jaffee, S., Jo, E. & Troccoli, B. T. (2000). On the correction of feeling-induced judgmental biases. In J. P. Forgas (Ed.), *Feeling and thinking: The role of affect in social cognition* (pp. 131-152). Cambridge:

Cambridge University Press.

Berridge, K. C. & Winkielman, P. (2002). What is an unconscious emotion: The case for unconscious 'liking'. *Cognition and Emotion* (in press).

Blascovich, J. & Mendes, W. B. (2000). Challenge and threat appraisals: The role of affective cues. In J. P. Forgas (Ed.), *Feeling and thinking: The role of affect in social cognition* (pp. 59-82). Cambridge: Cambridge University Press.

Bless, H. & Forgas, J. P. (Ed.) (2000). *The message within. The role of subjective experience in social cognition and behavior.* Philadelphia, PA: Psychology Press.

Brandtstädter, J. (1982). Apriorische Elemente in psychologischen Forschungsprogrammen. *Zeitschrift für Sozialpsychologie*, *13*, 267-277.

Brentano, F. (1973). *Psychologie vom empirischen Standpunkt. Band I.* [Herausgegeben von O. Kraus]. Hamburg: Meiner. (Original erschienen 1874)

Byrne, D. & Clore, G. L. (1970). A reinforcement model of evaluative responses. *Personality*, *1*, 103-128.

Cavanagh, K. & Davey, G. C. L. (2000). UCS expectancy biases in spider phobics: Underestimation of aversive consequences following fear-irrelevant stimuli. *Behaviour Research and Therapy*, *38*, 641-651.

Clore, G. L. (1992). Cognitive phenomenology: Feelings and the construction of judgment. In L. L. Martin & A. Tesser (Eds.), *The construction of social judgments* (pp. 133-163). Hillsdale, NJ: Erlbaum.

Clore, G. L. & Gormly, J. B. (1974). Knowing, feeling, and liking: A psychophysiological study of attraction. *Journal of Research in Personality*, *8*, 218-230.

Clore, G. L. & Ketelaar, T. (1997). Minding our emotions: On the role of automatic, unconscious affect. In Wyer, R. S. Jr. (Ed.), *The automaticity of everyday life (Advances in social cognition, Vol. 10)* (pp. 105-120). Mahwah, NJ: Lawrence Erlbaum.

Clore, G. L., Schwarz, N. & Conway, M. (1994). Affective causes and consequences of social information processing. In R. S. Wyer & T. K. Srull (Eds.), *Handbook of social cognition (2nd Edition)* (Vol. 1, pp. 323-417). Hillsdale, NJ: Erlbaum.

Clore, G. L., Wyer, R. S. Jr., Dienes, B., Gasper, K., Gohm, C. & Isbell, L. (2001). Affective feelings as feedback: Some cognitive consequences. In L. L. Martin & G. L. Clore (Eds.), *Theories of mood and cognition: A user's handbook* (pp. 27-62). Mahwah, NJ: Erlbaum.

Coyne, J. C. & Racioppo, M. W. (2000). Never the twain shall meet? Closing the gap between coping research and clinical intervention research. *American Psychologist*, *55*, 655-664.

Dalgleish, T. & Power, M. (Eds.) (1999). *Handbook of cognition and emotion.*

Chichester: Wiley.

Darwin, C. (1965). *The expression of the emotions in man and animals.* Chicago, IL: University of Chicago Press. (Original erschienen 1872)

Davis, M. & Whalen, P. J. (2001). The amygdala: Vigilance and emotion. *Molecular Psychiatry*, *6*, 13-34.

Davis, W. (1981). A theory of happiness. *American Philosophical Quarterly*, *18*, 111-120.

Dölling, E. (1996). Alexius Meinong: "Der blinde Seher Teiresias". *Grazer Philosophische Studien*, *50*, 1-27.

Dölling, E. (1999). *"Wahrheit suchen und Wahrheit bekennen". Alexius Meinong: Skizze seines Lebens.* Amsterdam: Rodopi.

Ekman, P. (1972). Universals and cultural differences in facial expressions of emotion. In J. K. Cole (Ed.), *Nebraska Symposium on Motivation* (Vol. 19, pp. 207-283). Lincoln, NE: University of Nebraska Press.

Ekman, P. & Davidson, R. J. (Eds.) (1994). *The nature of emotion.* New York: Oxford University Press.

Fazio, R. H. (2001). On the automatic activation of associated evaluations: An overview. *Cognition and Emotion*, *15*, 115-141.

Fazio, R. H., Sanbonmatsu, D. M., Powell, M. C. & Kardes, F. R. (1986). On the automatic activation of attitudes. *Journal of Personality and Social Psychology*, *50*, 229-238.

Findlay, J. N. (1963). *Meinong's theory of objects and values (2nd Edition).* Oxford: Clarendon Press.

Fiske, S. T. & Pavelchak, M. A. (1986). Category-based versus piecemeal-based affective responses: Developments in schema-triggered affect. In R. M. Sorrentino & E. T. Higgins (Eds.), *Handbook of motivation and cognition* (pp. 167-203). New York: Guilford Press.

Fodor, J. A. (1987). *Psychosemantics: The problem of meaning in the philosophy of mind.* Cambridge, MA: MIT Press.

Folkins, C. H. (1970). Temporal factors and the cognitive mediators of stress reaction. *Journal of Personality and Social Psychology*, *14*, 173-184.

Folkman, S. & Lazarus, R. S. (1980). An analysis of coping in a middle-aged community sample. *Journal of Health and Social Behavior*, *21*, 219-239.

Folkman, S. & Lazarus, R. S. (1988). *Manual for the Ways of Coping Questionnaire.* Palo Alto, CA: Consulting Psychologists Press.

Forgas, J. P. (1995). Mood and judgment: The affect infusion model (AIM). *Psychological Bulletin*, *117*, 39-66.

Forgas, J. P. (Ed.) (2000). *Feeling and thinking. The role of affect in social cognition.* Cambridge: Cambridge University Press.

Forgas, J. P. (2001). The affect infusion model (AIM): An integrative theory of mood effects on cognition and judgments. In L. L. Martin & G. L. Clore (Eds.), *Theories of mood and cognition: A user's handbook* (pp. 99-134).

Mahwah, NJ: Erlbaum.

Försterling, F. (1988). *Attribution theory in clinical psychology*. Chichester: Wiley.

Försterling, F. (2001). *Attribution: An introduction to theories, research, and applications*. Hove (East Sussex, UK): Psychology Press.

Frijda, N. H. (1986). *The emotions*. Cambridge, England: Cambridge University Press.

Frijda, N. (1993a). The place of appraisal in emotion. *Cognition and Emotion*, *7*, 357-387.

Frijda, N. (Ed.) (1993b). Appraisal and beyond. *Cognition and Emotion*, *7* (3-4).

Frijda, N. H. (1994). Lazarus' labour of love. A review of Lazarus, R. S. (1991). *Emotion and adaptation*. *Cognition and Emotion*, *8*, 473-482.

Frijda, N. H., Kuipers, P. & ter Schure, E. (1989). Relations among emotion, appraisal, and emotional action readiness. *Journal of Personality and Social Psychology*, *57*, 212-228.

Gouaux, C. (1971). Induced affective states and interpersonal attraction. *Journal of Personality and Social Psychology*, *20*, 37-43.

Graham, S. (1984). Communicating sympathy and anger to black and white children: The cognitive (attributional) consequences of affective cues. *Journal of Personality and Social Psychology*, *47*, 40-54.

Green, O. H. (1992). *The emotions: A philosophical theory*. Dordrecht: Kluwer.

Greenwald, A. G., Draine, S. C. & Abrams, R. L. (1996). Three cognitive markers of unconscious semantic activation. *Science*, *273*, 1699-1702.

Griffitt, W. (1970). Environmental effects on interpersonal affective behavior: Ambient effective temperature and attraction. *Journal of Personality and Social Psychology*, *15*, 240-244.

Griffitt, W. & Guay, P. (1969). 'Object' evaluation and conditioned affect. *Journal of Experimental Research in Personality*, *4*, 1-8.

Grinker, R. R. & Spiegel, J. P. (1945). *Men under stress*. New York: McGraw-Hill.

Groethuysen, B. (1904). Das Mitgefühl. *Zeitschrift für Psychologie*, *34*, 161-270.

Haller, R. (1996). Zwei Vorworte in einem (Vorwort zum Konferenzband "Meinong und die Gegenstandstheorie"). *Grazer Philosophische Studien*, *50*, XVII-XXI.

Harkins, J. (1990). Review of A. Ortony, G. L. Clore & A. Collins, The cognitive structure of emotions. *Australian Journal of Linguistics*, *10*, 337-387.

Heider, F. (1958). *The psychology of interpersonal relations*. New York: Wiley (deutsch 1977: Psychologie der interpersonalen Beziehungen. Stuttgart: Klett).

Heider, F. (1984). *Das Leben eines Psychologen*. Bern: Huber.

Höfler, A. (1897). *Psychologie*. Wien: Tempsky.

James, W. (1950). *Principles of Psychology* (Vol. 1 & 2). New York: Dover. (Original erschienen 1890)

Jerusalem, M. (Hg.) (1999). *Emotion, Motivation und Leistung*. Göttingen: Hogrefe.

Jones, E. E. & Davis, K. E. (1965). From acts to dispositions: The attribution process in person perception. In L. Berkowitz (Ed.), *Advances in experimental social psychology* (Vol. 2, pp. 219-266). New York: Academic Press.

Jones, M. K. & Menzies, R. G. (2000). Danger expectancies, self-efficacy and insight in spider phobia. *Behaviour Research and Therapy*, *38*, 585-600.

Jones, M. K., Whitmont, S. & Menzies, R. G. (1996). Danger expectancies and insight in spider phobia. *Anxiety*, *2*, 179-185.

Kelley, H. H. (1967). Attribution theory in social psychology. In D. Levine (Ed.), *Nebraska symposium on motivation 1967* (Vol. 15, pp. 192-238). Lincoln, NE: University of Nebraska Press.

Kelley, H. H. (1992). Common-sense psychology and scientific psychology. *Annual Review of Psychology*, *43*, 1-23.

Kelley, H. H. & Michela, J. L. (1980). Attribution theory and research. *Annual Review of Psychology*, *31*, 457-501.

Keltner, D., Locke, K. D. & Audrain, P. C. (1993). The influence of attributions on the relevance of negative feelings to personal satisfaction. *Personality and Social Psychology Bulletin*, *19*, 21-29.

Klauer, K. C. (1998). Affective priming. *European Review of Social Psychology*, *8*, 67-103.

Klinger, M. R., Burton, P. C. & Pitts, G. S. (2000). Mechanisms of unconscious priming: I. Response competition, not spreading activation. *Journal of Experimental Psychology: Learning, Memory, and Cognition*, *26*, 441-455.

Kraft, V. (1951). *Die Grundlagen einer wissenschaftlichen Wertlehre*. Wien: Springer Verlag.

Krohne, H. W. (1996). *Angst und Angstbewältigung*. Stuttgart: Kohlhammer.

Laucken, U. (1974). *Naive Verhaltenstheorie*. Stuttgart: Klett.

Lazarus, R. S. (1966). *Psychological stress and the coping process*. New York: McGraw-Hill.

Lazarus, R. S. (1968). Emotions and adaptation: Conceptual and empirical relations. In W. J. Arnold (Ed.), *Nebraska symposium on motivation* (Vol. 16, pp. 175-266). Lincoln, NE: University of Nebraska Press.

Lazarus, R. S. (1991a). *Emotion and adaptation*. New York: Oxford University Press.

Lazarus, R. S. (1991b). Cognition and motivation in emotion. *American Psychologist*, *46*, 352-367.

Lazarus, R. S. (1993). From psychological stress to the emotions: A history of changing outlooks. *Annual Review of Psychology*, *44*, 1-21.

Lazarus, R. S. (1995). Vexing research problems inherent in cognitive-mediational theories of emotion - and some solutions. *Psychological Inquiry*, *6*, 183-196.

Lazarus, R. S. (1998). Coping from the perspective of personality. *Zeitschrift für Differentielle und Diagnostische Psychologie*, *19*, 213-230.

Lazarus, R. S. (1999). *Stress and emotion: A new synthesis*. New York: Springer Verlag.

Lazarus, R. S. (2000). Toward better research on stress and coping. *American Psychologist*, *55*, 665-673.

Lazarus, R. S. (2001). Relational meaning and discrete emotions. In K. R. Scherer, A. Schorr & T. Johnstone (Eds.), *Appraisal processes in emotion: Theory, methods, research* (pp. 37-67). Oxford: Oxford University Press.

Lazarus, R. S. & Alfert, E. (1964). Short-circuiting of threat by experimentally altering cognitive appraisal. *Journal of Abnormal and Social Psychology*, *69*, 195-205.

Lazarus, R. S., Averill, J. R. & Opton, E. M. jr. (1970). Toward a cognitive theory of emotion. In M. B. Arnold (Ed.), *Feelings and emotions: The Loyola symposium* (pp. 207-232). New York: Academic Press.

Lazarus, R. S. & Eriksen, C. W. (1952). Effects of failure stress upon skilled performance. *Journal of Experimental Psychology*, *43*, 100-105.

Lazarus, R. S. & Folkman, S. (1984). *Stress, appraisal, and coping*. New York: Springer Verlag.

Lazarus, R. S., Kanner, A. D. & Folkman, S. (1980). Emotions: A cognitive-phenomenological analysis. In R. Plutchik & H. Kellerman (Eds.), *Emotion: Theory, research, and experience* (Vol. 1, pp. 189-217). New York: Academic Press.

Lazarus, R. S. & Launier, R. (1978). Stress-related transactions between person and environment. In L. A. Pervin & M. Lewis (Eds.), *Perspectives in interactional psychology* (pp. 287-327). New York: Plenum Press.

Lazarus, R. S. & Option, E. M. (1966). The study of psychological stress: A summary of theoretical formulations and experimental findings. In C. D. Spielberger (Ed.), *Anxiety and behavior* (pp. 225-262). New York: Academic Press.

Lazarus, R. S., Opton, E. M., Nomikos, M. S. & Rankin, N. O. (1965). The principle of short-circuiting of threat: Further evidence. *Journal of Personality*, *33*, 622-635.

LeDoux, J. (1998). *The emotional brain: The mysterious underpinnings of emotional life*. New York: Simon & Schuster (Touchstone edition).

Loewenstein, G. F., Weber, E. U., Hsee, C. K. & Welch, N. (2001). Risk as feelings. *Psychological Bulletin*, *127*, 267-286.

Mackie, J. L. (1974). *The cement of the universe: A study of causation.* Oxford: Clarendon Press.

Marks, I. M. (1987). *Fears, phobias, and rituals.* New York: Oxford University Press.

Martin, L. L. & Clore, G. L. (2001). *Theories of mood and cognition: A user's handbook.* Mahwah, NJ: Erlbaum.

Mauro, R., Sato, K. & Tucker, J. (1992). The role of appraisal in human emotions: A cross-cultural study. *Journal of Personality and Social Psychology, 62*, 301-317.

McDougall, W. (1908/1960). *An introduction to social psychology* (31st ed.). London: Methuen. (Erstausgabe erschienen 1908)

McGrath, J. E. (Ed.) (1970). *Social and psychological factors in stress.* New York: Holt, Rinehart & Winston.

Mees, U. (1991). *Die Struktur der Emotionen.* Göttingen: Hogrefe.

Meinong, A. (1894). *Psychologisch-ethische Untersuchungen zur Werttheorie.* Graz: Leuschner & Lubensky. Wiederabdruck in R. Haller & R. Kindinger (Hg.) (1968), *Alexius Meinong Gesamtausgabe Band III* (S. 3-244). Graz: Akademische Druck- und Verlagsanstalt.

Meinong, A. (1895). Über Werthaltung und Wert. *Archiv für systematische Philosophie, 1*, 327-346. Wiederabdruck in R. Haller & R. Kindinger (Hg.) (1968), *Alexius Meinong Gesamtausgabe Band III* (S. 247-266). Graz: Akademische Druck- und Verlagsanstalt.

Meinong, A. (1906). Über Urteilsgefühle: Was sie sind und was sie nicht sind. *Archiv für die gesamte Psychologie, 6*, 22-58.

Meinong, A. (1910). *Über Annahmen* (2. Auflage). Leipzig: Barth. Wiederabdruck in R. Haller und R. Kindinger (Hg.) (1977). *Alexius Meinong Gesamtausgabe, Band IV.* Graz: Akademische Druck- und Verlagsanstalt.

Meinong, A. (1917). Über emotionale Präsentation. *Sitzungsberichte der Kaiserlichen Akademie der Wissenschaften in Wien, Philosophisch-Historische Klasse, 183*, 2-181.Wiederabdruck in: R. Haller & R. Kindinger (Hg.) (1968), *Alexius Meinong Gesamtausgabe Band III* (S. 285-465). Graz: Akademische Druck- und Verlagsanstalt.

Meinong, A. (1923). Zur Grundlegung der allgemeinen Werttheorie. In R. Haller & R. Kindinger (Hg.) (1968*), Alexius Meinong Gesamtausgabe Band III* (S. 471-656). Graz: Akademische Druck- und Verlagsanstalt.

Menzies, R. G. & Clarke, J. C. (1995). Danger expectancies and insight in acrophobia. *Behaviour Research and Therapy, 33*, 215-221.

Meyer, W.-U. (1982). Indirect communications about perceived ability estimates. *Journal of Educational Psychology, 74*, 888-897.

Meyer, W.-U. (1984). *Das Konzept von der eigenen Begabung.* Bern: Huber.

Meyer, W.-U. (1988). Die Rolle von Überraschung im Attributionsprozess. *Psychologische Rundschau, 39*, 136-147.

Meyer, W.-U. (1992). Paradoxical effects of praise and criticism on perceived ability. In W. Stroebe & M. Hewstone (Eds.), *European Review of Social Psychology* (Vol. 3, pp. 259-283). Chichester: Wiley.

Meyer, W.-U. (2000). *Gelernte Hilflosigkeit: Grundlagen und Anwendungen in Schule und Unterricht*. Bern: Huber.

Meyer, W.-U., Reisenzein, R. & Niepel, M. (2000). Überraschung. In J. H. Otto, H. A. Euler & H. Mandl (Hg.), *Emotionspsychologie. Ein Handbuch* (S. 253-263). Weinheim: Psychologie Verlags Union.

Meyer, W.-U., Schützwohl, A. & Reisenzein, R. (1993). *Einführung in die Emotionspsychologie. Band I* (1. Auflage). Bern: Huber.

Meyer, W.-U., Schützwohl, A. & Reisenzein, R. (1999). *Einführung in die Emotionspsychologie. Band II: Evolutionspsychologische Emotionstheorien* (2. korr. Auflage). Bern: Huber.

Meyer, W.-U., Schützwohl, A. & Reisenzein, R. (2001). *Einführung in die Emotionspsychologie. Band I: Die Emotionstheorien von Watson, James und Schachter* (2. Auflage). Bern: Huber.

Mordkoff, A. M. (1964). The relationship between psychological and physiological response to stress. *Psychosomatic Medicine*, *26*, 135-150.

Murphy, S. T. & Zajonc, R. B. (1993). Affect, cognition, and awareness: Affective priming with optimal and suboptimal stimulus exposures. *Journal of Personality and Social Psychology*, *64*, 723-739.

Musch, J. & Klauer, K. C. (Eds.) (2002). *The psychology of evaluation: Affective processes in cognition and emotion*. Mahwah, NJ: Erlbaum.

Nichols, S. & Stich, S. (2000). A cognitive theory of pretense. *Cognition*, 74, 115-147.

Öhman, A. & Mineka, S. (2001). Fears, phobias, and preparedness: Toward an evolved module of fear and fear learning. *Psychological Review*, *108*, 483-522.

Öhman, A. & Soares, J. J. F. (1994). "Unconscious anxiety": Phobic responses to masked stimuli. *Journal of Abnormal Psychology*, *103*, 231-240.

Ortony, A., Clore, G. L. & Collins, A. (1988). *The cognitive structure of emotions*. Cambridge: Cambridge University Press.

Otto, J. H., Euler, H. A. & Mandl, H. (2000). *Emotionspsychologie. Ein Handbuch*. Weinheim: Psychologie Verlags Union.

Parkinson, B. & Manstead, A. S. R. (1992). Appraisal as a cause of emotion. In M. S. Clark (Ed.), *Review of personality and social psychology* (Vol. 13, pp. 122-149). Newbury Park, CA: Sage.

Pfeifer, R. & Nicholas, D. W. (1985). Toward computational models of emotion. In L. Steels and J. A. Cambell (Eds.), *Progress in Artificial Intelligence* (pp. 184-192). Chichester, UK: Ellis Horwood.

Picard, R. W. (1997). *Affective Com*puting. Cambridge, MA: MIT Press.

Piliavin, I. M., Rodin, J. & Piliavin, J. A. (1969). Good Samaritism: An underground phenomenon? *Journal of Personality and Social Psychology*, *13*, 298-299.

Plutchik, R. (1962). *The emotions: Facts, theories, and a new model.* New York: Random House.

Power, M. & Dalgleish, T. (1997). *Cognition and emotion: from order to disorder.* Chichester: Wiley.

Reisenzein, R. (1985). Attributionstheoretische Beiträge zur Emotionsforschung und ihre Beziehung zu kognitiv-lerntheoretischen Ansätzen. In L. H. Eckensberger & E.-D. Lantermann (Hg.), *Emotion und Reflexivität* (S. 75-97). München: Urban & Schwarzenberg.

Reisenzein, R. (1986). A structural equation analysis of Weiner's attribution-affect model of helping behavior. *Journal of Personality and Social Psychology*, *50*, 1123-1133.

Reisenzein, R. (1996). Emotional action generation. In W. Battmann & S. Dutke (Eds.), *Processes of the molar regulation of behavior* (pp. 151-165). Lengerich: Pabst Science Publishers.

Reisenzein, R. (2000). Einschätzungstheoretische Ansätze. In J. H. Otto, H. A. Euler & H. Mandl (Hg.), *Emotionspsychologie. Ein Handbuch* (S. 117-138). Weinheim: Psychologie Verlags Union.

Reisenzein, R. & Hofmann, T. (1990). An investigation of dimensions of cognitive appraisal in emotion using the repertory grid technique. *Motivation and Emotion*, *14*, 1-26.

Reisenzein, R. & Hofmann, T. (1993). Discriminating emotions from appraisal-relevant situational information: Baseline data for structural models of cognitive appraisals. *Cognition and Emotion*, *7*, 271-293.

Reisenzein, R. & Schönpflug, W. (1992). Stumpf's cognitive-evaluative theory of emotion. *American Psychologist*, *47*, 34-45.

Reisenzein, R. & Spielhofer, C. (1994). Subjectively salient dimensions of emotional appraisal. *Motivation and Emotion*, *18*, 1-47.

Robinson, M. D. (1998). Running from William James' bear: A review of preattentive mechanisms and their contributions to emotional experience. *Cognition and Emotion*, *12*, 667-696.

Robinson, M. D. & Clore, G. L. (2001). Simulation, scenarios, and emotional appraisal: Testing the convergence of real and imagined reactions to emotional stimuli. *Personality and Social Psychology Bulletin*, *27*, 1520-1532.

Roseman, I. J. (1984). Cognitive determinants of emotion: A structural theory. In P. Shaver (Ed.), *Review of personality and social psychology* (Vol. 5, pp. 11-36). Beverly Hills, CA: Sage.

Roseman, I. J., Antoniou, A. A. & Jose, P. E. (1996). Appraisal determinants of emotions: Constructing a more accurate and comprehensive theory. *Cognition and Emotion*, *10*, 241-277.

Roseman, I. J., Dhawan, N., Rettek, S. I., Naidu, R. K. & Thapa, K. (1995).

Cultural differences and cross-cultural similarities in appraisals and emotional responses. *Journal of Cross-Cultural Psychology*, *26*, 23-48.

Roseman, I. J., Spindel, M. S. & Jose, P. E. (1990). Appraisals of emotion-eliciting events: Testing a theory of discrete emotions. *Journal of Personality and Social Psychology*, *59*, 899-915.

Roseman, I. J. & Smith, C. A. (2001). Appraisal theory: Overview, assumptions, varieties, controversies. In K. R. Scherer, A. Schorr & T. Johnstone (Eds.), *Appraisal processes in emotion: Theory, methods, research* (pp. 3-19). Oxford: Oxford University Press.

Russell, B. (1904). Meinong's theory of complexes and assumptions. *Mind*, *13*, 204-219; 336-354; 509-524.

Russell, B. (1905). On denoting. *Mind*, *14*, 479-493.

Rustemeyer, R. (1984). Selbsteinschätzung eigener Fähigkeit - vermittelt durch Emotionen anderer Personen. *Zeitschrift für Entwicklungspsychologie und Pädagogische Psychologie*, *16*, 149-161.

Sartre, J.-P. (1948). *The emotions: Outline of a theory*. New York: Philosophical Library.

Schachter, S. (1964). The interaction of cognitive and physiological determinants of emotional state. In L. Berkowitz (Ed.), *Advances in experimental social psychology* (Vol. 1, pp. 49-80). New York: Academic Press.

Scherer, K. R. (1984). On the nature and function of emotion: A component process approach. In K. R. Scherer & P. Ekman (Eds.), *Approaches to emotion* (pp. 293-317). Hillsdale, NJ: Erlbaum.

Scherer, K. R. (1988). Criteria for emotion-antecedent appraisal: A review. In V. Hamilton, G. H. Bower & N. H. Frijda (Eds.), *Cognitive perspectives on emotion and motivation* (pp. 89-126). Dordrecht: Kluwer.

Scherer, K. R. (1993). Studying the emotion-antecedent appraisal process: An expert system approach. *Cognition and Emotion*, *7*, 325-355.

Scherer, K. R. (1997a). The role of culture in emotion-antecedent appraisal. *Journal of Personality and Social Psychology*, *73*, 902-922.

Scherer, K. R. (1997b). Profiles of emotion-antecedent appraisal: Testing theoretical predictions across cultures. *Cognition and Emotion*, *11*, 113-150.

Scherer, K. R., Schorr, A. & Johnstone, T. (2001). *Appraisal processes in emotion: Theory, methods, research.* Oxford: Oxford University Press.

Schröder, K. E. E., Schwarzer, R. & Konertz, W. (1998). Coping as a mediator in recovery from cardiac surgery: A longitudinal study. *Psychology and Health*, *13*, 83-97.

Schwarz, N. (1990). Feelings as information: Informational and motivational functions of affective states. In E. T. Higgins & R. M. Sorrentino (Eds.), *Handbook of motivation and cognition* (Vol. 2, pp. 527-561). New York: Guilford Press.

Schwarz, N. (2001). Feelings as information: Implications for affective influences on information processing. In L. L. Martin & G. L. Clore (Eds.), *Theories of mood and cognition: A user's handbook* (pp. 159-176). Mahwah, NJ: Lawrence Erlbaum.

Schwarz, N. & Clore, G. L. (1983). Mood, misattribution, and judgments of well-being: Informative and directive functions of affective states. *Journal of Personality and Social Psychology, 45*, 513-523.

Schwarz, N. & Clore, G. L. (1996). Feelings and phenomenal experiences. In E. T. Higgins & A. W. Kruglanski (Eds.), *Social psychology: Handbook of basic principles* (pp. 433-465). New York: Guilford Press.

Schwarzer, R. (2000). *Stress, Angst, und Handlungsregulation* (4. Auflage). Stuttgart: Kohlhammer.

Searle, J. (1983). *Intentionality: An essay in the philosophy of mind.* Cambridge: Cambridge University Press.

Shand, A. F. (1914). *The foundations of character.* London: Macmillan.

Shields, S. A. (1999). A conversation with Magda Arnold. *Emotion Researcher, 13*, 3.

Siemer, M. & Reisenzein, R. (1998). Effects of mood on evaluative judgments: Influence of reduced processing capacity and mood salience. *Cognition and Emotion, 12*, 783-805.

Siemer, M. (1999). *Stimmungen, Emotionen, und soziale Urteile.* Frankfurt/Main: Lang.

Simons, P. (1986). Alexius Meinong: Gegenstände, die es nicht gibt. In J. Speck (Hg.), *Grundprobleme der großen Philosophen: Philosophie der Neuzeit IV* (S. 91-127). Göttingen: Vandenhoeck & Ruprecht.

Smedslund, J. (1993). How shall the concept of anger be defined? *Theory and Psychology, 3*, 5-33.

Smith, C. A. & Ellsworth, P. C. (1985). Patterns of cognitive appraisal in emotion. *Journal of Personality and Social Psychology, 48*, 813-838.

Smith, C. A. & Ellsworth, P. C. (1987). Patterns of appraisal and emotion related to taking an exam. *Journal of Personality and Social Psychology, 52*, 475-488.

Smith, C. A., Haynes, K. N., Lazarus, R. S. & Pope, L. K. (1993). In search of the "hot" cognitions: Attributions, appraisals, and their relation to emotion. *Journal of Personality and Social Psychology, 65*, 916-929.

Smith, C. A. & Lazarus, R. S. (1990). Emotion and adaptation. In L. A. Pervin (Ed.), *Handbook of Personality: Theory and research* (pp. 609-637). New York: Guilford Press.

Smith, C. A. & Lazarus, R. S. (1993). Appraisal components, core relational themes, and the emotions. *Cognition and Emotion, 7*, 233-269.

Sober, E. & Wilson, D. S. (1998). *Unto others. The evolution and psychology of unselfish behavior.* Cambridge, MA: Harvard University Press.

Somerfield, M. R. & McCrae, R. R. (2000). Stress and coping research: Methodological challenges, theoretical advances, and clinical applications. *American Psychologist*, *55*, 620-625.

Speisman, J. C., Lazarus, R. S., Mordkoff, A. M. & Davidson, L. (1964). Experimental reduction of stress based on ego-defense theory. *Journal of Abnormal and Social psychology*, *68*, 367-380.

Stich, S. & Ravenscroft, I. (1994). What *is* folk psychology? *Cognition*, *30*, 447-468.

Stocker, M. (1987). Emotional thoughts. *American Philosophical Quarterly*, *24*, 59-69.

Stumpf, C. (1907). Über Gefühlsempfindungen. *Zeitschrift für Psychologie und Physiologie der Sinnesorgane*, *44*, 1-49.

Taylor, G. (1985). *Pride, shame, and guilt: Emotions of self-assessment*. Oxford: Clarendon Press.

Tennen, H., Affleck, G., Armeli, S. & Carney, M. A. (2000). A daily process approach to coping: Linking theory, research, and practice. *American Psychologist*, *55*, 626-636.

Thompson, S. C. (1981). Will it hurt less if I can control it? A complex answer to a simple question. *Psychological Bulletin*, *90*, 89-101.

Tomaka, J., Blascovich, J., Kibler, J. & Ernst, J. M. (1997). Cognitive and physiological antecedents of threat and challenge appraisals. *Journal of Personality and Social Psychology*, *73*, 63-72.

Urban, W. M. (1907). Recent tendencies in the psychological theory of values. *Psychological Bulletin*, *4*, 65-72.

van Reekum, C. M. & Scherer, K. R. (1997). Levels of processing for emotion-antecedent appraisal. In G. Matthews (Ed.), *Cognitive science perspectives on personality and emotion* (pp. 259-300). Amsterdam: Elsevier.

Veitch, R. & Griffitt, W. (1976). Good news-bad news: Affective and interpersonal effects. *Journal of Applied Social Psychology*, *6*, 69-75.

Weber, H. (2001). Stress management programs. In N. J. Smelser & P. B. Baltes (Eds.), *The international encyclopedia of the social and behavioral sciences* (Vol. 22, pp. 15, 184-190). Oxford: Elsevier.

Wehrle, T., & Scherer, K. R. (2001). Toward computational modeling of appraisal theories. In K. R. Scherer, A. Schorr & T. Johnstone (Eds.), *Appraisal processes in emotion: Theory, methods, research* (pp. 350-365). Oxford: Oxford University Press.

Weiner, B. (1980a). A cognitive (attributional)-emotion-action model of motivated behavior. *Journal of Personality and Social Psychology*, *39*, 186-200.

Weiner, B. (1980b). May I borrow your class notes? An attributional analysis of help-giving in an achievement-related context. *Journal of Educational Psychology*, *72*, 676-681.

Weiner, B. (1982). The emotional consequences of causal attributions. In M. S. Clark & S. T. Fiske (Eds.), *Affect and cognition: The 17th annual Carnegie symposium on cognition* (pp. 185-209). Hillsdale, NJ: Erlbaum.

Weiner, B. (1985). "Spontaneous" causal thinking. *Psychological Bulletin, 97*, 74-84.

Weiner, B. (1986). *An attributional theory of motivation and emotion.* New York: Springer Verlag.

Weiner, B. (1993). On sin versus sickness: A theory of perceived responsibility and social motivation. *American Psychologist, 48*, 957-965.

Weiner, B. (1995). *Judgments of responsibility. A foundation for a theory of social conduct.* New York: Guilford Press.

Weiner, B., Frieze, I. H., Kukla, A., Reed, L., Rest, S. & Rosenbaum, R. M. (1971). *Perceiving the causes of success and failure.* Morristown, NJ: General Learning Press.

Weiner, B. & Graham, S. (1984). An attributional approach to emotional development. In C. Izard, J. Kagan & R. Zajonc (Eds.), *Emotions, cognition, and behavior* (pp. 167-191). Cambridge, MA: Harvard University Press.

Weiner, B., Graham, S., Stern, P. & Lawson, M. E. (1982). Using affective cues to infer causal thoughts. *Developmental Psychology, 18*, 278-286.

Weiner, B., Perry, R. P. & Magnusson, J. (1988). An attributional analysis of reactions to stigmas. *Journal of Personality and Social Psychology, 55*, 738-748.

Weiner, B., Russell, D., Lerman, D. (1978). Affective consequences of causal ascriptions. In J. H. Harvey, W. Ickes & R. F. Kidd (Eds.), *New directions in attribution research* (Vol. 2, pp. 59-90). Hillsdale, NJ: Erlbaum.

Winkielman, P., Zajonc, R. B. & Schwarz, N. (1997). Subliminal affective priming resists attributional interventions. *Cognition and Emotion, 11*, 433-465.

Witasek, S. (1907). *Grundlinien der Psychologie.* Leipzig: Felix Meiner.

Zajonc, R. B. (2000). Feeling and thinking: Closing the debate over the independence of affect. In J. P. Forgas (Ed.), *Feeling and thinking: The role of affect in social cognition* (pp. 31-58). Cambridge: Cambridge University Press.

Zeelenberg, M., van Dijk, W. W., Manstead, A. S. R. & van der Pligt, J. (1998). The experience of regret and disappointment. *Cognition and Emotion, 12*, 221-230.

Zeidner, M. & Endler, N. (Eds.) (1996). *Handbook of coping: Theory, research, applications.* New York: Wiley.